4

イントロダクションシリーズ

*Introduction
to
Social Welfare*

新・低所得者に対する支援と生活保護制度

成清美治 監修

高間 満・遠藤洋二 編著

学文社

執 筆 者

- ＊成清　美治　　神戸親和女子大学
- ＊＊高間　　満　　神戸学院大学（第1・2章）
- ＊＊遠藤　洋二　　関西福祉科学大学（第3・10章）
- 　八乙女悦範　　神戸市中央福祉事務所（第4章）
- 　佐光　　健　　大阪人間科学大学（第5・7章）
- 　武田　英樹　　美作大学（第6章）
- 　成清　敦子　　関西福祉科学大学（第8章）
- 　中森　貴司　　神戸市須磨福祉事務所北須磨支所（第9章）
- 　岡本　和久　　神戸市垂水福祉事務所（第11章）

（執筆順：＊は監修者，＊＊は編著者）

はじめに

　現代社会におけるさまざまな生活問題は，貧困と深く関係しています。社会保障や社会福祉の20世紀における発展は，まさに貧困との戦いの歴史でありました。そして21世紀の現在，すでにわが国において過去のものと考えられていた貧困問題が，再び大きく浮上してきました。

　経済のグローバル化を背景として，非正規雇用やワーキングプアの問題が深刻化し，それにともない国民生活の格差が拡大し，低所得者が増大してきました。また，アメリカのサブプライムローンに端を発したリーマンショック（2008）による金融危機は，世界同時不況を招き，わが国のみならず世界の国ぐにを貧困社会に導くことになりました。さらに2011（平成23）年3月には未曾有の東日本大震災が発生しました。

　こうしたなかで，国民生活のセーフティネットとしての社会保障や社会福祉，とりわけ公的扶助の果たすべき役割は，ますます重要となってきています。

　公的扶助は，貧困問題そのものに対応する制度であり，その中核に位置するのが生活保護制度です。この生活保護制度は，わが国の戦後の福祉システムを支えてきた福祉六法のなかでも最初にできた法律であり，ほとんどその形を変えることなく，ずっと国民生活の最低限度を支える制度として機能してきました。しかし，近年の社会経済状況の変化にともない，2013（平成25）年には制度の一部改正がなされました。また第二のセーフティネットとして，生活困窮者自立支援制度も成立しました。こうしたなか今，公的扶助を学ぶ意義は，きわめて大きいといえます。

　そこで本書では，生活保護制度を中核とする公的扶助について，初めて学ぶ読者にもわかりやすく体系的に理解できるように心がけました。そのために図表を多く用い，重要な用語の解説にもつとめました。また執筆陣には現場経験のある研究者や現場の専門職の方がたにも参加していただきました。

　本書の読者対象としては，社会福祉士・精神保健福祉士等の福祉専門職をめざす学生はもちろんのこと，社会福祉の隣接領域の学生，あるいは公的扶助に関心をもつ一般社会人の方がたにも学んでいただけるように配慮しました。

　また，本書は，「社会福祉士及び介護福祉士法」改正にともなう社会福祉士養成新カリキュラムに即して，各章の構成と内容を組み立て，最新の動向も加えて編集しました。したがって大学や短大，社会福祉士養成施設校等の公的扶助論テキストとして，有効に活用していただけるものと確信しています。

　最後に，本書の刊行について多大なるご支援をいただいた学文社代表の田中千津子氏に深く感謝の意を表します。

2014年9月

編著者　高間　満
遠藤洋二

目　次

第1章　現代社会と公的扶助 ──── 1

1. 現代における貧困と低所得問題 ……………………………………………… 2
   (1) 雇用問題と貧困　2／(2) ジニ係数と相対的貧困率　3／(3) 各種調査結果と貧困　3
2. 貧困とは何か ………………………………………………………………… 4
   (1) 貧困の科学的解明と絶対的貧困　4／(2) タウンゼントと相対的貧困　6／(3) ギデンズと社会的排除　7／(4) センのケーパビリティ　8／(5) その他の貧困論　9／(6) わが国の貧困研究　9
3. 公的扶助の概念と範囲 ……………………………………………………… 10
   (1) 公的扶助の位置−社会保障・社会福祉・公的扶助の関係−　10／(2) 公的扶助の概念と特質　11／(3) 公的扶助の範囲−狭義と広義の公的扶助−　12／(4) 社会保険と公的扶助の関係と相違点　13
4. 公的扶助の意義と役割 ……………………………………………………… 13
   (1) ナショナル・ミニマム機能とセーフティネット機能　13／(2) 公的扶助における実践の意義　15

第2章　公的扶助の歴史展開 ──── 19

1. イギリスにおける公的扶助の歴史 …………………………………………… 20
   (1) エリザベス救貧法の成立と展開　20／(2) 新救貧法の成立と慈善組織協会　21／(3) 貧困の発見と社会改良　21／(4) ベヴァリッジ報告と国民扶助　22／(5) 貧困の再発見と補足給付制度　23／(6) サッチャー以降の公的扶助　24
2. アメリカにおける公的扶助の歴史 …………………………………………… 25
   (1) 救貧制度の成立　25／(2) 社会保障法の成立　26／(3) 貧困対策の展開　26
3. わが国における公的扶助の歴史 ……………………………………………… 27
   (1) 前近代社会における公的救済　27／(2) 近代国家の形成と恤救規則　28／(3) 社会事業と救護法　29／(4) 戦後社会の形成と生活保護法　29／(5) 保護行政の展開と「適正化」政策　30／(6) 社会福祉基礎構造改革と生活保護法　32／(7) 生活保護法の改正と生活困窮者自立支援制度　33

第3章　生活保護制度 ──── 37

1. 生活保護の目的・基本原理・基本原則 ……………………………………… 38
   (1) 生活保護の目的　38／(2) 生活保護法の基本原理　38／(3) 生活保護法の基本原則　43
2. 保護の種類と内容，方法 …………………………………………………… 45
   (1) 保護の種類と内容　45／(2) 保護の方法　49
3. 保護施設 ……………………………………………………………………… 50
   (1) 救護施設　51／(2) 更生施設　52／(3) 医療保護施設　52／(4) 授産施設　52／(5) 宿所提供施設　53
4. 被保護者の権利と義務 ……………………………………………………… 53
   (1) 被保護者の権利　53／(2) 被保護者の義務　54
5. 不服申立てと訴訟 …………………………………………………………… 54
   (1) 審査請求　55／(2) 再審査請求　55／(3) 行政事件訴訟　55
6. 生活保護の財源と予算 ……………………………………………………… 56
   (1) 生活保護費の基本的性格と財源　56／(2) 国家予算と生活保護費　56

第4章　最低生活保障水準と生活保護基準 ―― 59

1. 最低生活保障水準の考え方 …… 60
   (1) 最低生活の保障　60／(2) 最低生活水準の捉え方（絶対的水準論と相対的水準論）　60
2. 生活保護基準設定の推移 …… 61
   (1) 生活保護基準の設定方式の推移　61／(2) 近年の生活保護基準の検証の経過　62／(3) 生活保護基準の課題　63
3. 生活保護基準の考え方 …… 64
   (1) 生活保護基準　64／(2) 基準生活費（生活扶助）　64
4. 生活保護基準の実際 …… 67
   (1) 最低生活基準の算定方法　67／(2) 保護の要否判定　67／(3) 程度（扶助額）の決定　69／(4) 2013年度（2013年8月〜）及び2014年度の生活保護基準について　69

第5章　生活保護の動向 ―― 73

1. 被保護人員・被保護世帯数 …… 74
   (1) 最近の保護動向　74／(2) 被保護人員数の動向　76／(3) 被保護世帯数の動向　77／(4) 保護率の動向　80／(5) 保護の受給期間　81
2. 保護の開始・廃止の動向 …… 83
   (1) 概　況　83／(2) 理由別保護の開始・廃止　84
3. 医療扶助・介護扶助の動向 …… 86
   (1) 医療扶助の動向　86／(2) 介護扶助の動向　87

第6章　低所得者対策の概要 ―― 89

1. 生活福祉資金貸付制度等 …… 90
   (1) 制度の歴史と役割　90／(2) 制度の概要　90／(3) 制度の多様性とその内容　90
2. 社会手当制度 …… 92
   (1) 児童扶養手当制度の歴史と概要　92／(2) 特別児童扶養手当制度の歴史と概要　93／(3) 児童手当制度の歴史と概要　94
3. 求職者支援制度 …… 95
   (1) 制度成立の背景　95／(2) 制度の概要　96
4. 生活困窮者自立支援制度 …… 96
   (1) 制度成立の背景　96／(2) 制度の概要　97
5. その他の低所得者対策 …… 98
   (1) 民事法律扶助制度　98／(2) 災害救助法　98／(3) 無料低額診療制度　98／(4) 無料低額宿泊所　100

第7章　ホームレス状態にある人びとへの支援 ―― 103

1. ホームレスとは …… 104
   (1) ホームレスの定義と実際の範囲　104／(2) ホームレス問題の背景　106／(3) ホームレス調査の目的と内容　108
2. ホームレス支援策の概要 …… 112
   (1) ホームレス自立支援法の概要　112／(2) ホームレスの自立の支援等に関する基本方針　112
3. ホームレス支援の実際 …… 114
   (1) 自立支援センターを利用したホームレス支援の事例　114／(2) 無料低額宿泊所を利用したホームレス支援の事例　115
4. ホームレス対策の課題 …… 116
   (1) ホームレス対策利用状況と今後の課題　116／(2) ホームレス問題に対する生活保護の課題　118

第8章　低所得者の住宅政策 ── 121

1. 住宅と社会福祉 - イギリス社会福祉の歴史から - ……………………………… 122
2. 住宅政策の動向 …………………………………………………………………… 123
3. 現行制度の概要 …………………………………………………………………… 125
   (1) 住宅扶助　125／(2) 公営住宅制度　126
4. 低所得者の住宅問題 ……………………………………………………………… 128
   (1) ホームレス問題　128／(2) 公的賃貸住宅における問題　130
5. 住まい・居住の権利保障に向けて ……………………………………………… 131
   (1) 国連による見解　131／(2) 住宅政策に福祉の視点を　132

第9章　生活保護の実施体制と福祉事務所 ── 137

1. 生活保護の運営実施体制 ………………………………………………………… 138
   (1) 国　138／(2) 都道府県(政令指定都市, 中核市)　138／(3) 福祉事務所　140／(4) 民生委員　140／(5) 町　村　141
2. 福祉事務所の業務と組織 ………………………………………………………… 141
   (1) 福祉事務所の歴史　141／(2) 制度改革と福祉事務所の現在　142／(3) 福祉事務所の所掌事務　145／(4) 福祉事務所の組織体制　146／(5) 社会福祉主事　147／(6) 査察指導員と現業員　149
3. 生活保護の決定と実施 …………………………………………………………… 150
   (1) 保護の申請から決定まで　150／(2) 保護の開始・却下・変更・停止・廃止　151

第10章　生活保護における相談援助活動 ── 153

1. 生活保護における相談援助活動 ………………………………………………… 154
   (1) 現業活動とは　154／(2) 現業員がもつべき態度と知識　161／(3) 記　録　162
2. 低所得者対策における相談援助事例 …………………………………………… 163
   (1) 生活福祉資金貸付制度活用による相談援助活動事例　163／(2) ホームレス支援施策活用による相談援助活動事例　164
3. 他機関・他職種との連携・協働 ………………………………………………… 165
   (1) 連携・協働の意義　165／(2) 連携・協働する関係機関・団体　165／(3) 組織・職種間連携　168

第11章　生活保護における自立支援 ── 171

1. 自立とはなにか …………………………………………………………………… 172
   (1) 生活保護における自立の概念とは　172／(2) 生活保護における新たな自立の概念　172／(3) 自立支援プログラムにおける3つの自立支援の概念　173
2. 自立支援プログラムの位置づけ ………………………………………………… 173
   (1) 自立支援プログラム導入の背景　173／(2) 自立支援プログラムの目的と意義　174
3. 自立支援プログラムの策定 ……………………………………………………… 175
   (1) 自立支援プログラムの作成過程と方法　175／(2) 自立支援プログラムの実際　177

資　料 ────────────────────────── 185

索　引 ────────────────────────── 215

第1章

現代社会と公的扶助

1 現代における貧困と低所得問題

(1) 雇用問題と貧困

わが国では1990年代以降、経済のグローバル化と新自由主義路線の下、規制緩和と競争至上主義が急速に進行した。それにともない、企業は世界戦略と生き残りのために、それまでの終身雇用、年功賃金といった日本的雇用慣行から脱却し、リストラや人件費削減を進行させた。その結果、パート・アルバイト・派遣・契約・嘱託などの非正規労働者が急増し、その数は全労働者の3分の1以上（36.7％ 2013）を超え（図表1－1）、国民生活における格差を拡大させ、それまでの総中流社会は崩壊した。

なお非正規労働者急増の論点として労働者派遣法（1986）の規制緩和と日経連による「新時代の『日本的経営』」指針がある。前者は労働者派遣を当初の専門性の高い13業種から1996（平成8）年には26業種へ、1999（平成11）年には危険業種を除いて原則自由とし、さらに2004（平成16）年には製造業や医療関連業種にも拡大した。また後者はこれからの労働者雇用を長期蓄積能力活用型の社会的エリート、高度専門能力活用型の専門職業人、そして雇用柔軟型の一般的労働者に3分類し、とくに雇用柔軟型における非正規労働者を積極的に活用する財界戦略を示したものである。

非正規労働者は雇用保険も保障されず、企業の景気の調整弁として活用され、

経済のグローバル化
グローバル化とはグローバリゼーション（globalization）の略で「地球規模化」という意味である。市場経済が世界的に拡大し、生産の国際化が進み、人・モノ・カネ・情報が地球規模に高速度で駆けめぐり、各国の経済体制が開放化し、世界経済の統合化が進む現象をさす。

新自由主義
国家による経済への過度の介入を批判し、個人の自由と責任に基づく競争と市場原理を重視する考えである。この考え方に基づき、アメリカのレーガン、イギリスのサッチャー、わが国の中曽根政権の下で、小さな政府や民営化政策が進められた。新保守主義と同じ意味である。

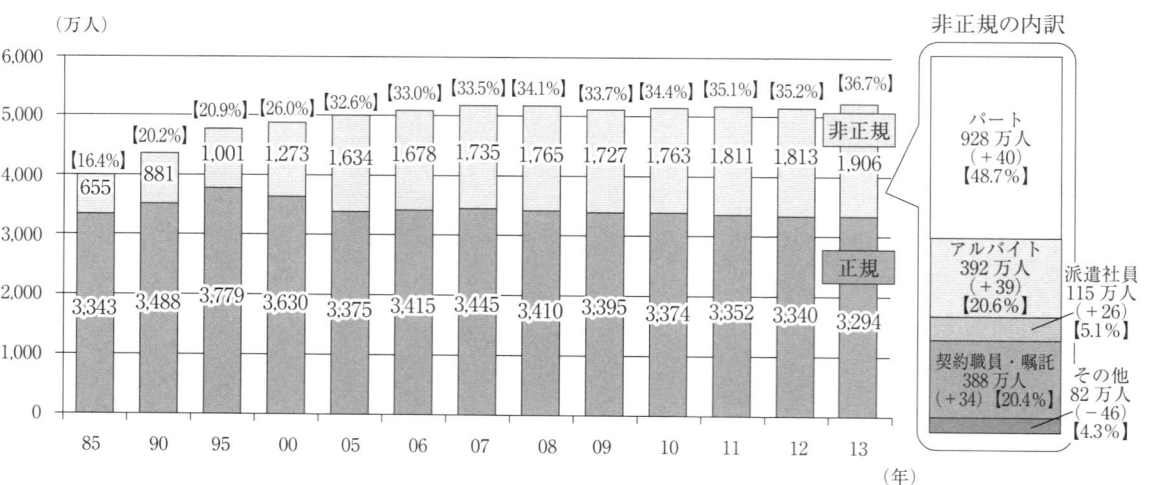

図表1－1　正規・非正規雇用の推移

（資料出所）総務省「労働力調査（特別調査）」（2月調査）及び総務省「労働力調査（詳細結果）」（年平均）長期時系列データ
（注）1）2005年から2011年までの数値は、2010年国勢調査の確定人口に基づく推計人口（新基準）に切替え集計した値。
　　2）2011年の数値及び前年差は、被災3県の補完推計値を用いて計算した値。
　　3）雇用形態の区分は、勤め先での「呼称」によるもの。
　　4）正規雇用労働者：勤め先での呼称が「正規の職員・従業員」である者。
　　5）非正規雇用労働者：勤め先での呼称が「パート」「アルバイト」「労働者派遣事業所の派遣社員」「契約社員」「嘱託」「その他」である者。
出所）厚生労働省「『非正規雇用』の現状と課題」

不景気には都合よく解雇されるために，たちまち生活に困窮する。すなわち社会生活における「留め具」がなく，一気に貧困に陥る「すべり台社会」（湯浅誠）の犠牲者となる。また企業の労働宿舎に入っている者は，解雇とともに住む所を失いホームレスの危機に直面する。

この結果，2000（平成12）年前後には都会にホームレスが増大し，一方で「働く貧困層」といわれる生活保護水準以下，年間収入200万円以下のいわゆる「ワーキングプア」が急増した。さらにリーマンショック（2008）直後には，製造工場現場での「派遣切り」が全国的に波及し，非正規労働者がさらに急増した。「年越し派遣村」が設置されたのはその年末のことであった。こうして貧困が社会問題として大きくクローズアップされてきた。

(2) ジニ係数と相対的貧困率

この貧困の進行は，厚生労働省が3年ごとに発表するジニ係数（世帯ごとの所得格差の程度を指標で表し，1に近いほど格差は大きい）調査結果をみると明らかである。課税前の当初所得ジニ係数について，1981（昭和56）年には0.349，1990（平成2）年には0.433，1999年には0.472，2011（平成23）年には0.554となり，ここ30年の推移において係数が1.5倍以上，上昇していることがわかる。

OECD（経済協力開発機構）報告により，2001（平成13）年の相対的貧困率（可処分所得中央値50％以下の人の割合）のランクが先進諸国の中で，わが国はアメリカに次いで高い15.3％であるというショッキングなデータが示された。また子どもの貧困率の国際比較では，わが国は2004年に13.7％であり，OECD諸国22か国中では上から8番目の高さであり，約7人に1人の子どもが貧困状況におかれていることが示された。

この OECD 報告に触発され，厚生労働省は2009（平成21）年10月に，わが国の相対的貧困率は15.7％（2006年を対象）であり，また17歳以下の子どもの貧困率は14.2％であることを公表した。さらに母子世帯や父子世帯など「おとながひとり」（おとながひとりと17歳以下の子どものいる世帯）の貧困率は，54.3％に達していることが示された。

(3) 各種調査結果と貧困

ちなみに国立社会保障・人口問題研究所の「生活と支え合いに関する調査」結果 (2013) においても，過去1年間に経済的な理由で，家族が必要とする食料が買えなかった経験をもつ世帯は14.8％であり，相対的貧困率と近い数値となっている。

2012（平成24）年の国民基礎生活調査によると，1世帯あたりの平均所得金額は548万2,000円，高齢者世帯は303万6,000円，児童のいる世帯は697万円であった。平均所得金額以下の割合は，高齢者世帯で91.9％，児童のいる世

ワーキングプア
文字通り「働く貧困層」のことで，仕事をしているにもかかわらず，その収入が生活保護水準以下の状態にある場合をさす。

ジニ係数
イタリアの統計学者ジニ (Gini, C.) が考案した係数で，所得分配の格差や不平等化を数値化して表すときによく使用される指標である。完全平等の時は0，完全不平等の時は1になる。数字が大きくなって1に近づくほど，所得分配の不平等度が高くなる。通常の先進国では0.3台である。0.4台になると不平等度が高まったと考えられる。

貧困率
OECD（経済協力開発機構）で主に用いられる貧困の指標で，相対的貧困率をさし，可処分所得（個人の受け取った所得から，所得税をはじめとする租税および社会保障費を差し引いた自由に処分できる所得）が，全国民の可処分所得の中央値の半分に満たない国民の割合をさす。

帯で41.9％であった。また生活意識別世帯数の構成割合では「苦しい」が60.4％，「普通」が35.8％であり，児童のいる世帯では「苦しい」が65.3％を占めた。さらに高齢者世帯の平均所得金額303万6,000円のうち約7割は公的年金・恩給等による収入であり，次いで就業による収入が約2割であった。

2011年の全国母子世帯調査によると，母子世帯の平均年間収入は約291万円で，父子世帯の平均年間収入455万円に比べてかなり低いことが示された。なお母子世帯の所得の約8割は稼働所得である。

2013（平成25）年12月公表の労働力調査によると，その前月の完全失業率は3.8％で10年前（2003）の5.3％に比べて好転してきているが，年齢階層別にみると15～24歳6.3％，25～34歳5.0％と若年層の失業率が，他の年齢階層の3％台に比べて割合が高いことが示された。

これと関連してフリーターが2003（平成15）年の217万人をピークとして減少してきているが，2011年で176万人となっている。また若年無業者（ニート）は2011年で60万人となっている。いずれも第一次就職氷河期世代の年齢層（35～45歳）の割合が増加している。

そして生活保護の保護率も1995（平成7）年の7.0‰（千分比）を最底点として，2000年は8.4‰，2005（平成17）年には11.6‰，2012年には16.7‰と急上昇を示している。

2 貧困とは何か

1970～80年代における消費生活の豊かな時代を経て，わが国では貧困がみえなくなったといわれた。それ以前には，たとえば生活保護受給世帯を訪問すると，一見して貧困家庭とわかるほどのみすぼらしい家庭情景がみられたが，今日ではどの家庭にも高価とみえる電化製品や家具などが揃っている。しかしその実態を探ってみると，カード破産，ローン地獄に陥っている家庭が多々ある。いわゆる「見える貧困」から「見えない貧困」への移行である。それでは一体，貧困とは何であり，いかなる尺度で貧困を捉えるのであろうか。ここではこれらについて，簡単に貧困調査や貧困理論の歴史を追って考えてみよう。

（1）貧困の科学的解明と絶対的貧困

19世紀末のイギリスでは，産業が急速に発達する一方で，労働者の生活は悲惨を極めていた。当時，貧困問題は怠惰・浪費・飲酒など個々人の生活態度に起因する個人的責任と考えられていた。ところが，ブース（Booth. C.）やラウントリー（Rowntree, B. S.）の貧困調査により，貧困の社会的責任が明らかにされたのである。

フリーター
和製英語（freeter）で，正社員として就職するのではなく，短期間のパート，アルバイトなどをして生活する人のことをいう。

ニート（NEET：Not in Employment Education or Training）
働こうともせず，学校に通わず，仕事に就くための専門的な訓練も受けないことの意味で，イギリスでそうした若者をさして呼ばれ始めた。

図表1−2　ブースによる階層区分

```
H    中産階級の上
G    中産階級の下
F    上級労働者
E    標準的な規則的稼得者
──────〈貧困線〉──────
D    低賃金の規則的稼得者
C    不規則的な稼得者
B    臨時的な稼得者
A    臨時的日雇労働者・浮浪者・準犯罪者などの最下層
```

出所）金子充「貧困概念と貧困研究の動向」伊藤秀一編『臨床に必要な公的扶助』弘文堂, 2006年, p.3

1）ブースのロンドン調査

　ブースは, ロンドンの当時のスラム地区（東ロンドン）に住む労働者の実態調査を通じて, その所得や職業の実態を分析した。そしてその調査結果は『ロンドン市民の生活と労働』（1902−03）としてまとめられた。ブースは労働者の所得を中心に, 職業や住居等の生活水準の設定により8つの階層に分類した。すなわちA（臨時的日雇労働者）, B（臨時的な稼得者）, C（不規則な稼得者）, D（低賃金の規則的な稼得者）, E（標準的な規則的稼得者）, F（上級労働者）, G（中産階級の下）, H（中産階級の上）の8区分である（図表1−2）。そしてDとEの境界に貧困線を設定し, D階層以下を貧困階層とし, とくにAを最下層, Bを極貧, CとDを貧困とした。ここでD階層以下は, 衣食住において生存に必要な資源を購入できない困窮状況にあるとし, 東ロンドンでは35％が貧困者, そのうち12.5％が極貧者であることを明らかにした。さらにブースはロンドン全体に調査を拡大し, ロンドン市民の30.7％が貧困状態にあることを明らかにした。そしてこれらの調査結果を通じて, 貧困は怠惰・浪費・飲酒などの個人の生活態度に起因するのではなく, 不規則労働や低賃金といった雇用問題が大きく作用することを解明したのである。

2）ラウントリーのヨーク調査

　一方, ラウントリーはブースの調査に影響をうけ, 地方都市ヨーク市において労働者世帯調査を行った。そしてその調査結果は『貧困：都市生活の研究』（1902）としてまとめられた。ラウントリーは貧困線を設定するに当たり, ブースの生活水準分類をより明確な最低生活費の設定に置き換えた。すなわち栄養学の知見を導入して, 必要カロリー量から飲食物費を計上し, さらに家賃, 家庭雑費などの諸経費を積み上げて最低生活費を算定し, これに基づいて貧困線を設定したのである。そして貧困を「第1次貧困」と「第2次貧困」に区分し, 前者を「その総収入が, 単なる肉体的能率を維持するのに必要な最小限度にも

第1章 現代社会と公的扶助

足りない家庭」、後者を「その総収入が(もし、その一部が他の支出に振り向けられない限り)単なる肉体的能率を保持するに足る家庭」とした。これに基づく調査結果では「第1次貧困」に該当する労働者が9.7%、「第2次貧困」に該当する労働者が17.9%存在することが明らかになった。そして両者合わせてヨーク市民の27.6%が、貧困な生活状態にあることが示されたのである。そしてここでも貧困の原因は病気、失業、低賃金などに起因することが明らかにされたのである。

なお、ラウントリーの科学的な貧困線の設定方式は、その後「マーケット・バスケット方式」に発展し、最低生活費算定の基礎となった。またラウントリーはこの貧困線について普通の労働者は一生(ライフサイクル)のうち少年期、子育て期、老年期の3度、最低生活費ライン(貧困線)を下回る可能性があることを明らかにした(図表1-3)。

こうしてブースやラウントリーによって、市民の約3割が貧困状態にあり、それは飲酒や浪費など個人的原因ではなく、不規則労働や低賃金など雇用問題を主とした社会的原因により、生起されることが明らかにされたのである。この2人の業績は貧困の科学的解明により、「貧困の発見」という貧困観の転換と貧困問題の社会的解決の必要性ということにおいて大きな意味をもつものであった。そしてこれが契機となって、近代的な社会立法や公的扶助制度が出発し、さらに社会保障制度や福祉国家を生み出していくことになった。

(2) タウンゼントと相対的貧困

20世紀も半ばを過ぎるとイギリスでは、それまでのブースやラウントリーの貧困線設定による「絶対的貧困」という捉え方に対して、「相対的貧困」という捉え方が登場してきた。タウンゼント(Townsend, P. B.)は、それまでの

> **マーケット・バスケット方式**
> 「買い物かご」という言葉が意味するとおり、最低生活を営むために必要な食料品、日用品といった費目を、まさにスーパーマーケットで買い物をするかのように積算し、その金額を生活扶助の基準とする方法である。

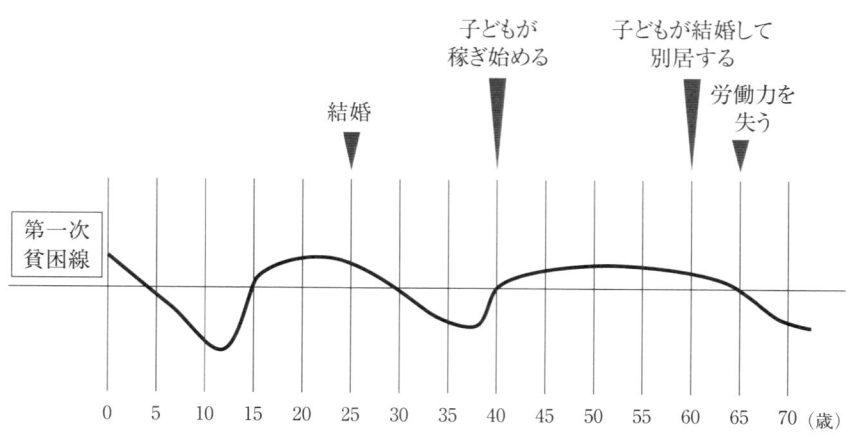

図表1-3 ライフサイクルと貧困層

出所)ラウントリー著、長沼弘毅訳『貧乏研究』ダイヤモンド社、1954年、p.152

図表 1 - 4　剥奪指標

(単位：%)

特　性	人口における割合
1. この1年に家以外で1週間の休日を持たなかった。	53.6
2. この4週間に親戚か友人に家庭で食事をふるまわなかった。	33.4
3. この4週間に親戚か友人と外で食事をしなかった。	45.1
4. この4週間に友人と遊んだりお茶を飲んだりしなかった。(15歳以下の子ども)	36.3
5. 最近の誕生日にパーティーをしなかった。(子ども)	56.6
6. この2週間に午後や夜に娯楽で外出しなかった。	47.0
7. 1週間に4日以上新鮮な肉を食べなかった。	19.3
8. この2週間に調理した食事を食べなかった日が1日以上あった。	7.0
9. 週のほとんど，火を通した朝飯を食べなかった。	67.3
10. 世帯に冷蔵庫がない。	45.1
11. 世帯で通常（4回に3回）日曜を一緒に過ごさない。	25.9
12. 世帯が以下の4つの設備を室内で単独の部屋として備えていない。水洗便所，洗面所，ふろ・シャワー室，ガス・電気調理室。	21.4

出所）山森亮「貧困把握の具体的方法」岩田正美・岡部卓・清水浩一編『貧困問題とソーシャルワーク』有斐閣，2003年，p.42より一部改変

貧困測定方法に代わる新たな測定基準の導入により，「相対的剥奪」(relative deprivation) という概念を提唱した。これは貧困を生活上の諸権利が剥奪された状態であるとして，一方で社会的標準様式を想定した。そこでは「貨幣」に限定された「所得」の代わりに「生活資源」，「消費」の代わりに「生活様式」を尺度指標としたのである。そしてタウンゼントは，所属する社会で標準的とされる生活様式や習慣，活動に参加できない状態を貧困と捉え，当たり前とされる生活から外れることを相対的剥奪として，新しい貧困観を提示したのである（図表1-4）。タウンゼントは，貧困を次のように定義している。「個人，家族，諸集団はその所属する社会で慣習とされている，あるいは少なくとも広く奨励または是認されている種類の食事をとったり，社会的諸活動に参加したり，あるいは生活の必要諸条件や快適さをもったりするために必要な社会資源を欠いている時，全人口のうちでは貧困な状態にあるとされる。彼らの資源は，平均的な個人や家族が自由にできる資源に比べて，きわめて劣っているために，通常の生活様式，諸習慣，諸活動から事実上，排除されている」[1]。こうしてタウンゼントは，貧困を完全な生活困窮状態として捉えるのではなく，生活や労働条件が一般的水準よりも劣っている状態，すなわち「相対的貧困」として捉え，そして貧困を社会的不平等として論ずるべきであることを提唱したのである。

(3) ギデンズと社会的排除

1980年代の欧米では，これまでの貧困とは様相が異なる「新しい貧困」が登場してきた。それは若年単身者の長期失業，ファストフードなど新しいサー

> **ギデンズ (Giddens, A.; 1938-)**
> イギリスの社会学者でロンドン・スクール・オブ・エコノミクス (LSE) 名誉教授である。構造化理論，再帰的近代化論の提唱で現代社会学に大きな影響を与えている。ブレア政権のブレーンとして「第三の道」を提唱したことで有名である。

ビス産業に従事する不安定な雇用の母子世帯，都市周縁部の移民層の貧困，さらにはホームレスの増大などである。この再び見える貧困としての「新しい貧困」は，これまでみてきたブースやラウントリー，タウンゼントらによる所得や消費といった財に焦点化して，その多寡，不平等によって貧困を判断するものとは様相を異にするものであった。そしてこの「新しい貧困」はヨーロッパでは「社会的排除」(social exclusion)，アメリカでは「アンダークラス」(underclass) という用語で説明している。ここで社会的排除とは，貧困の経済的側面ではなく，社会関係の側面を焦点化した概念である。

イギリスの社会学者ギデンズ (Giddens, A.) は，「社会的排除とは，人びとが社会への十分な関与から遮断されている状態」であり，「貧困そのものとは異なる」とした。そして排除には経済的排除（生産活動と消費活動からの排除），政治的排除（政治過程に関与する必要な資源・情報・機会からの排除），社会的排除（公共施設・社会的ネットワークからの排除）の３つの要素が含まれるとしている。

わが国においてもこうしたヨーロッパの動きに影響をうけて，厚生労働省は「社会的な援護を要する人々に対する社会福祉のあり方に関する検討会報告書」(2000年12月) を提出した。そこでは社会的に排除されている人たちを，「心身の障害・不安」（社会的ストレス問題，アルコール依存等），「社会的排除や摩擦」（路上死，中国残留孤児，外国人の排除や摩擦等），「社会的孤立や孤独」（孤独死，自殺，家庭内の虐待・暴力等）に類型化している。そしてこのような排除からの脱却を目指して「つながりの再構築」を果たし，「社会的包摂」(social inclusion) を実現することの必要性を提唱している。

（4）センのケーパビリティ

所得や消費といった財に焦点化しない，もう一つの新たな貧困概念として，セン (Sen, A.) のケーパビリティ理論がある。センによれば財は手段にすぎず，同じだけの財をもっていても実際の生活水準は異なることがあるという。たとえば多額の医療費がかかる難病を患っている人は，同じ所得であっても病気をもたない健康な人に比べれば，生活水準が低い。そこでセンは，人が実際にできることに焦点化した「機能」(functionings) という概念をもち出す。そしてその集合として「潜在能力」(capability) という概念を考える。たとえば高級な自動車をもっていたとしても，それを乗り回す運転能力，すなわち機能がなければ，快適に遠くに早く移動するという福祉は享受できない。そこでは貧困は自動車所有という財よりも，その人がなしうる運転能力という機能によって捉えられるべきだというのである。

こうしてセンは，貧困とは「機能」の集合である「潜在能力」（ケーパビリティ）の欠如状態や獲得の失敗として捉えられるべきであるとした。そして福

社会的排除
貧困が単なる物質的欠乏だけでなく，貧困状態にある個人，家族，地域を福祉や雇用等，社会のさまざまな領域から排除している状態をいう。

セン (Sen, Amartya；1933-)
イギリスの植民地支配下にあったインドのベンガル地方に生まれる。アジア人の経済学者として初めてノーベル経済学賞を受賞した。センの研究は，経済学のみならず哲学・倫理学にも及んでいる。センの用いた最も重要な概念は「潜在能力」(capability) である。

祉を充足させる必要不可欠の前提条件としてケーパビリティを位置づけたのである。このセンのケーパビリティ理論は，貧困把握の深みを示したが，ケーパビリティの設定や指標化に困難性があり，未だ実用化には至っていない。

(5) その他の貧困論

イギリスのハリー（Harry, J.）は，1921年に「貧困の悪循環」論を提唱した。貧困現象は失業，多子，疾病，老齢などによる所得の低下や喪失によってもたらされるが，それがさらに貧困を生み出し，貧困のスパイラル化を招くという理論である。たとえば失業し，収入がなくなる。無収入であるがゆえに将来展望のない生き方をする。そのことが病気や借金を招き，さらに貧困の深みに入っていくというものである。

アメリカの文化人類学者オスカー・ルイス（Lewis, O.）は，メキシコの貧しい家庭の参与的観察から，貧困状態におかれた人たちは貧困を運命論的に受け入れ，無力感やあきらめに基づく生活様式が，独自の文化の再生産パターンを生み出すという「貧困の文化」論を1960年前後に提唱した。

1980年代のアメリカでチャールズ・マリー（Murray, C.）は，伝統的家族の崩壊や福祉国家体制によって，福祉依存の文化が創り出され，そのことが失業の増大，婚外子出産，暴力や犯罪の増加を生み出しているとした。そして長期に福祉依存している未婚の母，働く意欲のない若者，特定の貧困地域において犯罪行為によって生活している者たちを，一般の低所得層の人びととの差別化を図る意味で，「アンダークラス」とした。

これらの貧困論は，現代のわが国で論議されている「貧困の世代的再生産」（貧困連鎖）の理論的根拠ともなっている。

> **貧困の世代的再生産**
> 世代から世代へ2世代以上にわたって，貧困な生活状態が継承されるような状況のことをいう。

(6) わが国の貧困研究

わが国の明治期から現代までの貧困研究の系譜をたどってみると，貧困の実態解明の調査，家計調査を基礎とした最低生活費の研究，貧困層の生活構造論的研究，そして貧困層の社会階層論的研究の4つの系譜に分類することができる[2]。これらの系譜を大きく戦前と戦後に分けてみていこう。

1) 戦前の貧困研究

貧困の実態解明の調査として，明治期に横山源之助はブースの影響をうけ『日本之下層社会』(1899)を著した。これは，貧民窟の探訪記として大都市下層社会の実態を描いたものである。その後，農商務省による「職工事情」調査(1903)の労働者調査が行われている。大正期になると高野岩三郎らの「東京ニ於ケル二十職工家計調査」(1916)，内務省衛生局の「東京市京橋区月島に於ける実地調査」(1921)がある。

家計調査を基礎とした最低生活費の研究としては，森本厚吉の『日本におけ

る標準生活費』(1918),日本女子大学校の『生活費の標準』(1928),榊原平八の『労務者標準生活』(1941),労働科学研究所の『最低生活費の研究』(1938),安藤政吉の『国民生活費の研究』(1944)などがある。

なお,その他として,河上肇の『貧乏物語』(1916)がある。

2) 戦後の貧困研究

戦後になって,いち早く安藤政吉は最低生活費を算定した『最低生活費の研究』(1947)を刊行した。

貧困層の生活構造論的研究として,篭山京と中鉢正美による実証的な調査研究がある。そこでは家計費目の構造を分析し,エンゲル曲線の変曲ないし湾曲を通じて,生活構造を理論化した。さらに中鉢は履歴効果という概念を用いて『生活構造論』(1956)を著した。また篭山の研究は,『篭山京著作集』にまとめられている。

貧困層の社会階層論的研究として,江口英一の業績がある。江口は大河内一男,隅谷三喜男,氏原正治郎らの先駆的業績を継承しつつ,労働市場と社会階層の実証的分析を行った。低所得の労働者階層を細分化して,階層間移動や階層構成全体の変動を解明し,雇用や生活の不安定性を明らかにした。この研究は,『現代の「低所得層」－「貧困」研究の方法』(1979 - 1980)として集大成された。

> **エンゲル曲線**
> 所得と特定の財の支出額に着目し,その関係を表した曲線のことをいう。

3 公的扶助の概念と範囲

(1) 公的扶助の位置－社会保障・社会福祉・公的扶助の関係－

日本国憲法第25条第1項では,「すべて国民は,健康で文化的な最低限度の生活を営む権利を有する」として国民の生存権を規定している。そして第2項では「国は,すべての生活部面について,社会福祉,社会保障及び公衆衛生の向上及び増進に努めなければならない」として国民の生活保障に対する国の責務を規定している。ここでは社会福祉,社会保障,公衆衛生が並列的に規定されている。ここでの社会保障とは狭い意味で,年金等の経済保障を想定したものと解されている。

1950(昭和25)年の社会保障制度審議会による「社会保障制度に関する勧告」では,「社会保障制度とは,疾病,負傷,分娩,廃疾,死亡,老齢,失業,多子その他困窮の原因に対し,保険的方法または直接の公の負担において経済保障の途を講じ,生活困窮に陥ったものに対しては,国家扶助によって最低限度の生活を保障するとともに,公衆衛生及び社会福祉の向上を図り,もってすべての国民が文化的社会の成員たるに値する生活を営むことができるようにすること」と定義し,生存権の保障に向けた社会保障制度のあり方を具体的に示している。ここでは社会保障が社会保険,国家扶助,公衆衛生,社会福祉の上位

概念として規定されている。

この社会保障制度審議会の1950年勧告は，わが国の戦後の社会保障制度整備に向けての基本方向を示したことで大きな意義があり，また長らくわが国の社会保障制度の定義として使用されてきた。しかしその後の福祉六法の整備，国民皆保険・皆年金の成立，福祉サービスの拡大などにより社会保障制度の定義も変化してきた。現在では社会保障制度は，すべての国民を対象に，生活の安定を損なうさまざまな事態に対して，生活の安定を図り，安心をもたらす役割を担う制度になってきている。

いずれにしてもわが国の現在の法制度体系では，生活の安定と生活の保障を目的とする社会保障制度のもとに，社会保険，公的扶助，公衆衛生，社会福祉の各制度が並列されているといえる。

社会保険は疾病，障害，死亡，失業等の社会的リスクに対して，国民が保険料を負担して（拠出制），相互に助け合う制度である。この社会保険には年金保険，医療保険，雇用保険，労災保険，介護保険がある。ただし介護保険は，社会保険とともに社会福祉の機能を有していることにより，新たに独自の領域を形成しつつある。

公的扶助は生活に困窮する者，あるいは低所得者に対して金銭給付または現物給付を行う制度である。財源は税等によって賄われ，受給者の保険料等の負担はない（無拠出制）。この公的扶助には生活保護と社会手当（児童手当・児童扶養手当・特別児童扶養手当）がある。なお，生活保護は最低生活保障という経済保障とともに，自立助長という受給者への具体的な対人福祉サービスをともなうために社会福祉の領域にも属する。

公衆衛生は国民の健康の維持，増進を図るための制度であり，そこには医療供給，一般保健，生活環境，労働保全，環境保全，学校保健などが含まれる。

社会福祉は，老人福祉，障害者福祉，児童福祉，母子及び寡婦福祉などの福祉六法等において対象者別に提供される対人福祉サービスの制度である。ここでは，きわめて狭い意味で社会福祉の範囲が捉えられている。

(2) 公的扶助の概念と特質

公的扶助は社会保険，公衆衛生，社会福祉と並んで社会保障制度の一環をなす制度であり，社会保障制度の土台をなす制度でもある。したがって，社会保障の最後の砦といわれている。

この公的扶助制度は，生活に困窮している人びとや低所得などにより貧困状態にあり，自力では自立した生活を営むことができない要保護状態にある人びとに対して，国が最低限度の生活を保障することを目的とする制度である。わが国ではその中核が生活保護制度である。

このようなわが国の公的扶助に類似する制度は，諸外国も同様に有している。

たとえばイギリスのユニバーサル・クレジット（Universal Credit），フランスの社会的ミニマム，ドイツの社会扶助と求職者基礎保障，アメリカの補足的保障所得（Supplemental Security Income：SSI），フードスタンプ（Food Stamp），貧困家庭一時扶助（Temporary Assistance for Needy Families：TANF），さらには韓国の国民基礎生活保障などである。

これらの諸国の公的扶助制度に共通する特質は，以下の諸点である。

1）その対象は，生活困窮の状態にある要保護層である。
2）その目的は，最低限度の生活を保障することである。
3）公的扶助をうける要件として，申請者は要保護状態にあることを証明するために，資力調査（ミーンズ・テスト［means test］）をうけることが必要である。
4）その財源は，原則として国の一般歳出によって賄われ，全額公費負担である。
5）公的扶助は，社会保険など他の社会保障制度を最終的に補完するセーフティネット（安全網）の役割をもつ。

以上の諸点をふまえて，公的扶助の概念について次のように定義できる。

「公的扶助とは資力調査をその前提条件として，貧困な生活状態にあり，独力で自立した生活ができない要保護状態にある者の申請あるいは請求に基づき，国が定めた自立した生活を送るのに不足する生活需要に対して，国や地方自治体が全額公費負担によって実施する補足的給付であり，事後的に対応するナショナル・ミニマム達成のための最終的な公的救済制度である」[3]（阿部實）

（3）公的扶助の範囲－狭義と広義の公的扶助－

公的扶助の範囲について，わが国を例として説明すると次のようになる。

公的扶助は大きく分けて，1）生活保護，2）社会手当，3）低所得者対策，4）その他に分類することができる。狭義の公的扶助では1），広義では1）に加えて2）3）4）を含めたものとなる。

1) 生活保護は公的扶助の中核であり，国家責任，無差別平等，最低生活，保護の補足性という4つの基本原理のもとに，申請保護，基準及び程度，必要即応，世帯単位という4つの原則により，資力調査を要件として保護の要否が決定実施される。

2) 社会手当は資力調査ではなく，所得調査（所得制限）を要件とし，これには児童手当法に基づく児童手当，児童扶養手当法に基づく児童扶養手当，特別児童扶養手当等の支給に関する法律に基づく特別児童扶養手当がある。

3) 低所得者対策としては，低所得者を中心として各種資金貸付けを行う生活福祉資金貸付制度，低所得者を中心に住宅を供給する公営住宅制度，ホームレスを対象に総合的な施策を行うホームレス対策，2011年10月に実施された雇用保険を受給できない失業者を対象とした求職者支援制

社会的ミニマム
フランスでは公費による最低所得保障は社会的ミニマムと総称され，10種類の制度（手当）からなっている。その中で社会的ミニマムは生活扶助のみの現金給付である。なお一番多くの受給者・世帯を抱える制度は積極的連帯手当（RSA）であり，元気な失業者，低賃金・不安定労働者とその家族が対象である。

求職者基礎保障
ドイツの最低生活保障制度は大きく分けて，稼得能力をもたない者を対象とする社会扶助と，稼得能力をもつ者を対象とする求職者基礎保障がある。

国民基礎生活保障
それまで労働無能力者のみを対象としていた生活保護制度を廃止し，1999年に新しく全国民の最低生活を保障する本制度が成立した。これは韓国で初めての現代的な公的扶助であるとともに，これにより社会保障制度全体の仕組みが導入されたことで大きな意義をもっている。

資力調査（ミーンズ・テスト）
保護の申請を行った者について，その要否・程度を決定するために保護の実施機関が法に基づき行う資産・能力等についての調査である。

度，さらには 2015（平成 27）年 4 月に実施される生活困窮者自立支援法による自立相談支援事業，住居確保給付金の支給などの支援がある。
4) その他として，直接に生活困窮者の救済を目的とするものではないが，公的給付を行っている制度もある。たとえば障害者総合支援法に基づく補装具費の給付，母子及び寡婦福祉法に基づく母子福祉資金の貸付けなどである。

（4）社会保険と公的扶助の関係と相違点

社会保障は国民のさまざまな生活危機や困難に対応して，生活の安定と安心を図るための生活保障の制度である。社会保険は，たとえば国民が病気，障害，失業，老齢になった時に貧困に陥ることを事前に防止するために機能する防貧制度である。これに対して，すでに貧困に陥り自力では生活をしていくことが困難になった時に対応するのが公的扶助である。これは貧困に対して事後的に対応する救貧制度である。このように社会保障の制度は，防貧制度である社会保険と救貧制度である公的扶助の 2 つを中心に構成されている。

それでは，ここで社会保険と公的扶助の相違点についてあげてみよう。
1) 社会保険は保険料の納付を要件とするが，公的扶助は保険料などの納付を一切，要件としない。
2) 社会保険は病気，障害，失業，老齢など一定の保険事故の発生に限定して対応するが，公的扶助は貧困原因を問わず，経済的困窮状態のみに着目して対応する。
3) 社会保険は収入，資産など資力の有無について問わないが，公的扶助は自己の資力などを生活維持のために活用することを要件とする。
4) 社会保険は一定のニーズに対する画一的な給付であるが，公的扶助は個別的なニーズに対する個別的な給付であり，最低生活費の不足分についての給付である。
5) 社会保険は生活危機や困難に対して事前に対応する防貧的機能をもつが，公的扶助は事後的に貧困状態に対応する救貧的機能をもつ。

4 公的扶助の意義と役割

（1）ナショナル・ミニマム機能とセーフティネット機能

救貧的機能をもつ公的扶助は防貧的機能をもつ社会保険とともに，社会保障において大きな役割を有している。また公的扶助は社会保障の土台をなすものとして存立している。

一般に社会保障には，①国民間で所得を移転させる所得再分配機能，②国民に最低限度の生活を保障するナショナル・ミニマム機能，③国民の生活リ

所得再分配機能
所得による格差，不平等を是正するための機能であり，これには所得の多い人から少ない人への所得移転（垂直的再分配），同じ所得層内での所得移転（水平的再分配），世代から世代への移転（世代間再分配）がある。公的扶助は垂直的再分配である。

スクに対応するセーフティネット機能、④国民のライフサイクルの変動や社会経済の景気変動に対応する生活と経済の変動安定化機能、そして、⑤国民が相互に助け合い、社会連帯意識を高める社会的統合機能がある[4]。

これらの社会保障の機能の中で、公的扶助にもっとも該当する機能は、②のナショナル・ミニマム機能と③のセーフティネット機能である。

1）ナショナル・ミニマム機能

ナショナル・ミニマム（national minimum）とは「国民最低限」と訳され、国が国民に保障すべき最低限度の生活のことである。このナショナル・ミニマムという考え方は、イギリスのウェッブ夫妻（Webb, S. & B.）によって19世紀末の労働組合運動の研究（『産業民主制論』1897）を通じて初めて提唱され、公的に最初に使用されたのは救貧法委員会の少数派報告である。また政策概念として最初に明確化されたのは1942年のベヴァリッジ報告の社会保障計画においてである。シドニー・ウェッブ（Webb, S.）は、労働者の必要最低限度の生活水準保障という意味でナショナル・ミニマムの用語を使用し、これがその後、労働者から国民一般まで拡大した。そしてベヴァリッジ報告では、最低限度の所得保障たるナショナル・ミニマムが、戦後のイギリス福祉国家建設の基礎として位置づけられた。

わが国では憲法25条で生存権保障として、最低限度の生活（ナショナル・ミニマム）が規定され、これに基づき制定された生活保護法でもその第1条に、法の目的として最低限度の生活保障を規定している。ここでの最低限度の生活保障とは、具体的には生活保護基準のことである。この最低限度の生活保障水準（生活保護基準）は、生活保護の要否を判定する貧困線の役割を果たすとともに、最低生活費の不足分を補う保護費の支給の程度を決定する尺度ともなっている。

2）セーフティネット機能

サーカスの芸人は、高くて危険な所でも平気で綱渡りをする。それは、転落しても怪我をしないように安全網（セーフティネット）が下に張られているからである。

われわれの生活も病気や障害、失業などのさまざまな生活リスクに囲まれている。しかし国民生活の安全と安心を目的に社会保障制度が整備されている。いわゆる国民生活を支えるセーフティネットとして社会保障制度は機能している。

現在のわが国の国民生活には、3つのセーフティネットがある。第1のセーフティネットは、社会保険制度である。これには、雇用保険、労災保険、年金保険、医療保険、介護保険があり、失業、労災、障害、老齢、死亡、病気、介護などの生活リスクに対応し、貧困を防止する役割をもっている。第2のセーフティネットは、低所得者対策である。これには、求職者支援制度、生活困窮

者自立支援制度などがある。前者は雇用保険を受給できない失業者を対象にし、後者は生活保護に陥る前の生活困窮者に対応する制度である。そして第3のセーフティネットは、公的扶助である。とりわけ、資力調査を条件とする生活保護制度である。国民生活の最後の砦、最終のセーフティネットとしての生活保護制度が果たす役割はきわめて大きいといえる。

(2) 公的扶助における実践の意義

1) 自立助長とケースワーク

　生活保護法は、その第1条に「この法律は、日本国憲法第25条に規定する理念に基き、国が生活に困窮するすべての国民に対し、その困窮の程度に応じ、必要な保護を行い、その最低限度の生活を保障するとともに、その自立を助長することを目的とする」として、最低生活保障と自立助長という法の2大目的を規定している。ここで、最低生活保障とは、ナショナル・ミニマムとしての経済給付であるが、自立助長とは社会福祉援助技術としてのケースワークのことである。

　この自立助長について、生活保護法制定に直接かかわった小山進次郎に聴こう。小山によれば、「最低生活保障とともに、自立の助長ということを目的の中に含めたのは、『人をして人たるに値する存在』たらしめるには単にその最低生活を維持させるというだけでは十分ではない。凡そ人はすべてその中に何等かの自主独立の意味において可能性を包蔵している」[5]と格調高く述べ、要保護者の内的可能性を発見し、助長育成することが重要であるとしている。

　また仲村優一は、公的扶助ケースワークについて「ケースワークを公的扶助と機械的に分離して理解しようとするのでなく、公的扶助に即したものとして考えようとするものであり、しかも公的扶助をケースワークの手段とするのでなく、ケースワークを公的扶助の手段とするような方向でなければならない」[6]とした。ここで仲村は生活保護制度の第一義的目標は最低生活保障のための経済給付であることを主張し、経済給付の過程そのものの中にケースワークの知見を取り入れるべきであるとしたのである。

2) 自立支援とエンパワメント

　福祉事務所の現場では、長らく「自立」イコール「保護廃止」という考え方が強く、とくに保護費節減のための保護「適正化」政策の中で、この考え方はケースワーカーの間で深く浸透していた。しかし、障害者自立生活運動など、障害者福祉の理念動向に影響をうけ、生活保護を活用しつつ社会の一員として自己実現と社会参加を果たそうとすることが、社会的自立であるという考え方が現場で徐々に広がっていった。

　2000年制定の社会福祉法（社会福祉の増進のための社会福祉事業法等の一部を改正する等の法律の略称）第3条では、福祉サービスの基本理念として「福祉

> **エンパワメント**
> ソーシャルワークの主体者として福祉サービスの利用者を位置づけ、ワーカーは利用者の病理・欠陥ではなく、強さ、生き抜く力を重視し、利用者が自分のニーズを充足し、自尊感情をもち、生活の質を高め、自分の生活をコントロールできるように、利用者とワーカーが対等の協働関係で展開される支援活動のことである。

サービスの利用者が心身ともに健やかに育成され，又はその有する能力に応じ自立した日常生活を営むことができるよう支援するもの」と規定された。

　そしてこの規定をふまえて2004年12月の「生活保護制度の在り方に関する専門委員会」報告書では，自立支援とは就労による経済的自立のための支援（就労自立支援），日常生活における自立のための支援（日常生活自立支援），社会的つながりの回復・維持など社会生活における自立のための支援（社会生活自立支援）を含むものであるとされた。

　この報告書をうけて策定された釧路市福祉事務所の自立支援プログラムの実践では，長らく引きこもっていた要保護者がケースワーカーの支援を受けて，動物園等での軽作業という中間的就労の場で，生きることの自信と生きがいを見出し，そのことが社会的自立のみならず就労自立につながり，それとともにケースワーカー自身も職業人としての成長を実感したといういくつかの事例報告が，各地の福祉事務所のケースワーカーに反響と共感を喚起し，こうした自立支援プログラムの取り組みが全国に拡大した。

　まさに，「要保護者の人格を尊重し，その価値と可能性に対して信頼を寄せ」[7]，「人たるに値する存在たらしめる」ケースワーク実践が，要保護者の人間性を発展させるとともに，ケースワーカー自身の成長をも促すのである。そこでは要保護者とケースワーカーが相互影響しあい，エンパワメントしあうのである。ここに自立助長そして自立支援の本来的意味があり，公的扶助における実践の意義があるといえる。

> **自立支援プログラム**
> 従来，担当ケースワーカーの個人的努力や経験に依存しがちであった被保護者への自立支援の取り組みを，当該実施機関（福祉事務所）が管内の被保護世帯全体の状況を把握した上で，被保護者の自立阻害要因を類型化し，自立支援の具体的内容と実施手順を定めて，個々の被保護者に必要な支援を組織的に実施する事業である。

> **中間的就労**
> 一般的な職業に就く「一般就労」をただちに目指すのが困難な人が，本格的な就労に向けた準備段階として，公的支援も受けながら，日常生活での自立や社会参加のために働くことができる就労機会のことである。

注

1) Townsend, P., *Poverty in the United Kingdom–A Survey of Household Resources and Standards of Living*, Allen Lane and Penguin Books, 1979, p.31
2) 阿部實「貧困研究」京極高宣監修『現代福祉学レキシコン〈第2版〉』雄山閣出版，1998年，p.245
3) 阿部實『公的扶助論』川島書店，1998年，p.3
4) 岡部卓「公的扶助の概念」社会福祉士養成講座編集委員会編『低所得者に対する支援と生活保護制度 第3版』中央法規，2014年，pp.9-10
5) 小山進次郎『生活保護法の解釈と運用』中央社会福祉協議会，1951年，pp.92-93
6) 仲村優一『仲村優一著作集　第四巻　社会福祉の方法―ケースワークをめぐる諸問題』旬報社，2003年，p.187
7) 仲村，前掲書，p.188

参考文献

湯浅誠『反貧困―「すべり台社会」からの脱出―』岩波新書，2008年
社会福祉士養成講座編集委員会編『低所得者に対する支援と生活保護制度　第3版』中央法規，2014年
岩田正美・岡部卓・清水浩一編『貧困問題とソーシャルワーク』有斐閣，2003年
仲村優一・一番ケ瀬康子・右田紀久恵監修『エンサイクロペディア社会福祉学』中央法規，2007年

プロムナード

　イギリスのヨーク市は、しっとり落ち着いた美しい街です。周囲を城壁が取り囲み、傍らをウース川がゆったり流れ、また中心部にはヨーク大聖堂が大きく聳え立ち、聖歌隊の合唱が厳かに響きわたってきます。いかにも中世都市のような雰囲気を漂わせる街です。そうした市内を歩いていると、街角に小さな案内表示板があります。よくみるとラウントリーについての表示です。この街で生まれ、この街で製菓工場を営み、そしてこの街で歴史に残る貧困調査を行ったことの記述です。
　周知のように、ラウントリーはブースと並ぶ貧困の科学的解明の双璧です。彼は貧困を「第一次貧困」と「第二次貧困」に区分し、「貧困線」を設定しました。この考え方は最低生活費の算定方式の基礎となり、戦後のイギリスの公的扶助のみならず、わが国の生活保護制度にも大きな影響を与えました。
　そんなことを想いながら古都ヨークの街を散策していると、旅情がいっそう、沸いてきます。なお、この街に所在するヨーク大学は貧困研究のメッカとして世界的に有名です。

学びを深めるために

岩田正美『戦後社会福祉の展開と大都市最底辺』ミネルヴァ書房，1995年
　戦後東京における「不定住的貧困」の生成発展過程とそれへの社会福祉の対応を実証的に辿りながら、戦後の社会福祉が貧困問題から非貨幣的ニーズや普遍的ニーズといった、新しいニーズへ直線的に発展したかのような社会福祉状況に反論を投げかけた貧困研究の専門書である。本書の発刊を契機として2000年前後からホームレス問題などの貧困研究が活性化したといって過言ではない。

　貧困の科学的解明の背景と意義についてまとめてみよう。

福祉の仕事に関する案内書

杉村宏『人間らしく生きる　現代の貧困とセーフティネット』放送大学叢書008，左右社，2010年

第 2 章

公的扶助の歴史展開

1 イギリスにおける公的扶助の歴史

(1) エリザベス救貧法の成立と展開

　イギリスは世界でもっとも早く資本主義が発達した国であり，社会保障や社会福祉の制度が典型的に成立，展開した国でもある。社会保障の源流であり，公的扶助の原形であるエリザベス救貧法 (Elizabethan Poor Law) が貧民救済の制度として成立したのは 1601 年のことである。

　この法成立の直接的な背景には，16～17 世紀初めのイングランドにおける「土地囲い込み運動」(enclosure movement) がある。これは，大地主が羊毛生産の活発化にともない，多くの羊を飼うために土地を囲い込み，それを広大な牧草地としたために，それまでの小作・零細農民が耕作地を失い，大量に浮浪貧民化したことによる。この時期はイギリスの中世封建制から近代資本制社会への移行期にあたる。

　こうした大量の浮浪貧民の発生は，社会不安と社会秩序の混乱を招くことになった。そこでイングランドの女王エリザベスⅠ世は，それまでのキリスト教による慈善事業やあるいは，取り締まりの対象として浮浪貧民を抑圧するだけでは限界があるとし，社会の責任としてこの問題に対応することになった。こうしてエリザベス救貧法が登場したのである。

　この法の特徴としては，キリスト教の地域組織である教区を単位として運営したこと，教区税という租税を救済の財源としたこと，さらに貧民監督官を任命して救貧行政の実務に当たらせたことなどがあげられる。

　またこの法の内容としては，貧民をつぎの 3 つに分類して救済したことである。すなわち，1) 労働能力のある貧民については，材料を与えて就労を強制し，就労を拒否する者には懲治監 (浮浪者の刑務所) に入所させたこと，2) 労働能力のない老人や障害者等については，血縁関係者の援助を前提として在宅での最低限の救済を行い，それが困難な場合には救貧院に収容させたこと，3) 扶養する者のいない児童については，徒弟奉公が強制されたこと，である。こうしてエリザベス救貧法は，労働能力の有無で救済対象を分類し，強制就労や施設収容の対応をした。

　このような救貧行政はその後，社会状況に応じていくつかの変化をしていく。1662 年には居住地法 (Settlement Act) が制定され，各教区はその教区内の法定居住者にだけ救済責任をもち，外来者は元の教区に送り返すことにした。そして 1722 年には労役場テスト法 (Work House Test Act) が制定され，労働能力のある貧民を「恐怖の家」と呼ばれる労役場に収容し強制労働をさせることにより，救済の申請を思いとどまらせようとした。

　ところが産業革命の進行にともない，1782 年にはギルバート法 (Gilbert's Act) が制定され，労働能力のある貧民の院外救済による一般雇用を認めた。

> **貧民監督官**
> エリザベス救貧法において治安判事の監督の下に，救貧税の徴収と救貧事務を行った。貧民監督官は，各教区の有力な世帯主から 2～4 名が選出，任命された。

そしてさらに1795年にはスピーナムランド法（Speenhamland Act）が制定され，院外救済による一般雇用の賃金では，生存が困難な労働能力のある貧民に対して，救貧税からパンを買うことのできる程度の賃金補助を行った。しかしこれらの政策展開は救貧費を急増させることになった。

（2）新救貧法の成立と慈善組織協会

こうした状況の中で，その後の救貧行政にもっとも大きな影響を与えたのはマルサス（Malthus, T.）の『人口論』であった。この著書でマルサスは，貧困の原因は食糧生産のスピードを超える人口増加にあるとし，貧困に陥らないようにするには，労働者の自助と産児制限が重要であるとした。そして救貧法による救済をしないことが貧民に自助精神を教え込む最良の方法であるとした。このようなマルサスの理論は，急増する救貧費にあえぐ救貧法の全面改正に導くことになった。

1830年代のイギリスは産業革命が本格化する産業資本主義の確立期である。そしてこの時期の1834年に「新救貧法」（New Poor Law）が制定された。この新法はマルサスの思想に代表される貧民救済を否定する自立自助（生活自己責任）の理念の下に制定されたといえる。それは3つの原則を特徴とした。すなわち，1）中央集権的な救貧行政機構の確立による「全国的統一の原則」，2）労働能力のある貧民の院外救済を廃止し，労役場に収容させる「収容保護の原則」，3）労働能力のある貧民の救済を最低階層の自立した労働者の生活よりもさらに低くする「劣等処遇の原則」である。この新法により一時的には救済の抑制，救貧費の抑制に転化したが，貧困問題が解決したわけではなかった。

こうした救貧行政による公的救済抑制のかたわら，とくにイギリスの絶頂期であるヴィクトリア朝期には，民間慈善団体の活動が非常に活発になる。これらの慈善団体は当初，それぞればらばらな救済活動をしていたが，それを調整，組織化したのが1869年にロンドンで設立された慈善組織協会（COS：Charity Organization Society）である。COSは救済対象を，「値する貧民」と「値しない貧民」に分け，前者を協会の対象として物質的救済よりも訪問活動や道徳的指導を行い，後者を救貧行政による労役場に任せた。

（3）貧困の発見と社会改良

「世界の工場」として繁栄を極めたイギリスも19世紀末期になると，アメリカやドイツの後進資本主義国家の急追をうけることになる。こうした中で，ブース（Booth, C.）とラウントリー（Rowntree, B. S.）により相次いで貧困調査が行われた。海運経営者であったブースはロンドンのスラム地区，イーストエンドで労働者家族の実態調査（1889～91）を行った。そして報告書『ロンドン市民の生活と労働』を著し，その中でロンドン人口の3分の1が貧困状態にある

とした。一方，地方都市ヨーク市の製菓工場の経営者であったラウントリーは，のちの「マーケット・バスケット方式」という算定方法につながる最低生活費の設定および貧困線の設定により，ヨーク市の全世帯対象の生活状況調査を行った。そして『貧困：都市生活の研究』(1902)を著し，その中で全市人口の約3割が貧困状態にあるとした。また労働者は貧困線を上下する生涯を送るとした。この両者に共通する主張は，貧困の原因は不安定労働や低賃金といった雇用上の問題であるということであった。こうして「貧困の発見」とよばれる貧困の科学的解明がなされたのである。

このような状況の中で救貧法の再検討が行われた。政府は，1905年に「救貧法と失業者に関する王命委員会」を設置した。そして，この委員会から1909年に，多数派と少数派による報告書が提出された。多数派は，COSのメンバーが主体で，救貧法の改良と慈善活動の強化を主張した。これに対して，フェビアン協会のウェッブ夫妻(Webb, S. & B.)ら少数派は，救貧法を解体し，すべての人びとに対する「ナショナル・ミニマム」(national minimum：国民最低限)の確立を主張した。この結果，政府はいずれの報告も採用することなく，それまでの救貧法を存続させた。

他方で政府は，資本主義の進展にともなって深刻化する社会問題に対応すべく，リベラル・リフォーム(liberal reform)とよばれる一連の社会立法を展開していった。すなわち学校給食法(1906)，児童法(1908)，最低賃金法(1909)，国民保険法(1911)の相次ぐ立法化により，救貧から防貧への時代転換を図ろうとした。さらに1934年には失業法が制定された。これは拠出制の失業保険と無拠出の失業扶助で構成されていた。これにより労働能力のある貧民は失業扶助で対応することになり，救貧法は労働能力のない貧民のための制度に転化した。救貧法の廃止は正式には国民扶助法成立の1948年であるが，実質的にはこの時点で，その歴史的役割を終えることになった。

(4) ベヴァリッジ報告と国民扶助

第2次大戦のさなか，1942年に「社会保険および関連サービス」という報告書が発表された。これは委員長をベヴァリッジ(Beveridge, W.)とする「ベヴァリッジ・レポート」とよばれるもので，戦後イギリス「福祉国家」実現の骨格となった。この報告書では，窮乏・怠惰・疾病・無知・不潔を問題解決すべき5大悪とし，なかでも最大の敵は窮乏であるとして「ナショナル・ミニマム」の保障を基本目標とした。また保障の3つの方法として，基本的ニーズに対応する社会保険，これを補完する国民扶助(公的扶助)，基本的ニーズを超えるものに対応する任意保険をあげた。そして強制加入の社会保険には均一拠出・均一給付のフラット原則が採用された。さらには，無差別無料の国営医療サービスが実施された。こうしてイギリスは，国家が積極的に国民の福祉を守

ナショナル・ミニマム
　国家が各種の法律，施策などによって国民に保障すべき最低限の生活水準（これは絶対的な基準ではなく，国家の発展段階や社会状況によって規定される）を表す概念で，ウェッブ夫妻によって提唱された。

る「福祉国家」として歩み始めた。

　1948年に制定された国民扶助法（National Assistance Act）により，救貧法は長い歴史の幕を閉じることになった。国民扶助庁が設置され，政府が扶助の財源を負担した。ベヴァリッジ構想では，国民扶助はあくまでも社会保険の補完であり，社会保険が成熟するまでの経過的な制度として考えられた。そして国民扶助法では，扶助の対象を原則としてすべての国民としたが，実際にはフルタイムの労働者やその家族を除外した。また扶養義務の範囲は夫婦相互間および16歳未満の子と親に限定した。さらに扶助の申請手続きは，郵便局で所定の用紙に記入して提出するという簡素なものであった。しかし扶助の認定に当たっては，ミーンズ・テスト（資力調査）が必要であるために，申請者にスティグマ（恥辱感：stigma）を付与することになった。

（5）貧困の再発見と補足給付制度

　当初，経過的な制度と考えられていた国民扶助が，予想に反して年を追うごとに，その役割を増大していった。それは国民保険の給付水準が低いために，年金額が高齢者の最低生活を保障できず，むしろ国民扶助の給付水準が高くなるという逆転現象を来したからである。そのために年金を受給しつつ国民扶助の対象となる高齢者を多く生み出すことになった。しかし他方で，本来，国民扶助の対象になるにもかかわらず，扶助受給のための申請手続きをしない高齢者らが多数存在することもタウンゼント（Townsend, P.）やエーベルスミス（Abel-Smith, B.）の調査によって明らかにされた。いわゆる捕捉率（take-up rate）の問題である。そしてそこにはスティグマという問題が大きく伏在していることが明らかにされたのである。また彼らは，国民扶助基準の1.4倍の測定基準を採用することにより，国民の貧困率が10％以上に達していることを明らかにした。このような彼らの1950年代後半から1960年代前半にわたる調査成果は「貧困の再発見」とよばれている。

　こうした状況の中で政府は1966年に国民扶助庁を廃止し，社会保障省を設置した。それとともに国民扶助は補足給付（supplementary benefit）という制度に改められた。この制度ではスティグマを少なくするために，扶助という名称を廃し，年金受給年齢以上の高齢者対象には補足年金，その他の者対象には補足手当に名称が変更された。また年金と扶助の手帳一本化など受給手続きの簡素化が図られた。さらに扶助基準の大幅な改善も行われた。これらによりイギリス公的扶助の受給率は大幅に上昇した。

　なお，1971年には，母子世帯を中心とするフルタイム就業の低所得世帯を対象として，世帯所得補足制度（Family Income Supplement）という別種の公的扶助制度が創設された。

スティグマ
本来の語義はギリシャ語で，犯罪者や奴隷の身体に，彼らが忌むべき者，回避されるべき者として付けられた焼印をさす。これが転じて社会的烙印の意味に用いられるようになった。

捕捉率
公的扶助（生活保護）の受給対象となる（要保護）世帯または人員のうち，実際に保護を受給している（被保護）世帯，人員の割合のことをいう。

（6）サッチャー以降の公的扶助

イギリス福祉国家はケインズ政策による「大きな政府」のもとで展開してきた。しかし1960年代以降のイギリス経済の停滞，さらに1973年のオイルショックに起因する経済情勢の深刻化により，それまでの福祉国家政策は大きな転換を求められることになった。

こうした中で1979年に登場した保守党のサッチャー（Thatcher, M.）政権は，「小さな政府」を旗印として民営化，自由競争などフリードマンの新保守主義経済政策を積極的に採用した。そして社会保障制度もベヴァリッジ以来の大改革が行われ，1986年に社会保障法が成立した。

公的扶助では，それまでの補足給付制度から所得補助制度（Income Support）へ，世帯所得補足制度から家族給付制度（family credit）へ名称変更となった。また低所得者への緊急時の貸付けを中心とした社会基金（Social Fund）制度が新設された。これらの制度改正の目的には複雑になりすぎた補足給付制度の簡素化があるが，他方で「貧困の罠」（poverty trap）による就労意欲の低下防止があった。そのためにとくに25歳未満の若年失業者に対しては，低い基準の適用により公的扶助への依存を防止しようとした。しかしながら，サッチャーの「小さな政府」路線は，失業者を急増させ，公的扶助の受給者を増大させる一方，扶助額の削減により，若年者を中心とする低所得者の生活を困難にした。

1990年代に入ると，所得補助制度が就労意欲を阻害していることが論議された。そしてこれを受けて，失業者を所得補助制度から切り離した求職者制度（Jobseeker's Allowance）が1995年に成立した。こうしてイギリスの公的扶助は，① 高齢者，障害者などの非稼働世帯やパートタイマーの一人親世帯の貧困を対象とする所得補助制度，② フルタイマーの一人親世帯の貧困を対象とする家族給付制度，そして③ 失業者の貧困を対象とする求職者手当制度の3つの制度から構成されることになった。

またこの頃から貧困問題は，社会的排除（social exclusion）という視点から考えられるようになった。そして1997年に登場した労働党のブレア（Blair, T.）政権の下では，ソーシャル・インクルージョン（social inclusion）を目的として，第3の道（the third way）による「福祉から就労へ」（welfare to work）の政策が展開された。さらに，子どもの貧困対策にも積極的に取り組み，保育サービスの拡充や教育分野にサービス資源を投入するシュアスタート（sure start）プログラムが実施され，2010年には子どもの貧困対策法（Child Poverty Act）が制定された。この子どもの貧困対策法では，政府に子どもの貧困を終わらせることを義務づけ，その対策を明らかにし，子どもの貧困をモニターする独立組織を法的に規定している。

そして労働党政権の下で，公的扶助は以下の諸制度により構成された。① 所得補助（Income Support）――他の制度の整備にともない，対象は他の手当か

> **貧困の罠**
> 貧困救済のための制度が，かえって貧困者を怠惰に導き，勤労意欲を失わせるという個人的貧困観に基づく考え方である。

> **ソーシャル・インクルージョン**
> すべての人びとが社会の構成員として，包み支えあう新たな社会連帯のしくみをさす。

ら除外された者，子どもの養育を行わなければならない事情にある者，ケアラーとして一定時間以上の介護を行っている者などに限定される。②無拠出制求職者手当（Income-based Jobseeker's Allowance）——国民保険に設定されている拠出制求職者手当を受給できない求職者を対象としたミーンズ・テストつき給付である。③雇用支援給付（Employment and Support Allowance）——2008年に導入され，病気や障害のために就労の能力が限られている者を対象とする。4）就労タックスクレジット（Working Tax Credit）——フルタイムで就労している低所得者を対象とする。5）年金クレジット（Pension Credit）——十分な所得のない60歳以上の者を対象とする。6）住宅給付（Housing Benefit），カウンシル・タックス手当（Council Tax Benefit）——住宅給付は賃貸住宅に居住する低所得者，カウンシル・タックス手当は地方税を負担する低所得者を対象とする。

さらに，その後，キャメロン率いる連立政権の下で，複雑化したこれらの諸制度の統合・再編化が進行している。いわゆるユニバーサル・クレジット（Universal Credit）の導入である。この制度は，稼働年齢層を対象にした既存の手当やタックスクレジットを統合する形で導入される。2013年10月から既存の手当への申請が停止され，2017年までに完全移行の予定である。

2 アメリカにおける公的扶助の歴史

（1）救貧制度の成立

1602年にイギリスから清教徒がアメリカに移住してきた。以降，1776年の独立までアメリカはイギリスの植民地であった。そして1900年前後まで，新天地を求めて多くの国々から多数の人びとが移住してきた。まさに，アメリカは多種多様な人種・民族の「るつぼ」の国となった。しかし，移民者たちは新天地への夢とは裏腹に，貧困，疾病，犯罪などの諸問題にも直面することになった。

アメリカにおける救貧制度の始まりは，1642年に制定されたプリマスやバージニアの植民地救貧規程である。以後，各植民地でこうした救貧規程が制定される。代表的なものとして1683年のニューヨーク植民地救済法がある。これらの公的救済制度はいずれも宗主国であるイギリスの救貧制度を移入したものである。したがって救済方法はイギリスと同様に，労働の強制による抑制的な救済であった。

1800年代初めになるとアメリカは産業革命を経験するが，一方で失業，貧困，犯罪などの社会問題に悩まされる。そこで貧民の実態調査が行われ，1821年にマサチューセッツ州の「クインシー報告」（Queency Report），1824年にニューヨーク州の「イエーツ報告」（Yates Report）が議会に提出された。両報告とも，在宅救済の廃止と労働能力ある貧民の強制労働を奨めるものであった。

そこでニューヨーク州を始め、各州で救貧院が設置された。

当時のアメリカでは自由放任主義と社会ダーウィン主義が支配的で、救貧法による救済は不健全とみなされ、未開の西部に行けば自活できるという考え方が一般的であった。

こうした中で移民の出身地・出身国・人種・民族・宗教ごとの民間相互扶助団体の活動が活発に展開していった。また1877年にはバッファロー慈善組織協会が設立された。その後、この慈善組織協会はアメリカ各地に広まり、これらの活動を基盤にしてケースワークやグループワーク、コミュニティオーガニゼーションなどのソーシャルワークが発展していった。

そして1880年から90年代にかけて、アメリカはイギリスを抜いて世界一の工業生産額を誇る国となった。

> **自由放任主義**
> 国家による干渉をできる限り少なくし、個人的な利益追求の競争をさせることにより社会全体が繁栄し、最大の経済効果をあげるという考え方である。

> **社会ダーウィン主義**
> ダーウィンの進化論を人間社会に適用し、社会の進化を説明する理論である。スペンサーがその代表者で、生存競争、適者生存によって社会も進化するとした。

（2）社会保障法の成立

1929年のウォール街での株式大暴落に始まる大恐慌は、これまでにない大量の失業者を生み出した。1933年に大統領に就任したルーズベルト（Roosevelt, F.）はニューディール政策を発表し、大規模な公共事業プログラムの実施による雇用機会の創出を図った。

そして1935年には世界で最初の「社会保障法」(Social Security Act)を成立させた。この社会保障法は、①老齢年金と失業保険の2種類の社会保険、②高齢者扶助、視覚障害者扶助、要扶養児童扶助の3種類の公的扶助、③母子保健サービス、肢体不自由児サービス、児童福祉サービスの社会福祉サービス、という3部構成になっていた。連邦政府の直営は年金保険だけであり、失業保険、公的扶助、社会福祉サービスは州政府の事業とされた。連邦政府は枠組みと運営に関する基準を設定し、必要とされる費用の一定の割合について補助金を交付するだけであった。

なお、この社会保障法の大きな特徴は、医師会の強力な反対により医療保険を欠落させていたことであった。

この社会保障法の制定により、貧困救済は公的機関で実施されることになり、多くのソーシャルワーカーが公的部門に移った。他方、民間福祉機関のソーシャルワーカーは家族関係調整に重点をおく心理主義的なケースワークを発展させていった。

> **ニューディール政策**
> 「新規まきなおし」政策の意味である。ルーズベルト大統領はそれまでの自由競争の原理を捨てて、政府が積極的に経済活動の統制や干渉に乗り出す思い切った政策遂行を提唱した。

（3）貧困対策の展開

第2次大戦後のアメリカは名実ともに世界のリーダー国になり、「アメリカン・ドリーム」や「パックス・アメリカーナ」（アメリカによる平和）を謳歌した。ところが、1960年代に入ると社会問題が深刻化してきた。ベトナム戦争の長期化、人種差別、麻薬、失業、貧困等々である。

1950年から60年代にかけて、アメリカは「ニューバーグ事件」(1961)に代表されるように公的扶助の引き締め政策を行った。しかし扶助受給者は増加の一途をたどっていた。1964年の「大統領経済報告」では総人口の5分の1が貧困状態にあることが報告された。戦後の豊かさの中で消えたかに見えた「貧困の再発見」であった。そこでケネディ(Kennedy, J.)大統領とその後継者であるジョンソン(Johnson, L.)大統領によって「貧困戦争」が展開され、一連の貧困対策が実施された。

1962年には社会保障法の中にある要扶養児童扶助が、母子世帯への扶助も含めた要扶養児童家庭扶助(AFDC：Aid to Families with Dependent Children)に変更された。また1964年には低所得世帯に対するフードスタンプ(Food Stamp)が、1965年には低所得者を対象とした医療扶助であるメディケード(Medicaid)が導入された。さらに労働能力のない低所得の高齢者、障害者には補足的保障所得(SSI：Supplemental Security Income)が1974年から実施された。なお、1965年の社会保障法「高齢者医療保険・医療扶助」の改正により、メディケードとともに65歳以上の高齢者には社会保険としてのメディケアが同時に創設された。また1974年には社会保障法タイトルXX(Title XX：Social Security Act)が制定され、公的扶助の実施からケースワークの分離が図られた。

1996年には要扶養児童家庭扶助(AFDC)が貧困家庭一時扶助(TANF：Temporary Assistance for Needy Families)となり、就労を促進する期限付き(5年)福祉となった。またフードスタンプは2008年に補助的栄養支援プログラム(SNAP：Supplemental Nutrition Assistance Program)と名称変更し、政府提供の食料支援プログラムとして、対象も低所得層、高齢者、障害者、失業者などに拡大された。

さらに、2010年にはオバマ(Obama, B. H.)政権下でオバマケアとよばれる医療保険改革法が成立(完全実施は2014年以降)した。

3 わが国における公的扶助の歴史

(1) 前近代社会における公的救済

中国の「唐律」をモデルに制定された大宝律令(701)によって、わが国は律令国家の骨組みを築いた。そしてその中の戸令(718)は貧困救済について規定し、「凡鰥寡孤独貧窮老疾、不能自存者」を救済対象とした。すなわち貧困で身寄りのない老人や障害者、児童に対しては、まず近親が扶養し、扶養すべき近親がいない場合に、その村で保護すべきこととしている。また行路病人の救済や災害・凶作に備え穀物を蓄える備荒制度についても規定している。これがわが国で最初の公的救済制度である。そしてこの戸令の近親や隣保による相互扶助という法思想は、戦前の救護法まで千年以上にわたって続くことになる。

ニューバーグ事件
ニューヨーク州のニューバーグ市で1961年に、公的扶助の受給を制限するために、扶助の支給をできるだけ抑制し、不快なものにする条例制定を意味する事件のこと。

貧困戦争
1960年代のアメリカにおいて、依然として黒人などマイノリティを中心に貧困が存在することが認識され、ジョンソン大統領により「貧困戦争」が宣言された。具体的にはメディケア、メディケードなどの制度が創設された。

オバマケア
オバマ大統領の名前と健康管理(ヘルスケア)を組み合わせた造語で、オバマ政権が推進する包括的な医療保険制度改革である。国民に保険加入を義務付け、保険料の支払いが困難な低所得者には補助金を支給することにより、保険加入率を94%程度まで高めることを目指している。

鰥寡孤独貧窮老疾
鰥(かん)は61歳以上で妻のない者、寡(か)は50歳以上で夫のない者、孤(こ)は16歳以下で父のない者、独(どく)は61歳以上で子のない者、貧窮(ひんきゅう)は財貨のない者、老(ろう)は66歳以上の者、疾(しつ)は疾病障害の者をさす。

奈良時代になると，仏教思想に基づく皇室による施設保護が行われる。聖徳太子は四天王寺に悲田，療病，施薬，敬田の四箇院を建立（593年）し，貧困者の収容と救済を行った。これがわが国最初の収容保護施設であり，歴代皇室に引き継がれていく。その中でとくに光明皇后の悲田院，療病院の救済事業は有名である。

鎌倉時代以降の武家社会になると，封建領主や戦国大名による領国内の救済が行われる。そして徳川幕藩体制になると，身分制による社会秩序が形成され，中央集権体制が確立される。それとともに民生安定のための各種の救済施策が講じられる。将軍綱吉の時代には，御救小屋，御救金，御救米の施策が行われ，将軍吉宗の時代には救療施設である小石川養生所が設けられた。また幕藩体制の下部組織として連帯責任に基づく五人組制度がつくられた。そしてこの頃には，地域で共同体が形成され，相互扶助を基本として民衆の生活が支えられていた。

（2）近代国家の形成と恤救規則

近代の明治時代になると，政府は富国強兵，殖産興業の政策を推進していく。他方で政治経済の変革により全国的に多くの貧困者が出現した。そこで，政府は人心安定のために1874（明治7）年に恤救規則を制定した。

この恤救規則の救済原理は「済貧恤窮ハ人民相互ノ情誼ニ因テ」講ずるべきとして，近隣の相互扶助である隣保相扶を基本とした。その上で親族扶養や隣保の救済が困難な「無告の窮民」を救済対象とした。この無告の窮民とは，廃疾にある独身者，70歳以上の老衰の独身者，疾病のために労働不能な独身者，13歳以下の孤児のことである。こうして恤救規則は公的救済よりも隣保相扶という民間の助け合いを基本に，1932（昭和7）年の救護法実施に至るまで60年近く続くことになる。

このような恤救規則に対して，資本主義の発展にともない深刻化する貧困問題に十分対応していないとして，改正意見がたびたび提出された。1890（明治23）年には窮民救助法案が提出された。しかし公的救済は怠惰な国民を養成するという惰民観やあるいは自由放任思想の影響が強く，法案成立には及ばなかった。こうした中で恤救規則を補足する各種の救済法が制定されていく。1880（明治13）年の備荒儲蓄法，1899（明治32）年の備荒儲蓄法改正による罹災救助基金法，さらに行旅病人及行旅死亡人取扱法である。

1899年に横山源之助は，貧民の深刻な実態を『日本之下層社会』で著した。しかし当時の救済行政は消極的であり，実際の救済は民間の慈善事業にまかせきりにした。

五人組制度
江戸時代において農民や町人を統制し，治安を保つための制度で，近隣5戸を1組とし，租税の完納，犯罪防止，キリシタン取締りなどに連帯責任を課した。

窮民救助法案
法案は24条から構成され，救助対象を2種類に分けた。障害・疾病・老衰・その他災厄のために自活力がなく困窮状態にある成人を第1種とし，養育者のない孤児，棄児などの児童を第2種とした。

(3) 社会事業と救護法

　1914（大正3）年から1918（大正7）年までの第1次世界大戦により，わが国は好景気に沸くが，終戦とともに不況と物価高に苦しむことになる。1918年には米騒動が富山県の漁村で起こり，全国に波及した。また河上肇は1916（大正5）年に『貧乏物語』で国民の窮状を著し，社会的反響を呼んだ。1920年代になると労働運動や農民運動が活発化し，1925（大正14）年には大正デモクラシーの影響もあって，普通選挙法が成立した。一方，1923（大正12）年には関東大震災が発生し，貧困が拡大深化した。こうした状況の中で，貧困が社会問題として捉えられるようになった。そのため救済行政の機構もそれまで内務省の所管であったものが，1920（大正9）年には社会局が設置され，各府県もこれに対応する部局を設置した。そしてこの頃から社会事業という用語が一般化するようになった。また1917（大正6）年に岡山県で済世顧問制度，翌1918年に大阪府で方面委員制度が創設され，この制度は大正末期には全国に普及した。

　そして1929年には，方面委員など社会事業関係者の努力もあって，救護法が制定された。この救護法は公的救護義務主義により，法的に貧困者救済の公的責任を認めた点で画期的であった。その法の内容については，① 実施主体は市町村，② 救護対象は貧困のために生活することのできない者（65歳以上の老衰者，13歳以下の幼者，妊産婦，不具廃疾・疾病・傷痍・その他の精神または身体の障害により労務を行うのに故障ある者），ただし扶養義務者が扶養できる者は除く，③ 救護の費用は市町村の負担とし，国がその2分の1，道府県がその4分の1を負担，④ 保護内容は生活・医療・助産・生業扶助であり，居宅救護を原則とし，補充的に施設救護（養老院・孤児院・病院）を認めた。また⑤ 方面委員を救護委員の名称で救護事務に従事させた。

　この救護法の実施により救済をうける人は大幅に増加した。しかし著しく素行不良や怠惰な者は救護をうけられないこと，救護をうける者は普通選挙法の選挙権が与えられないことなどの問題点があった。なおこの救護法は，財政上の都合ですぐには実施されず，競馬法の改正によるその益金の一部を充当することとして，1932年1月より実施された。

　この頃には軍国化が進み，1937（昭和12）年には日中戦争の開始，翌1938（昭和13）年には戦争遂行のための国家総動員法が制定された。そして同年，国民の健康増進を名目として厚生省が設置された。こうした状況の中で，社会事業は厚生事業とよばれるようになり，戦争遂行の国家政策に組み込まれていった。

(4) 戦後社会の形成と生活保護法

　第2次世界大戦が1945（昭和20）年8月15日に終了し，わが国は敗戦国としてアメリカを中心とする連合国軍総司令部（GHQ）の占領統治下に入った。

敗戦直後のわが国の国民生活は困窮をきわめた。こうした状況に緊急に対応すべく，GHQは「救済並びに福祉計画の件」という覚書を日本政府に提示した。そこで政府はこれに基づき，生活困窮者に対する臨時的応急的措置として同年12月に「生活困窮者緊急生活援護要綱」を閣議決定し，翌年4月から実施した。

またGHQは1946（昭和21）年2月に「社会救済に関する覚書」（SCAPIN775）を政府に提示した。そこでは国家責任，公私分離，無差別平等，必要充足の4つの基本原則が示された。そこで政府はこの原則に基づき，1946（昭和21）年9月に生活保護法（以下旧法と略する）を公布し，10月から実施となった。

この旧法は，労働能力のある生活困窮者を除外する制限扶助主義ではなく，現に生活に困窮している者を保護するという一般扶助主義を採用した。また保護費の10分の8を国の負担とし，都道府県，市町村はそれぞれ10分の1の負担とした。さらに保護の種類は，生活・医療・助産・生業・埋葬の5つの扶助とした。しかし無差別平等といいながらも怠惰・素行不良の者は，保護の対象から除外されるという欠格条項があった。また保護請求権や不服申立ての権利は認められていなかった。さらに民間人である民生委員が補助機関として実際の保護事務を担当したために，恣意的な事務となりがちであった。なお1948年の第8次改定で，最低生活費算定方式としてマーケット・バスケット方式が採用された。

このような状況の中で，社会保障制度審議会は1949（昭和24）年9月に「生活保護制度の改善強化に関する件」を勧告した。そしてこれをうけ，旧法を全面改正した現行の生活保護法が1950（昭和25）年5月4日に成立・公布し，即日施行となった。

この生活保護法では，①憲法25条に基づく生存権保障の目的を明確にしたこと，②保護請求権と不服申立の権利を明記したこと，③保護対象における欠格条項を除去したこと，④保護事務の担当者として社会福祉主事という専門職員を補助機関として設置し，民生委員を協力機関としたこと，⑤新たに教育扶助・住宅扶助を設定して保護の種類を7つにしたこと，などが特徴としてあげられる。

そして1951（昭和26）年には社会福祉事業法が制定され，それにともない生活保護行政の第一線機関として福祉事務所が設置された。また保護費用の負担割合も国10分の8，都道府県・市（福祉事務所設置の町村）10分の2となった。

（5）保護行政の展開と「適正化」政策

1950年に施行された生活保護法のもとで，戦後の保護行政は現在に至るまで，どのような展開をしたのであろうか。それは波状的に実施された保護の「適正化」政策を特徴として展開したといえる。本来，適正化とは，保護の必要な人には漏れなく適用する一方で，不必要な人には漫然と適用することがな

生活困窮者緊急生活援護要綱
旧生活保護法が成立するまでの臨時的措置で，著しく生活に困窮する者に対して，さしあたっての宿泊，給食，救護や生活必需品等の提供，生業の指導斡旋等を行うこととした。

補助機関
行政学上の用語で，行政庁において長のような執行機関を補助する機関のことをさす。行政庁の意思決定を補助し，または決定された意思の執行を任務とする。現行の生活保護法では社会福祉主事が行っているような役割をさす。

協力機関
行政学上の用語で，行政庁の行う行政目的に対し，法に定められた行政上の協力義務を有するものをさす。現行の生活保護法では民生委員が，法施行に関する協力機関とされている。

いようにすることである。すなわち漏給もなく，濫給もないことがあるべき姿である。しかしわが国の保護「適正化」政策は，漏給よりも濫給防止を目的として，保護費節減のための引き締め政策として機能した。

　朝鮮戦争が1953（昭和28）年に終了すると，わが国は特需景気から一転して不況に襲われた。そのために社会保障の抑制計画が行われた。これらを背景として，1950年代半ばに第1次の保護「適正化」政策が行われた。それは結核患者と在日韓国・朝鮮人を対象とした保護の引き締めであった。入退院基準の見直し，親族扶養の強制，推定収入認定が行われた。その結果，医療扶助は抑制され，在日韓国・朝鮮人の保護率は急落した。またそれとともに，多数の貧困な人びとが保護から締め出された。

　こうした状況の中で，1957（昭和32）年に「人間裁判」と呼ばれた「朝日訴訟」が提起された。これは生活保護の基準が，憲法25条で規定する生存権を保障するかどうかをめぐって争われた裁判である。第1審では原告が勝訴するが，第2審では敗訴し，最高裁では原告死亡により結果的に敗訴となった。しかしこの10年間におよぶ裁判により，生活保護基準の大幅改善のみならず，社会保障全体の水準向上が図られた。また保護基準の算定方式も1961（昭和36）年にエンゲル方式に変更となった。

　1960年代に入ると，わが国は高度経済成長時代を迎える。そのために石炭から石油へのエネルギー転換政策や，都市の工業労働力創出のための労働力流動化政策が行われた。これらを背景として，1960年代半ばに第2次の保護「適正化」政策が行われた。その対象は炭鉱離職者や出稼ぎ者などの稼働年齢層であった。そこでは不正受給防止を主眼として，収入申告審査，検診命令，就労指導の徹底が図られた。この結果，稼働年齢層が大幅に減少した。なお1965年から保護基準の算定方式が格差縮小方式に変更になった。

　1973年のオイルショックを境としてわが国は以降，低経済成長の時代に入る。そのために財政が硬直化し，行政改革のもと，福祉の見直しや社会保障の抑制が行われた。これらを背景として，1980年代以降から第3次の保護「適正化」政策が行われた。その直接の契機は暴力団員の不正受給であった。そこで国は1981（昭和56）年に，123号通知とよばれる「生活保護の適正実施の推進について」を発出し，同意書徴収による資産調査の徹底など不正受給防止の強化を図った。この結果，保護率は大幅に低下した。しかし福祉事務所の現場では多くの悲惨な事件や訴訟が頻発した。

　バブル経済が崩壊した1990年代後半からは，保護率は一転して上昇した。他方で，ホームレス，孤独死，外国人労働者などの社会的排除とよばれる問題が深刻化した。なお，1984（昭和59）年から保護基準の算定方式が水準均衡方式に変更となった。また保護費の国庫負担率が1986年度から3年間の暫定措置として，それまでの10分の8から10分の7に変更となり，1989（平成元）

格差縮小方式
　一般世帯と被保護世帯との消費水準の格差を是正するという観点から，生活扶助基準の改定率を決定する方法である。

水準均衡方式
　一般国民の消費動向を基に，一般世帯と被保護世帯の均衡状態を保つために調整を行い，これを基にして生活扶助基準の改定率を決定する方法である。

年度からは4分の3に固定化した。

（6）社会福祉基礎構造改革と生活保護法

2000（平成12）年度は，社会保障・社会福祉にとって大きな転換の年である。地方分権一括法（地方分権の推進を図るための関係法律の整備等に関する法律の略称），介護保険法，社会福祉法（社会福祉の増進のための社会福祉事業法等の一部を改正する等の法律の略称）の各法がそろって施行された。とくに社会福祉法の制定は，社会福祉事業法の半世紀ぶりの改正により，社会福祉の基礎構造を大きく変革させた。またこれらの法制定は，生活保護法にも大きな影響を与えることになった。

まず地方分権一括法の施行により，機関委任事務が廃止となり，生活保護に関する事務は法定受託事務となった。また被保護者の自立助長のための事務が，新たに自治事務として法27条の2に付け加えられた。さらに必置規制の見直しがなされ，福祉事務所の設置基準の廃止，現業所員の最低配置基準の標準化，指導監督所員・現業所員の職務専任規制の緩和が規定された。

つぎに介護保険法の施行により，生活保護法における8番目の扶助として介護扶助が設けられた。すなわち認知症やねたきりなどで要支援・要介護状態になり，介護サービス費用の負担が困難な場合に，この介護扶助の適用となった。

そして社会福祉法の施行では，措置から契約へ社会福祉の基礎構造が大きく転換した。そこではサービスの提供者と利用者の関係が対等とされた。これにともない障害者福祉では，2003（平成15）年4月から措置制度から支援費制度へ移行した。

2002（平成14）年8月には「ホームレスの自立の支援等に関する特別措置法」が10年の時限立法で成立した（2012年改正により2017年まで延長）。

こうした中で，生活保護法は最後に残された社会福祉基礎構造改革の課題となった。そこで社会保障審議会に「生活保護制度の在り方に関する専門委員会」が設置された。委員会では「利用しやすく自立しやすい」生活保護制度を基本方向として保護基準のあり方，自立支援のあり方，資産・能力活用のあり方，実施体制のあり方などについて論議され，2004（平成16）年12月に報告書が提出された。これをうけて，2005（平成17）年度から自立支援プログラムが導入された。これはそれまで個々の担当現業員の努力や経験などに依存してきた複雑多様な問題をもつ被保護世帯の支援について，福祉事務所が組織的に被保護世帯の自立，就労に取り組む制度である。そこでは日常生活自立，社会生活自立，就労自立の3つを視野においた支援が行われることになった。

なお，2006（平成18）年10月には全国知事会・全国市長会から「新たなセーフティネット」提案が出され，稼働年齢期の被保護者に対する保護適用期間の最大限5年の設定と1年程度の職業教育の必要性などが提案された。

年越し派遣村

2008年11月の「リーマンショック」を契機とした世界規模の不況の影響を受け，わが国においても製造業を中心とした企業が派遣労働者の大規模解雇を行った。解雇によって職と住まいを失った労働者が，支援者によって開設された臨時宿泊所（厚生労働省前の日比谷公園）に集まり，2008年の年末から2009年の年始にかけてテント生活を送った。この臨時宿泊所を「年越し派遣村」と呼び，非正規労働者の実態をあらわす象徴的な出来事となった。

（7）生活保護法の改正と生活困窮者自立支援制度

　2008年のアメリカ発のリーマンショックは，世界同時不況を喚起し，わが国においても深刻な生活・雇用不安を誘発した。失業者や生活困窮者が激増し，その年末・年始には「年越し派遣村」が設置されたりした。

　こうした状況の中で国は，第一のセーフティネットである雇用保険が非正規労働者には機能不全に陥っていることに鑑み，第二のセーフティネットとして求職者支援制度の創設を検討し，2011（平成23）年10月に施行された。

　さらに増加一方の生活困窮者と被保護者に対応し，第二のセーフティネットの充実強化および第三の最後のセーフティネットである生活保護制度の大幅な見直しが求められることになった。そこで2012（平成24）年4月に社会保障審議会に「生活困窮者の生活支援の在り方に関する特別部会」が設置された。国はここでの報告（図表2-1）をふまえて，生活保護法の一部改正および生活困窮者自立支援法を2013年12月に成立させた。

　生活保護法の一部改正では，就労自立給付金の創設，保護申請の際の申請行為の書面化と資料添付の義務付け，保護開始の際の扶養義務者への通知と報告徴収による扶養義務の強化，後発医薬品の利用促進，保護費からの不正受給額

> **就労自立給付金**
> 　保護受給中の就労収入のうち，収入認定された金額の範囲内で別途一定額を積み立て，安定就労の機会を得たことにより保護廃止に至った際に支給する制度のことである。

図表2-1　生活保護制度の見直しと新たな生活困窮者対策の全体像

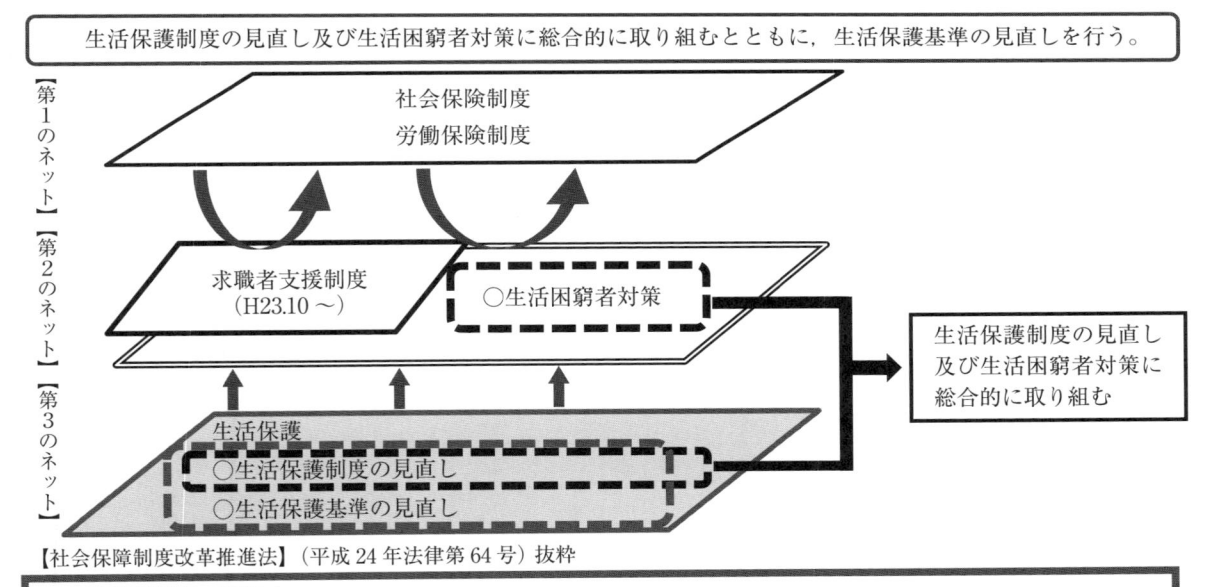

生活保護制度の見直し及び生活困窮者対策に総合的に取り組むとともに，生活保護基準の見直しを行う。

【第1のネット】社会保険制度／労働保険制度

【第2のネット】求職者支援制度（H23.10～）／○生活困窮者対策

【第3のネット】生活保護／○生活保護制度の見直し／○生活保護基準の見直し

→ 生活保護制度の見直し及び生活困窮者対策に総合的に取り組む

【社会保障制度改革推進法】（平成24年法律第64号）抜粋

（生活保護制度の見直し）
附則第二条　政府は，生活保護制度に関し，次に掲げる措置その他必要な見直しを行うものとする。
一　不正な手段により保護を受けた者等への厳格な対処，生活扶助，医療扶助等の給付水準の適正化，保護を受けている世帯に属する者の就労の促進その他の必要な見直しを早急に行うこと。
二　生活困窮者対策及び生活保護制度の見直しに総合的に取り組み，保護を受けている世帯に属する子どもが成人になった後に再び保護を受けることを余儀なくされることを防止するための支援の拡充を図るとともに，就労が困難でない者に関し，就労が困難な者とは別途の支援策の構築，正当な理由なく就労しない場合に厳格に対処する措置等を検討すること。

出所）厚生労働省社会・援護局地域福祉課生活困窮者自立支援室「新たな生活困窮者自立支援制度について」全国社会福祉協議会『生活と福祉』January 2014年，No.694, p.17

の徴収などが2014（平成26）年から実施されることになった。

また生活困窮者自立支援法では，必須事業として生活困窮者への自立に関する相談事業，住宅確保給付金の2つがあり，任意事業として生活困窮者への就労準備支援事業，一時生活支援事業，家計相談支援事業，子どもへの学習支援事業などがあり，2015（平成27）年4月から実施されることになった。

なお生活保護法の一部改正に先だって，2013年8月より3年かけて平均6.5％，最大10％という過去最大規模の生活保護基準の引き下げが実施された。

また同年6月には「子どもの貧困対策法」（子どもの貧困対策の推進に関する法律）が成立した（図表2－2）。

> **子どもの貧困対策法**
> 子どもの貧困率を2009年の15.7％から2021年には10％未満にすること，ひとり親世帯の貧困率を2009年の50.8％から2021年には35％未満にすることを目標としている。それぞれ3年ごとに調査・公表し，目標達成を図るとしている。

図表2－2　イギリス・アメリカ・日本の公的扶助関係比較年表

イギリス	アメリカ	日本
1601年　エリザベス救貧法（～1834年）		
1622年　居住地法		
	1642年　植民地救貧規程	
	1683年　ニューヨーク植民地救済法	
1722年　労役場テスト法		
1782年　ギルバート法		
1795年　スピーナムランド法		
	1821年　クインシー報告	
	1824年　イエーツ報告	
		1874年　恤救規則
1834年　新救貧法（～1948年）		
1869年　ロンドン慈善組織協会結成	1877年　バッファロー慈善組織協会結成	1880年　備荒儲蓄法
		1890年　窮民救助法案提出
		1899年　行旅罹災救助基金法　行旅病人及び行旅死亡人取扱法
1905年　救貧法と失業者に関する王命委員会設置		
1906年　学校給食法		
1908年　児童法		
1909年　最低賃金法		
1911年　国民保険法		
		1917年　済世顧問制度
		1918年　方面委員制度
		1920年　内務省社会課，社会局となる
	1929年　大恐慌	1929年　救護法制定
		1932年　救護法施行（～1946年）
1934年　失業法成立，失業扶助制度	1933年　ニューディール政策	
	1935年　社会保障法	1938年　厚生省設置
1942年　ベヴァリッジ・レポート		1945年　生活困窮者緊急生活援護要綱
1948年　国民扶助法		1946年　旧生活保護法（～1950年）
		1950年　新生活保護法
	1961年　ニューバーグ事件	1957年　朝日訴訟
	1962年　要扶養児童家庭扶助（AFDC）	
1966年　補足給付制度	1964年　貧困戦争　フードスタンプ	
1971年　世帯所得補足制度	1965年　社会保障法「高齢者医療保険・医療扶助」改正メディケード　メディケア	

イギリス	アメリカ	日本
	1974年　社会保障法ⅩⅩ　補足的保障所得	
		1981年　「生活保護の適正実施の推進について」（123号通知）
1986年　社会保障法成立　所得補助制度・家族給付制度への名称変更・社会基金制度		
1995年　求職者制度	1996年　貧困家庭一時扶助（TANF）	
		2002年　ホームレスの自立の支援等に関する特別措置法
		2004年　「生活保護制度の在り方に関する専門委員会」報告書
	2008年　補助的栄養支援プログラム	
2010年　子どもの貧困対策法	2010年　医療保険改革法（オバマケア）	
		2011年　求職者支援制度
2013年　ユニバーサル・クレジット制度		2013年　子どもの貧困対策法　生活保護法一部改正　生活困窮者自立支援法

出所）筆者作成

参考文献

杉村宏『現代の貧困と公的扶助』放送大学教育振興会，1998年
岩田正美・岡部卓・杉村宏編『公的扶助論』ミネルヴァ書房，2003年
岩田正美・岡部卓・清水浩一編『貧困問題とソーシャルワーク』有斐閣，2003年
仲村優一・一番ヶ瀬康子編『世界の社会福祉　イギリス』旬報社，1999年
菊池正治・清水教惠・田中和男・永岡正己・室田保夫編『日本社会福祉の歴史』ミネルヴァ書房，2003年
埋橋孝文編『生活保護』ミネルヴァ書房，2013年
社会福祉士養成講座編集委員会編『低所得者に対する支援と生活保護制度第3版』中央法規，2014年

プロムナード

　シドニー・ウェッブ（Weeb,S. 1859-1947）はイギリスの近代化や福祉国家建設に大きな貢献をしました。のちの労働党へとつながるフェビアン協会の中心人物として，妻のビアトリス・ウェッブやバーナード・ショーらとともに漸進的な社会改革を進めることを主張しました。また「救貧法と失業者に関する王命委員会」（1905）では，少数派報告をまとめて救貧法の解体とナショナル・ミニマムの確立を主張しました。このナショナル・ミニマムの考え方は「ベヴァリッジ報告」（1942）で具体化され，イギリス福祉国家の基礎となりました。
　またウェッブは1895年にロンドン・スクール・オブ・エコノミクス（LSE）を創設し，自身も行政学の教授を務めました。このLSEはロンドン中心部にキャンパスを構え，社会科学に特化した研究・教育機関であります。ここからは経済学のみならず，国際関係学，社会学，社会政策学など社会科学全般に貢献する多くの人物を輩出しています。ベヴァリッジ，マーシャル，ティトマス，ダーレンドルフ，ピンカー，そしてギデンズなど社会福祉学の世界においても馴染みのある多数の研究者がLSEに関係しています。まさにLSEはイギリスのみならず，世界の社会福祉学研究の発信基地であるといえます。

学びを深めるために

日本社会事業大学救貧制度研究会編『日本の救貧制度』勁草書房，1960年
　　わが国の救貧制度の歴史展開について恤救規則，救護法，戦後の公的扶助まで幅広い視点から論じた本格的な専門書である。公的扶助の歴史研究には不可欠の書物である。図書館で借りて読むことを薦めたい。

旧生活保護法と新生活保護法の内容の相違について考えてみよう。

福祉の仕事に関する案内書

稲葉剛『生活保護から考える』岩波新書，2013年

第3章

生活保護制度

1 生活保護の目的・基本原理・基本原則

（1）生活保護の目的

　日本国憲法第25条第1項において，「すべて国民は，健康で文化的な最低限度の生活を営む権利を有する」，第2項では「国は，すべての生活部面について，社会福祉，社会保障及び公衆衛生の向上及び増進に努めなければならない」と規定している。第1項は，人間としての尊厳を維持するにふさわしい生活水準の保障を国家に対して要求する権利である「生存権」を規定している。さらに，第2項では，国民の最低限度の生活を保障するための具体的な方策を講じる努力義務を国に課している。

　憲法自体が国民生活に直接関係する制度やサービスを規定しているわけではなく，第2項をうけ，「生活保護法，児童福祉法，老人福祉法，身体障害者福祉法，知的障害者福祉法，国民健康保険法，国民年金法，厚生年金保険法，介護保険法などの社会福祉・社会保障立法のほか，食品衛生法，環境基本法，大気汚染防止法などの公衆衛生のための立法」[1]がなされ，憲法の理念を具体化する方策がとられている。

　憲法第25条を具現化する制度の中核になっているものが生活保護法である。生活保護の目的は，「最低生活の保障」と「自立の助長」である。生活保護制度は，生活に困窮する国民の生存権を担保するための経済的給付を国家が責務として行う「最低生活の保障」と，生活保護受給者に対して適切な援助を行うことにより自立を目指す「自立助長」の性格を有しているといえる。

（2）生活保護法の基本原理

　生活保護法の基本的な枠組みとして，それぞれ4種の原理が法に規定されている。これは，生活保護制度を理解するためには極めて重要な考え方である。

1）国家責任の原理（法第1条）

> 　この法律は，日本国憲法第25条に規定する理念に基き，国が生活に困窮するすべての国民に対し，その困窮の程度に応じ，必要な保護を行い，その最低限度の生活を保障するとともに，その自立を助長することを目的とする。

　前述のとおり，生活保護制度の中核的な考え方である「最低生活の保障」と「自立の助長」を規定している条文である。特に着目しなければならない点は，主語が「国」となっているところである。たとえば，児童福祉法では，児童の福祉向上に対して責任を負うものは保護者・国・地方公共団体であるとしている（他の福祉関係法についても同様）のに対して，生活保護法では，国民の最低生活を保障する責務を「国家」が負っているとしている。このことは，生活保

護の実施に関して，その全てを国が直接行うことを示しているのではなく，厚生労働大臣が保護の基準を設定し，実施体制を整備し，保護に関する費用の75％を負担した上で，法定受託事務として地方自治体の長にその任を負わせる仕組みとなっている。

2）無差別平等の原理（法第2条）

> すべて国民は，この法律の定める要件を満たす限り，この法律による保護を，無差別平等に受けることができる。

本条文は，国民が生活保護法による保護を無差別平等に請求する権利を有していることを規定したものである。

明治維新後に初めて制定された恤救規則（1874）では，独身者であり，さらに，「障害によって働けない者」，「70歳以上で重病あるいは高齢のため働けない者」，「疾病により働けない者」，「13歳以下の孤児」が保護の対象とされていた。貧困は個人の問題であり，「特定の要件に当てはまった者のみ救済する」という「制限扶助主義」がとられていた。敗戦後の1946（昭和21）年に制定された旧生活保護法では，「労働能力の有無にかかわらず，生活困窮状態にあれば保護を受けることができる」という「一般扶助主義」が採用された。しかしながら，「援助が可能な扶養義務者がいる者」，「怠惰，素行不良の者」を排除するための「欠格条項」が設けられていた。

現行の生活保護法では，「欠格条項」を排除し，労働能力の有無あるいは生活困窮状態に陥った理由を問わず，信条，性別，社会的身分等により差別的な取り扱いは行われることなく，一定の要件に該当すれば保護を受給する権利を認めた。

3）最低生活の原理（法第3条）

> この法律により保障される最低限度の生活は，健康で文化的な生活水準を維持することができるものでなければならない。

ここで保障される最低生活は，単に生命身体を維持するに足るだけではなく，「健康で文化的な生活水準」を確保するものでなければならない。「最低生活基準」は，それぞれの時代における社会的，文化的背景によって左右されるものであり，「人が人間らしい暮らしができる水準」とも考えられる。具体的な基準は法8条において，「保護は，厚生労働大臣の定める基準により測定した要保護者の需要を基とし，そのうち，その者の金銭又は物品で満たすことのできない不足分を補う程度において行うものとする」（第1項），「前項の基準は，要保護者の年齢別，性別，世帯構成別，所在地域別その他保護の種類に応じて必要な事情を考慮した最低限度の生活の需要を満たすに十分なものであつて，且つ，これをこえないものでなければならない」（第2項）と規定されている。つま

制限扶助主義
生活困窮者のうち特定の状態にある者を排除する考え方，あるいは特定の者だけを列挙しその対象とする考え方。

（旧）生活保護法
1946年9月に成立した公的扶助制度の根拠法。欠格条項により，原則である「無差別平等」に一定の制限があるなどの問題点があり，1950年5月に全面改定され，（新）生活保護法が成立した。「生活保護法」とは，一般的に（新）生活保護法を指している。

一般扶助主義
制限扶助主義の反対概念で，労働能力の有無を問わずすべての困窮者を対象とする考え方。

り、最低生活の基準は、国（厚生労働大臣）が一定の測定方法を用いて決定するものであり、その基準が生存権を保障するに足りるものであるかどうかは、過去に度々論争となってきた。

その中でも、重要なものが「朝日訴訟」である。これは、結核で療養生活を送っていた朝日茂氏が、「その日用品費（当時600円）では、憲法の保障する健康で文化的な最低限度の生活基準を維持することができない」として行政訴訟を提起したものである。本訴訟は、最高裁判決以前に原告が死亡したため、養子夫婦が訴訟手続きを受け継ごうとしたが、1967（昭和42）年5月24日、最高裁はそれを認めず、「上告人の死亡によって終了した」とする判決を下した上で、傍論において、「生活保護基準の認定判断は、いちおう厚生大臣の合目的的な裁量に委ねられており、その判断は、当不当の問題として政府の政治責任を問われることはあっても、直ちに違法の問題を生じることはない」とし、憲法第25条第1項が「プログラム規定」であるとした。

> **プログラム規定**
> 「憲法の同規定は、国の努力目標を定めたものにとどまり、個々の国民に対して具体的な権利を付与したものではない」というもので、このことは、憲法25条の規範的性格を狭めるものであるとの批判もされている。

4）保護の補足性の原理（法第4条）

> 1　保護は、生活に困窮する者が、その利用し得る資産、能力その他あらゆるものを、その最低限度の生活の維持のために活用することを要件として行われる。
> 2　民法に定める扶養義務者の扶養及び他の法律に定める扶助は、すべてこの法律による保護に優先して行われるものとする。
> 3　前二項の規定は、急迫した事由がある場合に、必要な保護を行うことを妨げるものではない。

2013（平成25）年8月6日に出された社会保障制度改革国民会議の報告書は、自助・共助・公助について、「国民の生活は、自らが働いて自らの生活を支え、自らの健康は自ら維持するという『自助』を基本としながら、高齢や疾病・介護を始めとする生活上のリスクに対しては、社会連帯の精神に基づき、共同してリスクに備える仕組みである『共助』が自助を支え、自助や共助では対応できない困窮などの状況については、受給要件を定めた上で必要な生活保障を行う公的扶助や社会福祉などの『公助』が補完する仕組み」[2]と総括している。

この自助・共助・公助の関係性は、補足性の原理に反映されている。

第1項では、生活保護による援助をうける前提条件として、以下を活用することが求められている。

〈資　産〉

一般的に、「生活保護を受給するためには、全ての資産を売却しなければならない」と誤解されているが、「保有できる資産」と「保有できない資産（活用すべき資産）」に大別することができる。保有できる資産、あるいは活用すべき資産については、機械的、画一的に決められるものではなく、時代の変遷

（その時々の国民の生活水準），低所得者を中心とした地域住民の生活状況を考慮することが重要とされている。たとえば，かつてはクーラーは「ぜいたく品」として，生活保護を受給するためには売却を求められていたが，クーラーの保有が一般的となった現在では，保有が認められている。

保有の可否判断の基準は，その地域における当該資産の普及率70％を目安としている。自動車に関して国は，障害者の通院目的などの例外を除いて，「地域の普及率の如何にかかわらず，自動車の保有を認める段階に至っていない」（生活保護手帳別冊問答集：2010）としている。

活用すべき資産に関しては，資産を売却し現金化した上で，生活維持のために利用することを原則としているが，

・その資産が最低限度の生活を維持するために活用されており，なおかつ，保有していることで生活維持および自立助長に貢献できる
・現在活用されていないが，近い将来において活用され，なおかつ，保有していることで生活維持および自立助長に貢献できる
・処分することができないか，または著しく困難である
・売却で得ることができる金額よりも，売却するための経費が高額である
・社会通念上処分させることが適当ではない

場合については，例外的に資産活用を求めないとしている。

〈能　力〉

ここでいわれる「能力」とは，働ける能力である。働ける能力とそれを活用する仕事があるにもかかわらず就労しようとしない者は，保護の要件を欠くことになるため生活保護をうけることはできない。稼働能力を活用し現に就労しているか，もしくは，その能力を活用するために求職活動をはじめとした就労開始のための準備をしていることが求められる。つまり，稼働能力を活用しているか否かは，実際に働いているかどうかのみではなく，生活保護手帳（実施要領）では，「稼働能力があるか否か」，「その具体的な稼働能力を前提として，その能力を活用する意思があるか否か」，「実際に稼働能力を活用する就労の場を得ることができるか否か」で判断すべきものとしている。

〈その他あらゆるもの〉

上記の資産，能力に加え，最低生活を維持するために必要なもの以外において，処分価値があるものについては，現金化して生活に充てることが求められている。

かつて，度々論争になってきた「資産」が，解約返戻金が生じる生命保険や貯蓄型保険である学資保険の取り扱いである。保護開始時に保有する生命保険については，「解約返戻金が医療扶助を除いた最低生活費の3カ月程度以下であり，保険料が最低生活費の1割以下である場合」，学資保険であれば，「解約返戻金の額が50万円以下の場合」については，保有が認められている。

> **生活保護手帳**
> 生活保護行政の運営・実施に必要な，保護の原則，保護の方法等をその根拠と共に解説したものであり，生活保護関係職員については，日常業務において常に参照している書籍で，「実施要領」と呼ばれている。

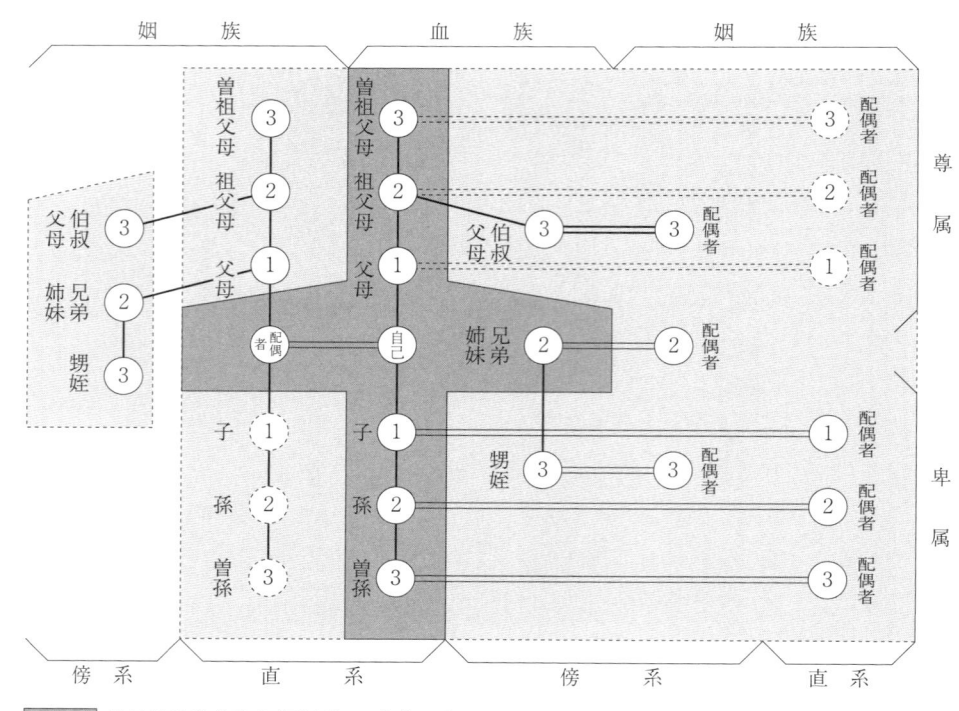

図表 3 - 1　扶養義務者の範囲

■ 絶対的扶養義務者（民法第877条第1項）
□ 相対的扶養義務者（民法第877条第2項）
配偶者①は，継親の場合等であること。
子①は，先夫の子，後妻の連れ子等である。

出所）生活保護手帳編集委員会『生活保護手帳（2010年度版）』中央法規，2010年，p. 162

第2項では，保護に優先して，親族による扶養および他の法律に基づく扶助をうけることとされている。

〈扶　養〉

民法877条において，扶養義務に関して，以下の規定がある。
第1項　直系血族及び兄弟姉妹は，互いに扶養をする義務がある。
第2項　家庭裁判所は，特別の事情があるときは，前項に規定する場合のほか，3親等内の親族間においても扶養の義務を負わせることができる。

第1項に掲げる扶養義務者を「絶対的扶養義務者」，第2項に掲げるそれを「相対的扶養義務者」としており，扶養義務の履行が本法による保護に優先されるとしている（図表3 - 1）。

留意しなければならないことは，民法に定める扶養義務の履行は，当事者間の協議と扶養者側の意思によるものであり，要（被）保護者の努力のみで履行されるものでないため，第1項の前提条件である「要件」ではなく，「優先」させるという表現となっていることである。

要保護者
現に保護を受けているといないとにかかわらず，保護を必要とする状態にある者（法第6条第2項）。

被保護者
現に保護を受けている者（法第6条第1項）。

〈他法他施策〉

　わが国の社会保障制度においては，高齢，障害，疾病，失職など，生活上の困難が生じた時，直ちに生活困窮に陥らないための方策が講じられている。その代表的なものが社会保険制度（健康保険・年金保険・雇用保険など），社会手当制度（児童扶養手当・特別障害者手当など）である。

　このような各種の法律による扶助を活用したとしても，なおかつ生活困窮状態にある場合について，生活保護による扶助が実施される。

　生活保護制度が，「最後のセーフティネット」といわれるのもそのような理由からである。

　第3項においては，生活保護を受給する前提あるいは優先させて，資産・能力・扶養・他法他施策の活用が求められているが，それを直ちに活用できず，生活困窮状態が急迫している場合は，活用すべき資産があったとしても保護をうけることができることを規定したものである。たとえば，生活に逼迫する要保護者が売却可能な遊休不動産を保有しているものの，現金化するには一定の時間が必要な場合，将来，当該不動産が売却された時に，支給した保護費を返還する前提で生活保護を実施するなどがこれにあたる。

> **セーフティネット**
> もとは安全網のことで，社会保障制度や金融機関破たんの際の預金者保護制度など，一部の危機が全体に及ばないようにするための制度や方策のこと。

（3）生活保護法の基本原則

　生活保護法では，4種の基本原則が法に定められており，基本原理と同様に，生活保護法の基本的な考え方を示したものである。

1）申請保護の原則（法第7条）

> 　保護は，要保護者，その扶養義務者又はその他の同居の親族の申請に基いて開始するものとする。但し，要保護者が急迫した状況にあるときは，保護の申請がなくても，必要な保護を行うことができる。

　生活保護法では，国民に対して「保護請求権」を認めているが，その権利は申請行為に基づき行使できるとされたものである。申請権を有するものは，要保護者本人・扶養義務者・同居の親族であるが，要保護者に意思能力がなく，他の申請権者が不在などで申請行為ができず，急迫状態にある場合においては，実施機関は申請がなくても保護を行うことができる（職権保護）。

　これまで，実施機関による保護申請時における助言・指導が「申請権の侵害」であるとの批判がしばしばなされてきた。このような批判をうけ，実施要領においては「生活保護は申請に基づき開始することを原則としており，保護の相談に当たっては，相談者の申請権を侵害しないことはもとより，申請権を侵害していると疑われるような行為も厳に慎むこと」と記載されている。

> **保護請求権**
> 保護そのものを受給する権利である「実体的権利」，保護の申請から実施に至る一連の手続き過程における権利である「手続的権利」，決定内容に不服がある場合，不服申立てや裁判による救済手続きを取ることができる権利である「行政争訟権，自己貫徹の権利」を総称して，保護請求権という。

2）基準および程度の原則（法第8条）

> 1　保護は，厚生労働大臣の定める基準により測定した要保護者の需要を基とし，そのうち，その者の金銭又は物品で満たすことのできない不足分を補う程度において行うものとする。
> 2　前項の基準は，要保護者の年齢別，性別，世帯構成別，所在地域別その他保護の種類に応じて必要な事情を考慮した最低限度の生活の需要を満たすに十分なものであつて，且つ，これをこえないものでなければならない。

　生活保護基準は，国の最低生活保障水準を具体的に示すものとして，厚生労働大臣が毎年決定し告示する。この生活保護基準は，第一に「生活保護が必要かどうかの尺度」，次に「保護費を支給する程度を決めるための尺度」の2つの意味をもつ。

　前者は，生活保護をうけようとする者（世帯）の生活保護基準と収入を比較して，生活保護基準が上回っておれば生活保護をうけることができるが，収入が上回っておれば生活保護をうけることができないことを意味している。この生活保護基準と収入を比べ，生活保護が必要かどうかを判断することが「要否判定」である。

　後者は，要否判定によって，保護が必要とされた場合，最低生活基準から収入を引き，その不足分を保護費として支給することを意味している。

3）必要即応の原則（法第9条）

> 保護は，要保護者の年齢別，性別，健康状態等その個人又は世帯の実際の必要の相違を考慮して，有効且つ適切に行うものとする。

　生活保護の決定については，生活保護基準を尺度に要否判定されるため，ややもすれば機械的・画一的な運用に陥りやすい。しかしながら，人の生活には個別性があり，機械的・画一的な運用では法の目的を達成することが困難である。したがって個人や世帯の実情に合わせ，最低生活を保障し自立を目指すために必要な保護を効果的かつ法の趣旨に即した適切なものにしなければならない。このことは，実施機関が恣意的な運用をすることではなく，法令に基づいて，法的根拠を示した上で行わなければならないことはいうまでもない。

4）世帯単位の原則（法第10条）

> 保護は，世帯を単位としてその要否及び程度を定めるものとする。但し，これによりがたいときは，個人を単位として定めることができる。

　世帯とは，一般的に「住居及び生計を共にする者の集まり」とされているが，生活保護における世帯の考え方は，「同一の住居に居住し，生計を一にしている者を世帯員」とし，「居住を一にしていない場合であっても，同一世帯とし

て認定することが適当であるときは世帯として認定する」(実施要領)こととしている。

前者は，たとえ親族関係がないものであっても同じ住居に住み，ひとつの消費生活単位である場合は，同じ世帯と考え，ひとつの単位として生活保護の要否を判定することを意味する。

後者は，同じ住居に住んでいない場合でも，同一消費生活単位である場合については，同一世帯とすることである。たとえば，「出稼ぎ」や「寄宿生活」がこれにあたる。

例外的な措置として，同一世帯であっても，「特定の世帯員のみを保護の対象とはせず，他の世帯員のみを保護する」，あるいは，「特定の世帯員のみを保護の対象とし，他の世帯員を保護しない」取り扱いが認められている。これを，「世帯分離」という。

2 保護の種類と内容，方法

生活保護法による扶助は，8種類に分かれ，個人および世帯の状況に応じて支給される。決定された保護は，その種類によって，金銭を被保護者に直接給付する「金銭給付」と，それに係る費用を実施機関がサービス提供主体等に支払うことで，被保護者がサービスをうけることができる「現物給付」という2つの方法で支給される。

(1) 保護の種類と内容(図表3-2)
1) 生活扶助 (法第12条)

生活扶助は，最低限度の生活を維持することのできない者に対し，衣食や基本的な日常生活に必要な物品の購入等のための金銭を支給するものである。

具体的には，「経常的一般生活費」と「臨時的一般生活費」に区分されている。

経常的一般生活費の中核となるものが，「基準生活費」である。基準生活費は，飲食費，被服費等の個人の消費にかかる「第1類」と，光熱水費，家具什器費など世帯の消費にかかる「第2類」に区分され，それぞれ別個に定められた基準を合計したものが，当該世帯の基準生活費となる。なお，基準生活費は，原則的に世帯の居住地ごとに分かれた基準によって算定される。最低生活を維持するための費用は，全国各地の物価水準，気候風土によって差があるため，全国を6つに区分し，それぞれに基本生活費の基準を定めている。また，被保護者が入院している場合は「入院患者日用品費」・救護施設等に入所している場合は「救護施設等基準生活費」・介護施設に入所している場合は「介護施設入所者基本生活費」が算定される。

図表3-2 最低生活費の体系

- 最低生活費
  - 生活扶助
    - 第1類 …… 個人単位の経費(食費・被服費等)
    - 第2類 …… 世帯単位の経費(光熱費・家具什器等) + 地区別冬季加算(11月～3月)
    - 入院患者日用品費 …… 病院又は診療所(介護療養型医療施設を除く)に入院している被保護者の一般生活費
    - 介護施設入所者基本生活費 …… 介護施設に入所している被保護者の一般生活費
    - 各種加算
      - 妊産婦加算 …… 妊婦および産後6か月までの産婦に対する栄養補給
      - 母子加算 …… 母子(父子)世帯における児童の養育に対する特別需要に対応
      - 障害者加算 …… 身体障害者手帳1級、2級および3級の身体障害者もしくは国民年金法の1級または2級の障害者に対する特別需要に対応
      - 介護施設入所者加算 …… 介護施設に入所している者に対する特別需要に対応
      - 在宅患者加算 …… 在宅の傷病者で栄養補給を必要とする者
      - 放射線障害者加算 …… 原爆被爆者で重度の障害を有する者に対する特別需要に対応
      - 児童養育加算 …… 中学校修了までの児童を養育する者の特別需要に対応
      - 介護保険料加算 …… 介護保険の第一号被保険者で、普通徴収の方法によって保険料を納付する者
    - 期末一時扶助 …… 年末(12月)における特別需要に対応
    - 一時扶助 …… 保護開始時、出生、入学、入退院時等に際して、必要不可欠の物質を欠いており、かつ、緊急やむを得ない場合に限って支給する
  - 住宅扶助
    - 家賃、間代、地代 …… 借家・借間の場合の家賃、間代等または自己所有の住居に対する土地の地代等
    - 住宅維持費 …… 現に居住する家屋の補修または建具、水道設備等の従属物の修理のための経費
  - 教育扶助 ─ 基準額 + 学校給食費 + 通学交通費 + 教材代 + 学習支援費
  - 介護扶助 ─ 介護保険の介護の方針および介護の報酬の例による
  - 医療扶助 ─ 国民健康保険および後期高齢者医療の診療方針・診療報酬の例による
  - 出産扶助
    - 居宅分娩
    - 施設分娩
  - 生業扶助
    - 生業費 …… 生計の維持を目的とする小規模の事業を営むための資金または生業を行うための器具、資料代
    - 技能修得費
      - 技能修得費 …… 生計の維持に役立つ生業に就くために必要な技能を修得する経費
      - 高等学校等就学費 …… 高等学校等に就学し卒業することが当該世帯の自立助長に効果的であると認められる場合に認定
    - 就職支度費 …… 就職のため直接必要とする洋服類、履物等の購入費用
  - 葬祭扶助
  - 勤労控除
    - 基礎控除 …… 勤労に伴って必要な経常的需要に対応するとともに勤労意欲の助長を促進
    - 特別控除 …… 勤労に伴い必要な年間の臨時的需要に対応
    - 新規就労控除 …… 新たに継続性のある職業に従事した場合の特別の経費に対応
    - 未成年者控除 …… 未成年者の需要に対応するとともに本人および世帯員の自立助長を図る
    - 実費控除 …… 通勤費、所得税等勤労に伴う必要な実費

出所)社会保障入門編集委員会『社会保障入門2014』中央法規,2014年,p.52

図表3-3 加算の種類

名　　称	要件，対象
妊産婦加算	妊婦及び産後6か月（母乳によるほ育の場合は6か月，その他の場合は3か月）の産婦
障害者加算	身体障害者手帳1～3級の者，障害基礎年金1級または2級の受給者，特別児童扶養手当の対象者など
介護施設入所者加算	介護施設入所者基本生活費が算定されている者で，障害者加算または母子加算が算定されていない者
在宅患者加算	結核患者，3か月以上の治療を必要とする在宅療養者で栄養補給を必要とする者
放射線障害者加算	原子爆弾被爆者（都道府県知事の指定を受けた者），放射線を多量に浴びたことにより負傷または疾病の患者（厚生労働大臣が認めたもの）
児童養育加算	中学校3年修了前の児童を養育する者
介護保険料加算	介護保険の第1号被保険者で，普通徴収の方法によって介護保険料を納付する義務を負う者
母子加算	母子または父子世帯であって，児童18歳未満の者を養育する者

出所）筆者作成

　障害や妊娠等のため特別な需要を充足させるために，図表3-3のとおり，8種類の「加算」が経常的一般生活費として算定される。

　一方，臨時的一般生活費は，経常的一般生活費では賄いきれない特別な需要があった際に支給されるもので「一時扶助」とよばれている。

　具体的には，以下のようなものがある。

・被服費：長期入院・入所者が在宅生活に移行する際の布団，災害時の布団類，常時失禁患者のおむつなど
・家具什器費：保護開始，長期入院・入所者が在宅生活への移行などに際する炊事用具，食器等
・移送費：扶養義務者の引き取り，被（要）保護者の施設利用などに際する交通費等
・入学準備金：小・中学校に入学する際に必要な費用
・その他：配電設備費・下水道設備費・液化石油ガス設備費・家財保管料，家財処分料・妊婦定期検診料・不動産鑑定費用等

2）教育扶助（法第13条）

　教育扶助は，小・中学校の義務教育にかかる費用を給付するものであり，一定の基準額に加え，給食費，教材代，通学のための交通費，校外活動参加費，学習支援費（学習参考書等の購入費・クラブ活動に要する費用等）などが計上される。

3）住宅扶助（法第14条）

　住宅扶助は，借家の家賃・借間の賃借料・持ち家の地代等間代，および住宅の補修維持に必要な費用を基準の範囲内で支給されるものである。もっとも一般的なものは家賃であるが，家賃は住居の所在地によって大きな格差があるため，都道府県，政令指定都市，中核市ごとに厚生労働大臣が定めた基準（特別基準）があり，その基準が限度額となっている。また，被保護者が転居に際して敷金等が必要な場合についても，一定の基準に基づき支給される。このほか，

被保護者が居住する家屋の補修や維持管理に必要な経費も支給される。

4）医療扶助（法第15条）

医療扶助は，傷病のための通院または入院が必要な被保護者に対して，医療を給付するものであるが，一般的な医療費（診療報酬および調剤代）に加え，眼鏡，義肢などの治療材料費，はり・きゅうなどの施術料・通院交通費も給付対象となっている。

医療扶助で給付される医療は，社会保険等の他制度に準じて取り扱われている国民健康保険の加入者が生活保護を受給した場合，国民健康保険から脱退することとなり，医療費は全額医療扶助からの給付となる。被用者保険の加入者の場合は，被用者保険の負担分以外（自己負担分）が医療扶助からの給付となる。

5）介護扶助（法第15条の2）

介護扶助は，被保護者のうち要介護，要支援である者に対して，基本的に介護保険によるものと同様のサービスを給付するものである。

具体的には，以下のとおりである。

【要介護者への給付】
〈在宅サービス〉

訪問介護（ホームヘルプ），訪問看護，夜間対応型訪問介護，複合型サービス，訪問入浴介護，訪問リハビリテーション，定期巡回・随時対応型訪問介護看護，居宅療養管理指導，通所介護（デイサービス），通所リハビリテーション（デイケア），認知症対応型通所介護，短期入所生活介護（ショートステイ），短期入所療養介護，福祉用具貸与，特定福祉用具販売，小規模多機能型居宅介護，地域密着型特定施設入居者生活介護，地域密着型介護老人福祉施設入所者生活介護，特定施設入居者生活介護，認知症対応型共同生活介護（認知症高齢者グループホーム），住宅改修

〈施設サービス〉

介護老人福祉施設（特別養護老人ホーム），介護老人保健施設，介護療養型医療施設，

【要支援者への給付】
〈介護予防サービス〉

介護予防訪問介護（ホームヘルプ），介護予防訪問看護，介護予防居宅療養管理指導，介護予防訪問入浴介護，介護予防認知症対応型通所介護，介護予防短期入所生活介護（ショートステイ），介護予防福祉用具貸与，介護予防住宅改修，介護予防特定施設入居者生活介護，介護予防訪問リハビリテーション，介護予防通所介護（デイサービス），介護予防通所リハビリテーション（デイケア），介護予防短期入所療養介護，特定介護予防福祉用

診療報酬

病院や診療所などの医療機関が行った診察，検査，手術など，社会保険上の医療行為についての中央社会保険医療協議会が決めた対価である。医療機関は，患者に対して行った医療行為について，それぞれの単価を総計して，月ごとにレセプト（診療報酬明細書）に記載して請求する。

被用者保険

サラリーマンなどが加入する医療保険（健康保険）の総称。職域保険ともいう。医療保険はそのほかに，自営業者などが加入する国民健康保険，75歳以上の者が加入する後期高齢者医療制度がある。

具販売，介護予防小規模多機能型居宅介護，介護予防認知症対応型共同生活介護（認知症高齢者グループホーム），介護予防支援

【その他】
　　移送

　介護扶助の対象者のうち，40〜65歳の医療保険未加入者は介護保険の被保険者ではないので，上記のサービスをうけた場合，全額が介護扶助から給付される。

　一方，65歳以上の被保護者に関しては，医療保険加入の有無にかかわらず介護保険の被保険者（第1号被保険者）であるため，本人負担分（1割）が介護扶助から給付される。

6）出産扶助（法第16条）

　出産扶助は，分べんの介助，分べん前後の処置，ガーゼ等の衛生材料を給付するものである。なお，異常分べんなどにより医療的処置が必要な場合は，医療扶助で対応する。

7）生業扶助（法第17条）

　生業扶助は，被保護者の収入の増加，自立を助長するために，以下のものを支給する。

- 生業費：小規模の事業を営むための資金，生業を行うために必要な器具等の購入費
- 技能習得費：生業に必要な技能の習得にかかる費用（被保護者が教育訓練をうける際の授業料，教材代等）

　なお，2005年以降，高等学校等に就学し卒業することが世帯の自立助長に効果的な場合，基本額（定額），教材代，授業料，入学料および入学考査料，通学交通費，学習支援費（定額）で構成される「高等学校等就学費」が技能習得費に創設された。

8）葬祭扶助（法第18条）

　葬祭扶助は，被保護者が死亡し，葬祭を行う扶養義務者がいないとき，または，死者に対してその葬祭を行う扶養義務者がいない場合で，遺留金品で葬祭を行えないときに，「検案」「死体の運搬」「火葬又は埋葬」「納骨その他葬祭に必要なもの」を給付するものである。

（2）保護の方法

　保護の方法は，大別して金銭給付と現物給付があり，扶助種別によりその方法が規定されている（図表3-4）。

　法に規定されている給付方法は「原則」であり，それによることができない

図表 3 − 4　扶助別給付方法

扶助種別	方　法	条　文
生活扶助	金銭給付	法第31条
教育扶助	金銭給付	法第32条
住宅扶助	金銭給付	法第33条
医療扶助	現物給付	法第34条
介護扶助	現物給付	法第34条の2
出産扶助	金銭給付	法第35条
生業扶助	金銭給付	法第36条
葬祭扶助	金銭給付	法第37条

出所）筆者作成

ときは，金銭給付は現物給付，現物給付は金銭給付によって行うことができる。保護金品は，原則的には世帯主に支払われるべきものであるが，一定の要件のもと，住宅扶助費を家主へ，普通徴収の介護保険料を保険者（自治体の長）に支払うことができる例外規定が設けられている。また，生活扶助，教育扶助，住宅扶助などの経常的一般生活費は，毎月初めに決定された額が支給されることになっている。

現物給付の方法は，扶助によって異なるが，ここでは医療扶助のうち，傷病により医療機関に受診した場合の診療報酬について説明する。被保護者は受診に際して，福祉事務所長が発行した医療券を受診する医療機関（指定医療機関）に提出する。指定医療機関は，国民健康保険の診療方針及び診療報酬の例によって医療行為を行った上，各都道府県に設置されている社会保険診療報酬支払基金に診療報酬を請求する。社会保険診療報酬支払基金は，請求内容を審査した上で，各医療機関に診療報酬を支払い，それを自治体に請求することになる。

このプロセスによって，被保護者は医療扶助による医療サービスをうけることができるものである。

社会保険診療報酬支払基金
社会保険診療報酬支払基金法により設立された民間法人であり，医療機関が請求した診療報酬を審査し，保険者に請求するとともに，保険者から支払われた医療費を医療機関へ支払う。

3　保護施設

生活保護は，居宅保護を原則としているが，保護の目的を達成するために必要なときは，要（被）保護者を入所させ保護を実施することができるとされている。保護施設は，救護施設・更生施設・医療保護施設・授産施設・宿所提供施設があり，「利用者への影響が大きいため，経営安定を通じた利用者の保護の必要性が高い事業（主として入所施設サービス）」（厚生労働省HP）である第1種社会福祉事業であり，設置は都道府県・市町村・地方独立行政法人・社会福祉法人・日本赤十字社に限定されている。

図表3－5　救護施設在所者の状況

◆利用者の障害状況（平成22年10月1日現在）

障害状況	人数	割合
身体障害のみ	1,522	8.90%
知的障害のみ	2,716	15.90%
精神障害のみ	5,782	33.90%
身体障害＋知的障害	1,059	6.20%
身体障害＋精神障害	947	5.50%
知的障害＋精神障害	2,091	12.30%
身体障害＋知的障害＋精神障害	507	3.00%
その他の生活障害	660	3.90%
いずれの障害もなし	1,545	9.10%
その他	188	1.10%
無回答	51	0.30%
合計	17,068	100.00%

出所）全国救護施設協議会HP　http://www.zenkyukyo.gr.jp/institut/institut.htm
　　　2014年3月26日閲覧

◆年齢別入所者人員数（平成22年10月1日現在）

年齢	人数				割合
	男性	女性	性別無回答	合計	
20歳未満	1	1	0	2	0.00%
20歳～29歳	40	28	0	68	0.40%
30歳～39歳	182	134	0	316	1.90%
40歳～49歳	630	377	1	1,008	5.90%
50歳～59歳	2,503	1,180	1	3,684	21.60%
60歳～64歳	2,677	1,324	0	4,001	23.40%
65歳～69歳	1,962	1,239	0	3,201	18.80%
70歳～74歳	1,322	1,032	0	2,354	13.80%
75歳～79歳	743	684	0	1,427	8.40%
80歳～84歳	319	347	1	667	3.90%
85歳～89歳	96	163	0	259	1.50%
90歳以上	24	47	0	71	0.40%
無回答	3	5	2	10	0.10%
合計	10,502	6,561	5	17,068	100.00%

平均年齢	男性	女性	無回答	全体
	63.0	65.1	59.7	63.8

出所）全国救護施設協議会HP　http://www.zenkyukyo.gr.jp/institut/institut.htm
　　　2014年3月26日閲覧

（1）救護施設

　身体上又は精神上著しい障害があるために日常生活を営むことが困難な要保護者を入所させて，生活扶助を行うことを目的とする施設である。

　救護施設在所者の障害の状況，年齢構成は図表3－5のとおりである。

本表からも分かるように，在所者の障害は多岐にわたり，特定の障害をもたない者でも，在宅生活を単身で営むことが困難であり，日常生活あるいは社会生活上の援助が必要な状況にある。このため救護施設は，在所者のさまざまなニーズに対応するための，柔軟な援助実践が求められている。救護施設では，健康管理や相談援助などの「日常生活支援」，身体機能回復訓練，生活習慣等の訓練などの「リハビリテーションプログラム」，就労支援，作業活動などの「自己実現の支援」など，在所者の支援に加え，通所事業，居宅生活訓練事業などの「地域生活支援」といった在所者以外への援助活動も行っている。

（2）更生施設

身体上または精神上の理由により養護及び生活指導を必要とする要保護者を入所させて，生活扶助を行うことを目的とする施設である。救護施設との違いは，在所者の障害の程度が比較的軽度であり，日常生活を営む上での介護の必要性がない者が入所しており，したがって，救護施設で義務付けられている介護職員が配置されていない。更生施設では，医療が必要なものは医療を提供しながら，日常生活および社会生活上の支援，訓練を行い，在所者が地域での生活に移行できるよう援助を実施している。

近年，大都市圏を中心にホームレス対策が大きな課題となっている。ホームレスの要因には，「失業等の仕事に起因するものや，病気やけが，人間関係，家庭内の問題等様々なものが複合的に重なり合い，さらに，社会生活への不適応，借金による生活破たん，アルコール依存症等の個人的要因も付加されて複雑な問題を抱えているケースも多い」（ホームレスの自立の支援等に関する基本方針：平成25年7月31日厚生労働省・国土交通省告示第1号）。そのため，住まいの場を提供すると同時に，必要な医療的支援，自立のための各種支援を行うことができる更生施設は，ホームレス対策の重要な資源のひとつと考えられる。

（3）医療保護施設

医療を必要とする要保護者に対して，医療の給付を行うことを目的とする施設である。医療保護施設は他の保護施設と違い「医療機関」であり，現在では，地域で医療扶助による医療を提供できる指定医療機関が整備されたことで設置数は減少している。

（4）授産施設

身体上もしくは精神上の理由又は世帯の事情により就業能力の限られている要保護者に対して，就労又は技能の修得のために必要な機会及び便宜を与えて，その自立を助長することを目的とする施設である。

授産施設は被保護者に対して，技術の習得や職業訓練を提供する施設である

が，「障害者の日常生活及び社会生活を総合的に支援するための法律」(障害者総合支援法)」による就労移行支援や就労継続支援などに代表される各法による就労支援サービスの拡充，授産施設自体の他法施設への移行によって，徐々に設置数は減少している。

(5) 宿所提供施設

住居のない要保護者の世帯に対して，住宅扶助を行うことを目的とする施設である。公営住宅や民間住宅の整備によって，設置数は減少している。

4 被保護者の権利と義務

生活保護は，国民の生存権を保障する制度である限り，行政機関の恣意的な運用等による不利益を防止するため，いくつかの権利が法に定められている。

それと同時に，金品を直接給付するという制度の性格からも，保護を適正に実施するため，被保護者が負うべき義務も規定されている。

(1) 被保護者の権利

1) 不利益変更の禁止（第56条）

被保護者は，正当な理由がなければ，既に決定された保護を，不利益に変更されることがないとするもので，いったん，決定をもって開始された保護は，法令が定める要件に基づき，適正な手続きを経ない限り，不利益な保護の変更がなされることがない。

2) 公課禁止（第57条）

被保護者は，保護金品を標準として租税その他の公課を課せられることがないとするものである。生活保護費は，被保護者の最低限度の生活を担保するものであり，それに対して公租公課を行えば，最低生活を下回ることになるため，そのような金銭上の負担を同規定により禁止している。

3) 差押禁止（第58条）

被保護者は，既に給与を受けた保護金品またはこれをうける権利を差し押さえられることがない。「差し押さえ」は，民事執行法，国税徴収法等に規定されているもので，債権者の権利を保護するため，国が債務者に財産の処分を禁止することであり，強制執行の前段階の措置である。強制執行制度においても，生存に必要な物品，生活を維持するための金銭は，差し押さえを禁止しているように，最低生活を保障するための生活保護法により支給された金品は差し押さえの対象とはならない。

> **公租公課**
> 国や地方公共団体が徴収する税金や，それ以外の各種の公共的金銭負担のこと。

（2）被保護者の義務

1）譲渡禁止（第59条）

被保護者は，保護を受ける権利を譲り渡すことができない。保護受給権は，保護決定をうけた者（生活保護上の世帯主および世帯員）に帰属し，それ以外のものに譲渡することができない（一身専属権）ことを規定したものである。

> **一身専属権**
> 権利を受けた者だけが権利行使することができ，他者に引き継ぐことができない権利のこと。

2）生活上の義務（第60条）

被保護者は，常に，能力に応じて勤労に励み，自ら，健康の保持及び増進に努め，収入，支出その他生計の状況を適切に把握するとともに支出の節約を図り，その他生活の維持及び向上に努めなければならない。「補足性の原理」において，生活困窮者が保護を受給する要件として，能力の活用が求められていることからも，稼働能力があるものについては就労する義務を履行し，さらに，自立のための日常生活維持の義務を規定している。

3）届出の義務（第61条）

被保護者は，収入・支出その他生計の状況について変動があったとき，または居住地もしくは世帯の構成に異動があったときは，すみやかに，保護の実施機関又は福祉事務所長にその旨を届け出なければならない。実施機関は，生活保護を適正に実施するため，訪問調査や関係先調査などを通じて，被保護者の生活状況等を常に把握することを求められているが，実施機関が行う調査には限界があるため，生活状況・居住場所・世帯構成などに変化が生じた場合，被保護者自らに届け出を行う義務を課している。

4）指示等に従う義務（法第62条）

被保護者は，保護の実施機関が生活の維持・向上その他保護の目的達成に必要な指導や指示を法第27条に基づいて行った場合や，居宅生活が困難な場合に救護施設等への入所を促した場合（法第30条第1項但書）は，これらに従わなければならない（ただし，被保護者の意に反して，入所または養護を強制することはできない）。法第27条による指導・指示に従わない場合においては，実施機関は保護の変更，停止，廃止を行うことができる。

5）費用返還義務（法第63条）

本来，生活に充てる資力があるにもかかわらず，緊急性を要するなどにより保護が実施された場合（急迫保護），その受けた保護金品に相当する金額の範囲内において保護の実施機関の定める額を返還しなければならない。

5　不服申立てと訴訟

不服申立て制度とは，「行政庁の違法又は不当な処分その他公権力の行使に当たる行為に関し，国民に対して広く行政庁に対する不服申立てのみちを開くことによって，簡易迅速な手続による国民の権利利益の救済を図るとともに，

行政の適正な運営を確保することを目的とする」(行政不服審査法第1条)ものである。

つまり，違法，不当な行政処分（不作為も含む）により不利益が生じた場合，長時間を要する司法手続きによることなく，迅速で簡便な手続きで救済する手段を国民に付与するものであり，このことによって行政が適切に運営されることを目指したものである。不服申立てには，行政処分を行った行政庁にその取り消し・変更を申し立てる「異議申立て」，上級行政庁に処分の取り消し・変更を申し立てる「審査請求」，審査請求の裁決に不服がある場合の「再審査請求」がある。

(1) 審査請求

実施機関が行った処分（開始，却下，変更，廃止，停止など）について不服があるときは，都道府県知事（実施機関の直近上部機関）に対して，処分があったことを知った翌日から起算して，60日以内に審査請求ができる。都道府県知事は，保護の決定及び実施に関する処分についての審査請求があったときは，50日以内に，当該審査請求に対する裁決をしなければならないと規定されている。裁決には，処分の全部又は一部を取り消す「容認」・不服申立てに妥当な理由がないとする「棄却」・法定期間内に不服申立てがされなかったなど法に定める要件を欠く場合などの「却下」がある。

(2) 再審査請求

都道府県知事が行った裁決に不服がある場合は，厚生労働大臣に対して，裁決があったことを知った翌日から起算して，30日以内に再審査請求を行うことができる。厚生労働大臣は，70日以内に，当該再審査請求に対する裁決をしなければならないと規定されている。

(3) 行政事件訴訟

一般に，行政事件訴訟については，審査請求をすることができる場合においても，直ちに提起することができるとされているが，生活保護法においては，第69条には，「この法律の規定に基づき保護の実施機関がした処分の取消しの訴えは，当該処分についての審査請求に対する裁決を経た後でなければ，提起することができない」とされており，生活保護上の処分に対して，司法手続きに基づき訴訟を起こすためには，その前に審査請求を行った上で，裁決がされていなければならない。これを，「審査請求前置主義」という。

図表3－6　国の予算における社会保障関係費の推移

(単位：億円，％)

区分	80 (昭和55)		90 (平成2)		2000 (12)		区分	09 (21)		10 (22)	
社会保障関係費	82,124	(100.0)	116,154	(100.0)	167,666	(100.0)	社会保障関係費	248,344	(100.0)	272,686	(100.0)
生活保護費	9,559	(11.6)	11,087	(9.5)	12,306	(7.3)	年金医療介護保険給付費	196,004	(78.9)	203,363	(74.6)
社会福祉費	13,698	(16.7)	24,056	(20.7)	36,580	(21.8)	生活保護費	20,969	(8.4)	22,388	(8.2)
社会保険費	51,095	(62.2)	71,953	(61.9)	109,551	(65.3)	社会福祉費	25,091	(10.1)	39,305	(14.4)
保健衛生対策費	3,981	(4.8)	5,587	(4.8)	5,434	(3.2)	保健衛生対策費	4,346	(1.8)	4,262	(1.6)
失業対策費	3,791	(4.6)	3,471	(3.0)	3,795	(2.3)	雇用労災対策費	1,934	(0.8)	3,367	(1.2)
厚生労働省予算	86,416	(7.5)	120,521	(6.4)	174,251	(3.9)	厚生労働省予算	251,568	(13.7)	275,561	(9.5)
一般歳出	307,332	(10.3)	353,731	(3.8)	480,914	(2.6)	一般歳出	517,310	(9.4)	534,542	(3.3)

資料：厚生労働省大臣官房会計課調べ
(注)　1. 四捨五入のため内訳の合計が予算総額に合わない場合がある。
　　　2. (　)内は構成比。ただし，厚生労働省予算及び一般歳出欄は対前年伸び率。
　　　3. 平成12年度以前の厚生労働省予算は，厚生省予算と労働省予算の合計である。
　　　4. 平成21年度において，社会保障関係費の区分の見直しを行っている。

6　生活保護の財源と予算

(1) 生活保護費の基本的性格と財源

　国民の最低生活を保障する責務は国にあり，生活保護事務は，地方自治法第232条第2項に，「法律又はこれに基づく政令により普通地方公共団体に対し事務の処理を義務付ける場合においては，国は，そのために要する経費の財源につき必要な措置を講じなければならない」と規定されている「法定受託事務」である。

　生活保護法第75条では，「第1項　国は，政令の定めるところにより，市町村及び都道府県が支弁した保護費，保護施設事務費及び委託事務費の4分の3を負担しなければならない」としているように，生活扶助を始めとした各扶助費である「保護費」，被保護者が入所した保護施設の運営経費である「保護施設事務費」，養護の委託をうけた私人に対する費用弁償である「委託事務費」については，国が4分の3，残りの4分の1を市町村および都道府県が負担（以下「地方負担」）している。

　地方負担の4分の1は，原則的に市および福祉事務所を設置している町村分は当該町村が，福祉事務所を設置していない町村分は都道府県が負担している。

　また，地方負担分については，地方交付税により財源保障することとなっているが，実際には，大都市を中心に一般財源から補てんされており，生活保護費が地方の財政を圧迫しているとの意見もある。

(2) 国家予算と生活保護費

　国および地方公共団体の歳入（収入），歳出（支出）は，全て予算に編入する原則（総計予算主義）がとられており，生活保護費も例外ではなく，毎年，国および地方公共団体が策定する予算から支弁されている。

一般財源
　国および地方自治体の財源のうち，使途が特定されておらず，国および地方自治体の裁量によって使用できる地方税や地方交付税などの財源。一方，使途が特定されているものを「特定財源」という。

一般的に，行政活動はその予算の範囲において行われるが，生活保護費をはじめとした社会保障関連費は，予算が枯渇したからといって支出を止めるわけにはいかないため，行政府は予算が不足する場合は補正予算を編成するなどして対応しなければならない。このように支出が義務的で，行政府の都合によって削減できない予算を「義務的経費」という。義務的経費の予算に占める割合が増大すれば，行政の新たな需要に対応する経費（裁量的経費）が縮小し，財政の硬直化を招くことになりかねない。

　近年，不況やそれに伴う雇用情勢の悪化などを背景に，生活保護費が上昇傾向にあり，国および地方公共団体の財政硬直化の要因となっているとの議論もある（図表3－6）。

注
1) 日本弁護士連合会生活保護問題緊急対策委員会『生活保護法的支援ハンドブック』民事法研究会，2008年，p.23
2) 社会保障制度改革国民会議『社会保障制度改革国民会議報告書～確かな社会保障を将来世代に伝えるための道筋～』2013年
   http://www.kantei.go.jp/jp/singi/kokuminkaigi/pdf/houkokusyo.pdf　2014年3月20日閲覧
3) 『生活保護手帳別冊問答集』中央法規，2010年，p.122

プロムナード

　保護費の増大による財政硬直化，有名芸能人親族の保護受給，相次ぐ不正受給の報道などにより，「生活保護事務が適正に実施されていない」，あるいは「生活保護の支給額が高すぎる」といった世論が形成されつつあります。
　時として世論は事実を反映していない場合もあり，社会福祉を学ぶものは，生活保護制度の理念や「あるべき姿」を客観的な事実に基づき正しく理解しなければなりません。
　このような社会，政治情勢の中，改正生活保護法が2014年7月（一部が2014年1月）に施行されました。
　主な改正内容は，以下の通りです。
　①生活保護から脱却することを推進するため，保護受給中の就労収入から一定額を収入認定から除外し，保護廃止時に一括支給する「給付金」の創設
　②被保護者の健康管理，家計管理を支援する取り組みを強化するため，健康診査結果等を入手できるようにすることや家計簿を作成することを求めることなどを可能にする
　③福祉事務所の調査権限の拡大，不正受給の罰則引き上げ，不正受給に係る徴収金と保護費の相殺，扶養義務者に対する報告書を徴収など，不正・不適正受給対策の強化
　生活保護制度は，最後のセーフティネットとして，国民の最低生活を保障するものでなければなりません。もちろん生活保護制度も，時代の変遷にともなって，時々の社会的要請に応じて変化していく必要はありますし，財政状況，あるいはそれにともなう国民感情に無縁ではありません。しかしながら，制度の趣旨や理念から逸脱することはあってはならないことです。

学びを深めるために

小山進次郎『生活保護法の解釈と運用（復刻版）』中央社会福祉協議会，1976年

　　生活保護法の起草者のひとりである小山進次郎（厚生省社会局保護課長：当時）が著したもので，生活保護の実務者，研究者であれば一度は目にしたであろう名著である。構成は制度の歴史，逐条解説であるが，そこには，生活保護制度の理念を伝えようとする小山の息づかいさえも感じるものである。

　　たとえば，「申請保護の原則」では，「（この原則が）実施機関をいささかでも受動的消極的な立場に置くものではない」とするなど，まさに生活保護制度に向き合う基本的な姿勢を示し，初版から65年ほど経過した現在でも改めて読み返す価値は十分にある。

生活保護の目的は，「最低生活の保障」と「自立助長」であるが，「現在，わが国における健康で文化的な最低限度の生活とはどのようなものか」，「"自立"は就労し，生活保護から脱するだけを指すのか，高齢，障害等のため就労自立が困難な場合の"自立"とは何か」を考えてみよう。

福祉の仕事に関する案内書

鉄道弘済会社会福祉部編『脱・格差社会をめざす福祉』明石書店，2009年

第4章

最低生活保障水準と生活保護基準

第4章　最低生活保障水準と生活保護基準

1　最低生活保障水準の考え方

（1）最低生活の保障

　国が国民に対して保障する最低生活水準のことを「ナショナル・ミニマム（national minimum：国民最低限）」というが、これは絶対的な水準ではなく、国家の発展段階や社会的状況によって規定されるものである。

　日本国憲法は、国民の基本的人権のひとつとして生存権を保障している。日本国憲法第25条に「すべて国民は、健康で文化的な最低限度の生活を営む権利を有する」と規定され、また、その第2項において「国は、すべての生活部面について、社会福祉、社会保障及び公衆衛生の向上及び増進に努めなければならない」と国の義務を定めている。

　その「健康で文化的な最低限度の生活」とは、どのようなものかは明確に規定されていない。そのため、生活保護基準がナショナル・ミニマムを規定する具体的な金額を定めたものとして実質的に活用されている。つまり、生活保護基準が、国全体の最低限度の生活の基準となっており、その基準を下回ることが日本における絶対的貧困として捉えられている。

　生活保護法（以下「法」という）は、この憲法によって保障される生存権を実現するための制度のひとつとして制定された。法第1条の目的に、「憲法第25条に規定する理念に基き」「最低限度の生活を保障する」と書かれている。そして、その最低限度の生活は、法第3条に「健康で文化的な生活水準を維持することができるものでなければならない」とされている。また、法第8条により、その基準を厚生労働大臣が定めることとされている。

　生活保護基準は、その支給の程度を決める基準であるとともに、生活保護が必要かどうかを判定する基準ともなっている。

（2）最低生活水準の捉え方（絶対的水準論と相対的水準論）

　近年、世界的に社会経済状況が低迷する中、「貧困」という言葉がよく聞かれるようになった。また、日本では、「ワーキング・プア」とよばれる働く貧困層が話題になった。

　「貧困」については本書の第1章で説明されているが、その考え方については、貧困観や貧困線などの概念により変わってくる。貧困をどのように捉えるかによって、国が保障すべき最低生活水準の設定の考え方が変わってくるといえる。

　貧困の定義及び最低生活水準については、歴史的に、その水準を絶対的に捉える考え方（絶対的水準論）と相対的に捉える考え方（相対的水準論）がある。

　チャールズ・ブース（Booth, C.）は、市民の貧困調査を行い、貧困者を生活水準の程度と雇用の性格によって8階級に区分し、下から4つめに「貧困線」

最低生活の保障

　国の社会保障などの公共政策によって、すべての国民に無差別平等に最低限度の生活が保障されることである。これはイギリスのウェッブ夫妻によって提唱された。具体的な福祉政策概念として明確に使用されたのは、1942年のベヴァリッジ報告による社会福祉計画においてである。わが国の場合、憲法第25条の理念に基づく。生活保護法には「国家責任による最低生活保障の原理」（法第1条）、「保護請求権無差別平等の原理」（法第2条）、「健康で文化的な最低生活保障の原理」（法第3条）が明記され、国の守るべき事柄が定められている。

ブース、C.（英 Booth, Charles; 1840-1916）

　「科学的貧困調査の創始者」とよばれる。穀物商の子として生まれ、後に船会社の社長となる。貧困問題に対して早くから関心をもち、40歳以降には私財をなげうってロンドン貧困調査を実施し、社会階層論的手法を用いて分析を行い、貧困原因の社会性を導きだした。さらにその結果を1903年に『ロンドン市民の生活と労働』（Life and Labour of the People in London）［全17巻］にまとめて出版するとともに、無拠出老齢年金制を提案するなど、社会政策・社会福祉の重要性を説き、20世紀初めのイギリスの救貧行政に多大な影響を与えた。

を設定した。また，ラウントリー（Rowntree, B. S.）は，貧困線をより明確にするために，第1次貧困と第2次貧困という2つの貧困線を理論的に設定し，栄養学の観点から，人が肉体的能率を保持するのに必要な消費水準を設定した。最低生活水準を絶対的，固定的に捉える考え方である。

一方，タウンゼント（Townsend, P. B.）は，そのような生存ぎりぎりの水準ではなく，社会的・文化的な要素を加味した相対的な水準を用いて，今日の貧困を測定すべきであると主張した。これが相対的水準論である。

現在では，後者の相対的水準論の立場が広く容認されており，前者に立つ人は少数となっている。

このことは，わが国においては，1962（昭和37）年8月社会保障制度審議会の「社会保障制度の総合調整に関する基本方策についての答申および社会保障制度の推進に関する勧告」の中で，「最低生活水準は一般国民の生活向上に比例して向上するようにしなければならない」と明らかにされている。また，1983（昭和58）年12月中央社会福祉審議会の意見具申においても，「生活保護において保障すべき最低生活の水準は，一般国民生活における消費水準との比較における相対的なものとして設定すべきもの」であると述べられている。

2 生活保護基準設定の推移

(1) 生活保護基準の設定方式の推移

生活扶助基準の設定方式は，時代の変化の中で変更されてきた。その年次推移は，巻末資料の7に示しているとおりである。順を追って説明すると，次のようになる。

1) 標準生計費方式：1946（昭和21）年〜1947（昭和22）年

当時の経済安定本部が定めた世帯人員別の標準生計費を基に算出し，生活扶助基準とする方式。

2) マーケット・バスケット方式：1948（昭和23）年〜1960（昭和35）年

最低生活を営むために必要な食料品，衣類，日用品といった品目を一つひとつ積み上げて算定し，生活扶助基準とする方式。目に見えてわかりやすい長所がある一方で，主観的要素が入りやすい欠点があった。

3) エンゲル方式：1961（昭和36）年〜1964（昭和39）年

栄養審議会の答申に基づく栄養所要量を満たし得る食品を理論的に積み上げて計算し，別に低所得世帯の実態調査から，この飲食物費を支出している世帯のエンゲル係数の理論値を求め，これから逆算して総生活費を算出する方式。

当時は，国民所得倍増計画が推進されるなかで一般国民の生活水準も急速に向上しつつあり，この方式では実情に合わなくなった。

ラウントリー, B. S.（英 Rowntree, Benjamin Seebohm; 1871-1954)
ブース（Booth, C.）の影響をうけ，ヨーク貧困調査を実施した。第1次貧困，第2次貧困という2つの「貧困線」（単なる肉体的能率を維持できる消費水準）を理論的に設定し，これを判断基準として対象世帯を分類するという手法で分析を行い，貧困の実態とその原因を明らかにし，貧困の原因が社会的なものであることを示した。ブースとども20世紀初めのイギリスの救貧行政，さらには福祉国家の形成に多大な影響を与えた。なお，貧困線という発想は最低生活費算定方式の基礎となり，マーケット・バスケット方式（ラウントリー方式）確立へとつながった。

貧困線（poverty line）
貧困状態を客観的に測定するための基準のこと。イギリスのラウントリー（Rowntree, B.S.）は，「生理的能率の維持」に要する衣食住費，光熱費等を合算したものを貧困線として設定し，その水準を下回る状態を貧困と規定した。貧困線の考え方は，最低生活費の算定方式の原型である。わが国で生活保護制度の生活扶助基準の算定方式で1948〜1960年度まで採用されたマーケット・バスケット方式は，この考え方を継承したもので，ラウントリー方式ともよばれる。

4）格差縮小方式：1965（昭和40）年～1983（昭和58）年

一般国民の消費水準の伸び率以上に生活扶助基準を引き上げ，結果的に一般国民と被保護世帯との消費水準の格差を縮小させようとする方式。

具体的には，予算編成時に公表される政府経済見通しにおける当該年度の国民消費水準の伸びを基礎とし，これに格差縮小分を加味して改定率を決定するものである。

5）水準均衡方式：1984（昭和59）年～現在

1983年12月中央社会福祉審議会の意見具申の中で，当時の生活扶助基準が，一般国民の消費実態との均衡上ほぼ妥当であるとの評価をふまえ，当該年度に想定される一般国民の消費動向をふまえると同時に，前年度までの一般国民の消費実態との調整を図るという方式。

(2) 近年の生活保護基準の検証の経過

生活保護制度は，日本国憲法第25条に規定する生存権を保障するための制度の一つであり，「健康で文化的な最低限度の生活」を生活保護基準として規定している。生活保護法の目的は，法第1条にあるように「最低限度の生活を保障」し，「その自立を助長する」ことである。

少子高齢化が進み，経済雇用状況が低迷するなど，社会経済状況が変化する中，社会保障制度や社会福祉制度全体の改革が求められている。生活保護制度においても，新生活保護法が施行された1950年代から60年以上が経過し，その基準のみでなく，制度・運用の在り方と自立支援の在り方について，見直しの必要性が指摘されてきた。具体的には，2000（平成12）年の「社会福祉基礎構造改革法案」に対する国会附帯決議，2003（平成15）年の社会保障審議会，財政制度等審議会建議等の指摘がある。

そのような中，2003年7月に社会保障審議会福祉部会に「生活保護制度の在り方に関する専門委員会」が設置された。この専門委員会は，2003年12月に中間とりまとめ，2004（平成16）年12月に報告書を発表している。その報告書の中で，生活保護基準の評価・検証等について，「今後，生活保護基準と一般低所得世帯の消費実態との均衡が適切に図られているか否かを定期的に見極めるため，全国消費実態調査等を基に5年に一度の頻度で検証を行う必要がある」とした。

また，この他に，多人数世帯基準の是正や老齢加算，母子加算の見直し，高等学校等就学費の支給検討等が提言された。

2001（平成13）年から国が進めてきたいわゆる「三位一体の改革」の一環として，2003年11月に厚生労働省は，生活保護費国庫負担率を現行の4分の3から3分の2に引き下げることを提案した。これは，生活保護率の地域間格差是正を地方負担増により進めようとしたものであるが，地方自治体は単なる責

社会保障制度審議会

内閣総理大臣の所轄に属し，社会保障制度につき調査，審議および勧告を行う審議会のこと。同審議会は，「生活保護制度の改善強化に関する勧告」（1949），「社会保障制度に関する勧告」（1950），「社会保障制度の総合調整に関する基本方策についての答申および社会保障制度の推進に関する勧告」（1962）等，社会保障制度の充実・改善に向けた勧告を行った。1995（平成7）年，同審議会は，「社会保障体制の再構築（勧告）」において，国家責任を重視した社会保障から，国民相互の「社会連帯」を基礎とした転換を打ち出した。2001年1月に廃止された。なお，その役割は，社会保障審議会に引き継がれることとなったが，今後の社会保障政策と負担の在り方などを検討する会議として2008年1月29日に「社会保障国民会議」の初会合が開かれた。

生存権

人間が人間として生きていくもっとも基本的な権利で基本的人権のひとつをいう。生存権保障の思想は第2次世界大戦後全世界に普及するようになり，日本国憲法第25条にも規定された。「すべて国民は，健康で文化的な最低限度の生活を営む権利を有する」（憲法第25条第1項），「国は，すべての生活部面について，社会福祉，社会保障及び公衆衛生の向上及び増進に努めなければならない」（同条第2項）。これらは人間が人間らしく生きることを保障される権利であり，国家責任の原則を明確化している。「生存権」の内容を巡って裁判が行われる例も多く，「朝日訴訟」「堀木訴訟」「秋田加藤訴訟」などがある。

任転嫁であると強く反対した。この協議は3年度にわたって行われ、2005（平成17）年には国と地方の協議の場である「生活保護費及び児童扶養手当に関する関係者協議会」が9回開催された。その結果、2006（平成18）年1月に国は生活保護費国庫負担率引き下げを撤回することとなるが、生活保護の適正化方策について速やかに実施することとされた。

その後、2006年7月に閣議決定された「経済財政運営と構造改革に関する基本方針2006」においては、「生活保護基準について、低所得世帯の消費実態等を踏まえた見直し」及び「級地の見直し」を行うこととされた。

これらをふまえ、生活扶助基準の見直しについて専門的な分析・検討を行うため、学識経験者等による「生活扶助基準に関する検討会」が厚生労働省社会援護局長の下に2007（平成19）年10月から11月にかけて5回開催された。同年11月に報告書が発表され、その後2008年度からの生活扶助基準引き下げが検討されたが、最終的には見送りとなった。

この後、2011（平成23）年4月に社会保障審議会に常設部会として生活保護基準部会が設置され、国民の消費動向、特に低所得世帯の生活実態を勘案しながら検証を実施している。この部会は、2013（平成25）年1月に報告書を発表し、その中で、特別控除と期末一時扶助の見直しについて提言している。この部会は、その後も定期的に開催されている。

（3）生活保護基準の課題

生活保護基準は、よく老齢基礎年金の満額や最低賃金と比較される。しかし、生活保護と年金は、それぞれの役割や仕組みが異なり、簡単に比較することはできない。また、最低賃金は、2008（平成20）年最低賃金法改正により、「労働者が健康で文化的な最低限度の生活を営むことができるよう、生活保護に係る施策との整合性に配慮するものとする」（第9条第3項）と規定され、最低賃金が生活保護水準を下回らないような調整が求められている。

生活保護基準を引き下げることは、保護受給者の扶助費を減らすだけでなく、国の保障する最低生活基準（ナショナル・ミニマム）を引き下げることとなる。日本の多くの低所得者サービス（就学援助、保育料、公営住宅家賃等）が、生活保護基準を減免基準としており、生活保護基準の引き下げは、生活保護を受給していない人にも大きな影響がある。

少子高齢化が進み、社会経済状況が不安定な中、生活保護受給者が増加しており、国や地方の財政を圧迫していると言われている。また、賃金の低迷や物価の上昇の中で、国民の生活保護受給者に対する関心が高くなっている。

日本では、正確な割合（捕捉率や貧困率）は把握できていないが、生活保護基準以下の生活をしていて生活保護をうけていない人が少なくないといわれている。生活保護基準以下の生活をしている人がたくさんいるから、生活保護基準

生活保護制度の在り方に関する専門委員会

社会福祉基礎構造改革の最後の課題とされた生活保護制度の見直しのため、2003年8月に社会保障審議会福祉部会に設置された専門委員会のこと。同委員会で検討された主な論点は、① 生活保護基準の妥当性の検証・評価、② 自立支援等、生活保護の制度・運用のあり方についてであり、①については、多人数世帯の保護基準の見直し（減額）、単身世帯基準の設定、老齢加算・母子加算の廃止などが、②では自立支援プログラムの導入、高校進学の教育支援などが、2004年12月に最終報告された。この報告内容を踏襲し、2005年度より生活保護制度の改正が進められた。

三位一体の改革

三位一体とはキリスト教の用語で、その意味は、父なる神（創造主）と子なる神（贖罪者）と聖霊（「神の霊」又は復活したキリストの霊）とが本質的に一体（同じ）であるとする。この「三位一体」という言葉が使われ始めたのは2002年6月の「経済財政諮問会議」において、国庫補助負担金の削減、地方交付税の見直し、国から地方への税源の移譲に関する事柄について、国と地方の税財改革のあり方を三位一体として取り組むことを指示されてからである。三位一体の改革の目的は国が地方に対して権限委譲だけでなく、財源移譲を行うことにより地方分権化を推進することである。社会福祉に関しては、厚生労働省は生活保護費を補助金の削減対象としていたが、地方側の反発を考慮して、2006年度予算においては削減しないことに決定した。しかし、児童手当や児童扶養手当、そして施設整備費等は削減する。

を下げるべきだという人もいる。

　このような背景の中，生活保護基準の設定については，生活保護受給者だけでなく，国民全体の最低生活保障の問題として慎重に行うべきである。あわせて，生活保護制度の見直しは，基準だけでなく，その運用や自立支援と一体的に検討すべきと考えられる。

3　生活保護基準の考え方

(1) 生活保護基準

　保護基準は，法第8条の規定により，「要保護者の年齢別，世帯構成別，所在地域別」に厚生労働大臣が定めることとなっている。また，保護は，その者の収入等では最低生活基準を満たすことができない場合に，その不足分を支給するものとされている。

　保護基準には2つの性格があり，それは，保護の要否を決めるための尺度と保護費の支給の程度（金額）を決めるための尺度である。

　基準の中には，保護の要否判定を行う際に使用する基準と，要否判定に使用しない支給基準のみのものがある。

(2) 基準生活費（生活扶助）

　保護の基準額は，生活様式や物価の違いなどによる生活水準の違いに対応して全国の市町村を6区分の級地（1級地-1・1級地-2，2級地-1・2級地-2，3級地-1・3級地-2）に分類して基準額を設定している。生活扶助の基準生活費は，年齢別に定められる個人単位の費用である第1類費と，世帯人数別に定められる世帯単位の費用である第2類費を算定し，さらに特別の需要のある者には各種加算を行うこととなっている。

　基準生活費とは，居宅生活者の基準のことであり，保護施設入所者，入院患者，他法施設入所者，介護施設入所者については，これに代わる生活費の基準が定められている。

1) 第1類費（個人的経費）

　第1類費は，飲食物費や被服費など個人を単位に消費する生活費について定められた基準である。この基準は，年齢別に定められている。

　第1類費は，世帯人数分を足し上げて算定されるため，多人数になるほど割高になるとの指摘があり（2004年12月15日社会保障審議会福祉部会・生活保護制度の在り方に関する専門委員会報告書，以下「専門委員会報告」という），2005年4月より第1類費の合計に「逓減率」を乗じることとなった。当初は世帯人員4人以上が減額となっていたが，2013年8月より2人以上が減額となっている（巻末資料5参照）。

2）第2類費（世帯共通的経費）

第2類費は，世帯全体としてまとめて支出される経費で，たとえば，電気，ガス，水道代などの光熱水費や家具什器の購入費用にあたる。この基準は，世帯人員（数）別に定められている。

なお冬季においては，地域の寒冷の度合い等によって暖房費などの必要額が異なってくるので，都道府県を単位として地域別に6区分，世帯人員別に冬季加算額が定められ11～3月の基準に加算される。

3）加算（特別な需要を補填する費用）

各種加算は，第1類費と第2類費による基準生活費では考慮されていない，障害，母子等の個別的な特殊事情を補填することを目的として設定されている。

加算制度は，加算対象者により高い生活水準を保障しようとするものではなく，加算によって初めて加算のない者と実質的な同水準の生活が保障されると考えられる。

具体的には，妊産婦加算，障害者加算，介護施設入所者加算，在宅患者加算，放射線障害者加算，児童養育加算，介護保険料加算，母子加算があり，それぞれにその要件が定められている。

4）期末一時扶助

年末年始における需要に対応するため，世帯人員ごとに定められた期末一時扶助が12月に支給される。

5）その他の扶助基準額

最低生活費は，生活，教育，住宅，医療，介護，出産，生業，葬祭の8つの扶助についてその算定方法が保護の基準で定められている。個々の世帯の最低生活費は，この8つの扶助にかかる最低生活費を合算したものである。

教育扶助は，小・中学校の義務教育をうけるために必要な学用品費・通学用品費が基準額として定められている。また，教材代，通学交通費，校外活動参加費は必要な実費が支給される。2009（平成21）年7月に，学習参考書の購入費及びクラブ活動費用として，学習支援費が創設された。

住宅扶助は，家賃，地代の実費を支給。地域別に，支給上限額が定められている。

医療扶助は，医療サービスをうけるための費用，介護扶助は，介護サービスをうけるための費用を支給する。原則として，現物給付となっており，そのサービスの費用は，直接，実施機関より，指定医療機関または指定介護機関へ支払われる。

出産扶助は，出産に要する費用を支給。施設分娩と居宅分娩の基準が定められている。

生業扶助は，就労に必要な技能修得費用，高等学校等就学費及び就職支度費を基準の範囲内で支給する。高等学校の費用は生活保護費では支給されていな

加　算

生活保護制度には，特別な需要のある者に対し，それに応ずるために生活扶助に各種加算が設けられている。これらには妊産婦・母子・障害者・介護施設入所者・在宅患者・放射線障害者・児童養育・介護保険料の8種類の加算がある。なお近年の社会保障改革の影響により，従来70歳以上の被保護者に支給されていた老齢加算が2004年度から段階的に廃止された。また，2005年度から母子加算が段階的に廃止されたが，政権交代後の2009年12月より復活した。

かったが，学資保険の保有に関する最高裁判所判決，専門員会報告をうけて，2005年4月高等学校等就学費が創設された。

葬祭扶助は，葬祭に要する費用を基準の範囲内で支給する。

6）一時扶助

最低生活費には，経常的一般生活費と臨時的一般生活費がある。保護を受給する者が通常必要とする費用は，経常的一般生活費（基準生活費，加算等）の中に含まれており，臨時的な経費についても，本来，家計の中で計画的に賄うことによって対応すべきである。しかし，保護開始時や出産，入学，入退院等に際して必要不可欠の物資の持ち合わせがない場合など，緊急やむを得ない場合に限り，臨時的一般生活費として支給が認められるのが一時扶助である。

その内容は，被服費（布団，平常服・学童服，新生児被服，寝巻，おむつ），家具什器費，移送費，入学準備金，就職活動促進費，その他（配電設備費，水道設備費，液化石油ガス設備費，家財保管料，家財処分料，妊婦定期健診料，不動産鑑定費用等）がある。

一時扶助のほとんどは，保護の要否判定には使用せず，支給基準としてのみ定められたものである。

7）収入の認定

法第4条（保護の補足性の原理）により，資産や収入は，その最低限度の生活の維持のために活用することを要件として保護が行われるとされている。また，法第8条（基準及び程度の原則）により，最低生活基準をその者の金銭又は物品で満たすことのできない不足分を補う程度に行うとされている。よって，保護の要否判定及び程度の決定（扶助費の算定）のために，最低生活費と対比する，活用すべき要保護者の資産や収入の認定が必要になる。最低生活費と収入の対比により，保護の要否が判断され，最低生活費から収入を差し引いたものが扶助費支給額となる。

この収入は，現物によるものであると金銭によるものであるとを問わず，また，就労による収入のみならず，年金，手当，援助などの就労によらない収入も，その種類を問わず世帯の収入となる。

しかし，例外的な取扱いとして，収入であるが，収入認定しないこととしているものが定められている（収入認定除外）。それらは，社会通念上の観点から認定されることが適当でないとされるものや，自立更生のために使われるものとして最低生活維持のために活用することを求めないこととされているものがある。具体的には，冠婚葬祭の場合の祝金や香料，高校生のアルバイト収入のうち就学に充てられる最低限の費用などがあげられている。

8）控　　除

生活扶助基準は，非稼働世帯を前提として定められており，稼働収入のある世帯に対しては，稼働に伴って増加する生活需要を補填し，勤労意欲を喚起し

自立を助長する観点から一定額を収入から控除する勤労控除がある。

　勤労控除には，基礎控除，新規就労控除，未成年者控除，実費控除がある（夏冬などの臨時的職業経費に対応する特別控除は，2013年8月に廃止された）。

　基礎控除は，被服や職場交際費などの経常的職業経費であり，控除額が就労収入額に比例して増加し，勤労意欲の喚起を図るものである。同一世帯に複数の就労者がいる場合は，就労者間共通経費相当分を調整するため，2人目以降は減額となっている。新規就労控除は，中学校等を卒業した者が継続性のある職業に従事し，収入を得るために特別の経費を必要とする場合に適用する。未成年者控除は，20歳未満の者に，将来自分の力で社会に適応した生活を営むことができるように，あわせて勤労意欲を助長するために適用する。実費控除は，通勤交通費，社会保険料等就労に伴う実費を控除することができる。その他，事前承認を受けた自立更生のための公的な借入金の償還金など，世帯の自立を助長するという観点から特別に控除が認められているものがある。

　非稼働収入に対しても，その内容によって，実費控除，その他必要経費の控除を行うことがある。

　収入と最低生活費との対比は，認定すべき収入から上記の控除を行った後に行う。

　なお，保護の要否を判定する場合（保護開始時と廃止時）と保護の程度を決定する場合とでは，収入の認定方法，控除の適用方法に若干の相違がある。

4　生活保護基準の実際

(1) 最低生活基準の算定方法

　最低生活に必要な費用は，個々の世帯の状況によって算定すべきものであり，保護の実施要領等により詳細に規定されている。

　生活扶助基準の改定の基軸となるモデル世帯として，現在では標準3人世帯（33歳男，29歳女，4歳子）が使用されている。

　図表4－1は，最低生活基準の具体的事例である。

(2) 保護の要否判定

　保護をうけることができるかどうかは，算定された最低生活費と収入を対比して判断する。その際には，法第10条（世帯単位の原則）により，原則として同居している世帯全体を単位として最低生活費や収入を算定する。

　収入が最低生活費より少ない場合には，保護要（保護が受けられる状態）であり，その不足分を補う形で保護が行われる。収入が最低生活費より多い場合は保護否（保護がうけられない状態）となる。

　保護の要否判定の方法は，保護開始時，保護廃止時とそれぞれ詳細に規定さ

図表 4 − 1　最低生活基準の具体的事例（2014＝平成 26 年度 1 級地 − 1）

左：2013 年 8 月 1 日基準，　右：2014 年 4 月 1 日基準

1. 標準 3 人世帯（夫婦子 1 人）【33 歳，29 歳，4 歳】

生活扶助	156,810	155,840
児童養育加算	10,000	10,000
住宅扶助	13,000	13,000
合計	179,810	178,840

2. 高齢者単身世帯【68 歳】

生活扶助	80,140	81,760
住宅扶助	13,000	13,000
合計	93,140	94,760

3. 夫婦子 2 人世帯【35 歳，30 歳，9 歳，4 歳】

生活扶助	184,990	183,840
児童養育加算	20,000	20,000
教育扶助	4,710	4,840
住宅扶助	13,000	13,000
合計	222,700	221,680

4. 高齢者夫婦世帯【65 歳，65 歳】

生活扶助	120,440	122,380
住宅扶助	13,000	13,000
合計	133,440	135,380

5. 母子 2 人世帯【30 歳，4 歳】

生活扶助	113,970	114,810
児童養育加算	10,000	10,000
母子加算	22,890	23,170
住宅扶助	13,000	13,000
合計	159,860	160,980

6. 障害者を含む 2 人世帯【65 歳，25 歳（重度障害者）】

生活扶助	123,060	123,480
障害者加算	26,420	26,750
重度障害者加算	14,280	14,180
重度障害者家族介護料	11,980	11,900
住宅扶助	13,000	13,000
合計	188,740	189,310

（注）　1　冬季加算（Ⅵ区× 5/12）を含む。
　　　2　教育扶助は，基準額と学習支援費のみで，給食費は含んでいない。
　　　3　住宅扶助は，住宅費が上記の額を超える場合，地域別に定められた上限額の範囲内でその実費が支給される。東京都区部の場合，単身世帯 53,700 円，複数世帯では 69,800 円が上限となる。

参考）生活保護制度研究会編『保護のてびき　平成 25 年度版』第一法規
　　　厚生労働省社会・援護局保護課編「生活保護関係全国係長会議資料」2014 年 3 月 3・4 日

れている。基本的に，最低生活費の算定は，「生活扶助費＋住宅扶助費＋教育扶助費＋医療扶助費＋介護扶助費」となり，収入認定額の算定は，「月額の収入−控除」となる。就労収入の場合，原則として前 3 か月程度における平均月額収入となり，年金・恩給・手当等の場合，受給額を月額に換算した金額が月額収入となる。

(3) 程度（扶助額）の決定

扶助額は，「最低生活費－収入認定額」となる。

最低生活の算定は個々の世帯の状況により異なるが，医療扶助と介護扶助が現物給付となるので，基本的に「生活扶助費＋住宅扶助費＋教育扶助費（小中学校に通う子がいる場合）」となる。また，高等学校等就学費やおむつ代等世帯の状況により一時扶助費が支給される。生活保護費は，継続受給者の場合，原則として月の初旬に当該月分が支給され，最低生活基準または収入の変更があった場合，その都度精算される。

(4) 2013年度（2013年8月〜）及び2014年度の生活保護基準について

生活保護基準の改定は，例年4月に行われるが，2013年度は8月に改定が行われた。

この改定は，2013年1月にとりまとめられた社会保障審議会生活保護基準部会における検証結果と物価の動向を勘案するという考え方に基づき行われている。2009年から基準が据え置きとされており，今回の改訂により多くの世帯が減額になるため，激変緩和の観点から見直し後の基準生活費（第1類と第2類（冬季加算を除く）の合算額が2012（平成24）年度の基準生活費の10％を超えて減額とならないように調整され，2013年度から3年程度かけて段階的に実施するとされている。そのため，基準生活費の計算方法が，通常と異なって，臨時的に設定されている。この計算方式は，2013年度と2014年度のみの適用と思われるが，第1類の基準額と逓減率が①②の2つあり，計算の結果によって計算式も2種類使い分けるという，わかりにくいものとなっている。

具体的には，2012年度の第1類，第2類の基準額及び世帯の第1類合計額にかかる逓減率をそれぞれ「基準額①」「逓減率①」とし，見直し後の基準額及び逓減率をそれぞれ「基準額②」「逓減率②」とする。見直しによる改定を3年程度かけて段階的に実施するため，2013年度の基準額は，基準額①及び逓減率①を用いて算定した基準生活費①の3分の2と，基準生活費②と逓減率②を用いて算定した見直し後の基準生活費②の3分の1を合計した額とする。この際に，基準生活費②が基準生活費①の90％より少なくなる場合には，基準生活費②を基準生活費①×90％に置き換えて算定する。

その他，期末一時扶助は，今まで一人当たりの基準額を世帯人員数が増えると単純に人数分乗じていたが，世帯規模の経済性（スケールメリット）を導入した見直しが行われ，世帯人員数により基準が設定された。また，勤労控除の見直しも行われ，基礎控除の全額控除となる水準や控除額が改定された。特別控除については，実施機関により活用の程度にばらつきがあるとのことで2013年8月廃止された。

2014(平成26)年度の基準改定は，上記の見直しの2回目が行われると同時に，2014年4月からの消費税の引き上げの影響を含む国民の消費動向等，最近の社会経済情勢を総合的に勘案し，全ての世帯について＋2.9％の改定率が盛り込まれた。その結果，上記の「基準額①」「基準額②」が引き上げられることとなった。算定方法は，見直しの2回目として，基準額①及び逓減率①を用いて算定した基準生活費①の3分の1と，基準生活費②と逓減率②を用いて算定した見直し後の基準生活費②の3分の2を合計した額となる。この際に，基準生活費②が基準生活費①の90％より少なくなる場合には，基準生活費②を基準生活費①×90％に置き換えて算定するのは同様である。

　　生活扶助第1類・第2類の合算額の計算式(2014年4月現在)
　　　＝A×1/3＋B×2/3
　　A：各世帯員の第1類の基準額①の合算額×逓減率①＋第2類の基準額①
　　B：各世帯員の第1類の基準額②の合算額×逓減率②＋第2類の基準額②
　　※ただし，Bの額がAに0.9を乗じた額より少ない場合は，上記式の「B」を「A×0.9」に置き換える。
　　(A×0.9＞Bのとき，A×1/3＋A×0.9×2/3))
　　※10円未満の端数は10円に切り上げる。

参考文献
　生活保護制度研究会編『保護のてびき　平成25年度版』第一法規，2013年
　『生活保護手帳　2013年度版』中央法規，2013年
　『生活保護手帳　別冊問答集　2013年』中央法規，2013年
　成清美治・高間満・岡田誠編『イントロダクションシリーズ4　低所得者に対する支援と生活保護制度』学文社，2010年
　湯浅誠『反貧困―「すべり台社会」からの脱出』岩波書店，2008年
　社会保障審議会福祉部会「生活保護制度の在り方に関する専門委員会報告書」2004年
　社会保障審議会「生活保護基準部会報告書」2013年
　厚生労働省社会・援護局保護課編「生活保護関係全国係長会議資料」2014年3月3・4日

4. 生活保護基準の実際

プロムナード

　近年の社会背景の中，生活保護基準が高いのではないかという声が多く聞かれるようになりました。基準が高すぎると自立する意欲を失うという意見もあります。

　生活保護基準の見直しの中で，老齢加算（70歳以上）と母子加算は，3年間で段階的に減額され廃止されました。しかし，政権が交代し，母子加算は，2009年12月に復活しました。その後，再度，政権が交代し，2013年8月より生活扶助基準の減額の見直しが行われています。憲法に保障された最低限度の生活の基準は，慎重に議論されるべきです。

　生活保護制度は，最低生活の保障と合わせて，自立の助長（支援）を目的としており，自立の意欲を喚起するための支援が求められています。

　生活保護費は全額公費（税金）でまかなわれており，制度を適正に運用することは当然のことです。しかし，人間の生活に関わる制度であり，個々の生活の状況に対応できるように運用することは容易ではありません。

　生活保護は，最後のセーフティネットであり，必要な人が利用できる制度でなければなりません。誰もが困ったときに生活保護を利用する可能性がありますので，自分にも関係のあることとして考えてください。

学びを深めるために

湯浅誠『どんとこい，貧困！』イースト・プレス，2011年
　この本は，「よりみちパン！セ」という中高生向きに書かれたシリーズの一冊で，2009年に理論社から発行されたものの復刻版である。中高生向けに貧困について書かれているので，たいへんわかりやすく読みやすい。貧困とは何か？貧困なのは自己責任なのか？　貧困に「どんとこい！」と立ち向かえる社会を作るにはどうすればよいのか？　貧困問題を自己責任論で終わらせずに，社会の問題として考えることのできる一冊である。

　巻末資料を参考に，自分の家族の最低生活費を計算してみよう。
その最低生活保護基準の金額が，自分にとって高いか低いか考えてみよう。
あなたの考える「健康で文化的な最低限度の生活」はどのようなものですか。

福祉の仕事に関する案内書

大山典宏『生活保護vs子どもの貧困』PHP新書，2013年

第5章

生活保護の動向

第5章 生活保護の動向

1 被保護人員・被保護世帯数

(1) 最近の保護動向

　最近の生活保護の動向をみるにあたり，まず全体の大きな流れを把握しておくとよい。生活保護法は1950（昭和25）年に旧生活保護法が全文改正されて今日に至る。法制定後の1951（昭和26）年度は被保護人員数2,046,646人，被保護世帯数699,662世帯，保護率が24.2‰（2.42％）であった（図表5－1）。そしてその後20年程度かけて被保護人員数と保護率は減少していく。その時代，日本経済は高度経済成長期であり，神武景気からイザナギ景気の好況に支えられたことも関係するが，その一方で被保護世帯数はしだいに増加していく時代でもあった。被保護人員数が減少しつつも被保護世帯数が増加する理由としては，被保護世帯の平均人員数が1960（昭和35）年の3.00人から，1970（昭和45）年の2.11人へと減少していることがあげられる。そして保護率は大幅に減少して1970年度には13.0‰（1.30％）と制度発足時から約10‰（1％）下がった。

　1973（昭和48）年の第一次石油危機から第二次石油危機へと進むなか，1974（昭和49）年に経済成長率が戦後初めてマイナスとなり，日本経済は安定成長期に入る。そして1975（昭和50）年には，完全失業率（季節調整値であり，以下完全失業率と表記する）が2％を超える。この経済状況は，被保護人員数の増加にもつながる。その一方で保護率は12.1‰（1.21％）程度を維持するが，これは総人口の増加が影響している。

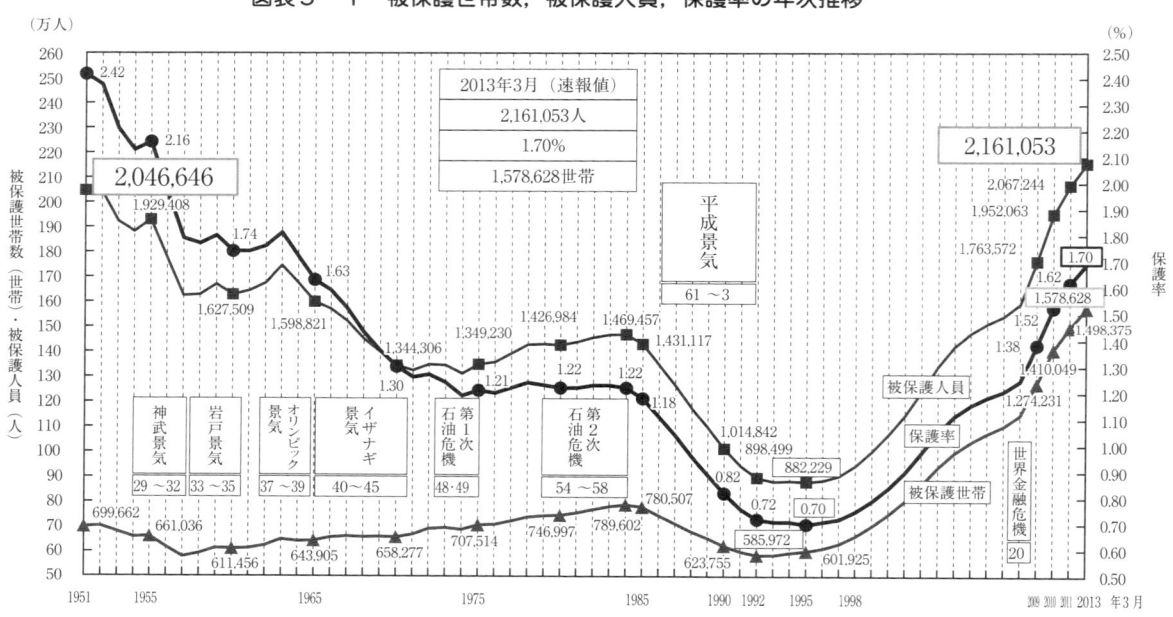

> **保護率**
> 人口1,000人にしめる生活保護受給者（被保護者）の割合のことで，千分比（‰ パーミル）で表す。保護率の近年の上昇からパーセント（％）を示されるようになった。保護率は一般に，景気変動や低所得層の状況などの経済的側面，少子高齢化や家族機能などの社会的側面，社会保障制度の動向，生活保護行政の運用状況などの制度的側面によって変動する。

図表5－1　被保護世帯数，被保護人員，保護率の年次推移

資料）被保護調査より厚生労働省保護課にて作成（平成24年3月以前の数値は福祉行政報告例）
出所）厚生労働省『厚生労働白書　平成25年版』ぎょうせい，2013年，p.266

1984（昭和59）年度以降，被保護人員数，被保護世帯数，保護率は急激に減少する。このとき，完全失業率は2％台後半を推移しているのだが，なぜであろうか。たとえば被保護世帯の平均人員数が1985（昭和60）年の1.83人から減少し，1993（平成5）年には1.50人に達したことも関係するであろう。また，平成景気も関係するであろうし，1986（昭和61）年の基礎年金制度の導入など，年金制度改正の影響や生活保護「適正化」政策の影響もあるだろう。

平成景気はいわゆる「バブル景気」である。行き過ぎた資産価格の高騰が1991（平成3）年には崩壊し，その後は不良債権処理や整理解雇が実施されていく。2％程度に下がっていた完全失業率も1994（平成6）年には3％まで上昇し，日本経済史上「失われた10年」に入る（図表5-2）。それに合わせて被保護世帯数は1992（平成4）年度に底を打ち，被保護人員数と保護率は1995（平成7）年度に底を打つ（図表5-1）。1995年度の被保護人員は約88万2千人，被保護世帯は約60万2千世帯，保護率は7.0‰（0.70％）であるがその後，急激に増加することになる。1998（平成10）年頃より，被保護世帯数の伸びと被保護人員数の伸びは近似しているが，被保護世帯の平均人員数が1.4人前後で保たれているからであろう。

2003（平成15）年に，完全失業率は5.5％を境にして，その後2008（平成20）年まで低下していく。被保護人員数，被保護世帯数，保護率の伸びは2003年以前に比べるとわずかだが緩やかになる。その一方で，2004（平成16）年10

> **生活保護「適正化」政策**
> 生活保護の不正受給や濫給を防止し，真に生活に困窮する者に対しては必要な保護を確保するという目的で，①申請相談から保護決定，②指導指示から保護の停廃止，③保護受給中の収入未申告等，④費用返還（徴収）や告発等における対応を適正に行うよう推進された政策を指す。

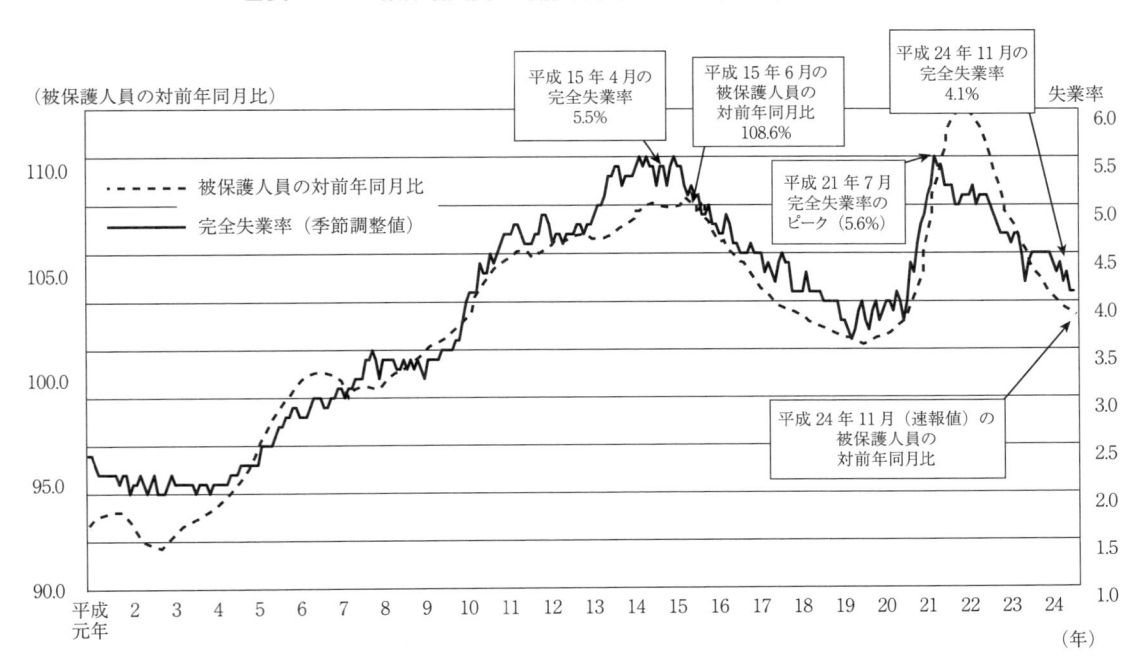

図表5-2　被保護人員の対前年同月比と完全失業率の月次推移

資料）被保護者調査〔平成24年4月以降は速報値（平成23年度以前は福祉行政報告例）〕，労働力調査（総務省）
出所）厚生労働省「社会・援護局関係主管課長会議資料」2013年

月には被保護世帯数が100万世帯を超えた。

　2008（平成20）年9月のリーマンショックを契機に起こった世界金融危機は，わが国で派遣労働者の「派遣切り」などの社会問題を発生させた。完全失業率もわずか数カ月で約4％から5％へと上昇し，それに合わせて被保護人員数，被保護世帯数，保護率も急増した。2008年10月の完全失業率は3.8％であったが，2009（平成21）年7月では5.6％となる。この増加と同様に，被保護人員数の対前年同月比も約103％から約109％へと増加する。このように，完全失業率と被保護人員数の推移は相関していることがわかる（図表5－2）。さらに2009年に厚生労働省社会・援護局保護課長通知「職や住まいを失った方々への支援の徹底について」（社援保発0318001号）が発出されたことにより，生活保護の実施がうながされたことも，被保護人員の増加に影響を与えているであろう。

　2011（平成23）年2月に被保護人員数が200万人を超え，2011年7月には過去最高であった1951年度の約204万人を更新し，同年10月に被保護世帯数が150万世帯を超えた。

　2013（平成25）年3月時点の速報値では，被保護人員数は2,161,053人，被保護世帯数は1,578,628世帯，保護率は17.0‰（1.70％）となっている。

（2）被保護人員数の動向

　法制定後20年程度かけて，被保護人員数は約204万人から約130万人まで減少したが，日本経済が低成長期に入り，1984年度には約146万人まで増加した。そこから11年かけて1995年度の約88万人まで減少したが，現在に至るまで一貫して増加を続けている。2009年度には約176万人と，1995年度からわずか14年で倍増し，さらに2011年度には法制定後で最多となる約206万人に達し，2013年3月の概数で約216万人になった。

　被保護人員を年齢階層別にみると，2011年度では70歳以上が28.1％，60～69歳が23％と，60歳以上で全体の半数を占め高齢者の割合が多いことがわかる。そして，他の年齢層の構成比をみると，0～19歳が15.1％，20～29歳が3.0％，30～39歳が6.7％，40～49歳が10.5％，50～59歳が13.6％となる。0～19歳の値が高いのは被保護世帯に児童が含まれているからであり，それ以上の年齢層は稼働が期待される年齢層であり，年齢層が低いほど割合も低くなる。

　この構成比は世界金融危機以前の2007（平成19）年と比較しても大きな違いはない。しかしながら，人員数でみると2008年以降に40～49歳で約8万人，0～19歳で約6万6千人と増加している。

　このように，被保護人員数は一貫して増加しているが，市部・郡部別にみると傾向が異なる（図表5－3）。市部は一貫して増加しているが，郡部は微増と

通知「職や住まいを失った方々への支援の徹底について」

2009年3月に厚生労働省社会・援護局保護課長より都道府県等へ出された通知。世界金融危機後の中で，生活が困窮する者を早期に発見し迅速に対応することを要請している。現在地保護の徹底，保護について適切な審査の実施，保護適用後の就労支援の実施，他法他施策の活用などを述べている。

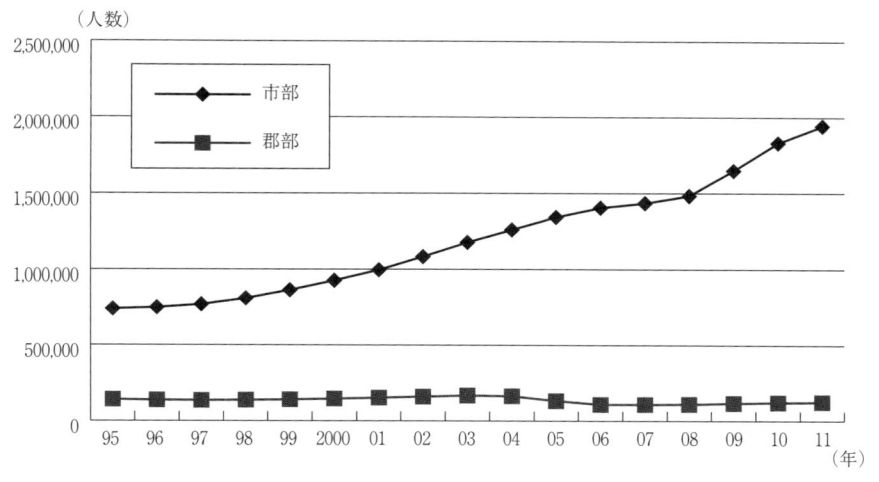

図表5-3　市部・郡部別被保護人員の年次推移

資料）福祉行政報告例
出所）厚生労働省「社会・援護局関係主管課長会議資料」2013年。一部筆者により改変。

微減を繰り返した横ばい状態である。1995年の被保護人員数は市部が約74万人，郡部が約14万人である。市部は増加を続けて2011年は約194万人と倍増以上となる。しかし郡部は同年度約12万人となる。この傾向は被保護世帯も同様で2009年度の地方自治体別の構成比をみると，政令指定都市が32.2％，中核市が14.9％，東京都23区が10.5％とこれらで半数を占めている。これらから都市への人口集中と都市における生活保護の果たす役割の大きさが見てとれる。

2011年度の被保護人員において利用している保護の種類別の割合をみると，もっとも多い順に生活扶助が90.5％，住宅扶助が84.3％，医療扶助が80.2％，介護扶助が12.0％，それ以外の扶助である教育扶助，出産扶助，生業扶助，葬祭扶助を合わせた10.6％となる。それぞれの種類別扶助人員の年次推移では，1989（平成元）年の人員を100とした場合，2011年度での指数は生活扶助は193.1，住宅扶助は220.7，医療扶助は220.1とほぼ倍増しているが，教育扶助は100.7と変わらない。介護扶助については，創設されたのが2000（平成12）年度であることから，その年度を100とすると，2011年度の介護扶助は371.2で3.7倍の著しい伸びがある。

（3）被保護世帯数の動向

被保護世帯は生活保護法第10条の世帯単位の原則に基づいて認定された世帯であるが，保護の目的を達するために世帯を分離して個人を単位として保護を行うことも可能であることから，擬制的に分離した世帯も含んでいる。

法制定後，被保護世帯数は1957（昭和32）年度までわずかに減少するが，それ以降は1984年度の約78万9千世帯まで増加を続ける。この間，被保護人員

数は減少していることから、被保護世帯数も減少していると思われるがそうではない。この頃の被保護世帯の平均世帯人員をみると、1960年で3.00人だが1975年で1.91人、1985年では1.83人まで減少しており、これが影響しているといえよう。なお被保護世帯の平均世帯人員は、1994（平成6）年に1.48人となってからは長く微減が続き、2011年は1.38人となっているが、同年の一般世帯の平均世帯人員は2.58人であることから、被保護世帯の単身化は顕著である。

被保護世帯数も被保護人員数の増加傾向と合わせて1992（平成4）年の底から上昇を続け、2013年3月の速報値で約157万世帯となった。

世帯類型別世帯数の状況については、「高齢者世帯」、「母子世帯」、「障害者世帯」、「傷病者世帯」、「その他の世帯」と分類されることから、その推移をみることが出来る。2002（平成14）年度と2013年3月の速報値を比較すると、稼働年齢層を含む「その他の世帯」数が72,403世帯から288,483世帯へと約4倍の増加となる（図表5-4）。ここには、派遣労働者の「派遣切り」問題とともに、世界金融危機が重なって稼働年齢層が就労困難になるという実態が反映されている。高齢者世帯の伸びが402,835世帯から704,442世帯へと約1.7倍の増加であることから、「その他の世帯」の伸びが目立つ。傷病・障害者世帯数は増加しているが、構成比をみると減少している。図表にはないが1995年度の傷病・障害者世帯の構成比は42.0％、高齢者世帯は42.3％、母子世帯は8.7％、その他の世帯は6.9％である。

2013年3月の構成比は、高齢者世帯は44.8％、母子世帯は7.1％である。国民生活基礎調査における、わが国の一般世帯の構成比をみると、2012（平成24）年推計で高齢者世帯は21.3％、母子世帯は1.5％、父子世帯は0.2％である。被保護世帯に占める高齢者世帯、母子世帯の割合が高いことがわかる。

次に、被保護世帯に占める単身世帯の増加がある。1995年度と2012（平成24）年11月の速報値を比較すると、被保護世帯に占める単身世帯の割合が

高齢者世帯
男女とも65歳以上（平成17年3月以前は、男65歳以上、女60歳以上）の者のみで構成されている世帯か、これらに18歳未満の者が加わった世帯。

母子世帯
死別、離別、生死不明及び未婚等により、現に配偶者がいない65歳未満（平成17年3月以前は、18歳以上60歳未満）の女子と18歳未満の子（養子を含む）のみで構成されている世帯。

障害者世帯
世帯主が障害者加算を受けているか、障害・知的障害等の心身上の障害のため働けない者である世帯。

傷病者世帯
世帯主が入院（介護老人保健施設入所を含む）しているか、在宅患者加算を受けている世帯、もしくは世帯主が傷病のため働けない者である世帯。

その他の世帯
高齢者世帯、母子世帯、障害者世帯、傷病者世帯以外の世帯。

図表5-4 世帯類型別生活保護受給世帯数の推移

◆平成14年度

	被保護世帯総数	高齢者世帯	母子世帯	傷病・障害者世帯	その他の世帯
世帯数	869,637	402,835	75,097	319,302	72,403
構成割合（％）	100	46.3	8.6	36.7	8.3

資料：平成14年度福祉行政報告例

◆平成25年3月（概数）

	被保護世帯総数	高齢者世帯	母子世帯	傷病・障害者世帯	その他の世帯
世帯数	1,571,894	704,442	111,776	467,193	288,483
構成割合（％）	100	44.8	7.1	29.7	18.4

資料：被保護者調査（平成25年3月概数）

約4倍増

出所）厚生労働省『厚生労働白書（平成25年版）』ぎょうせい、2013年、P266

図表5-5 世帯類型別被保護世帯数

		総　　数	高齢者世帯	母子世帯	傷病者・障害者世帯	その他の世帯
世帯数	1995（平成7）年度	600,980	254,292	52,373	252,688	41,627
	うち単身世帯	431,629	224,104	−	193,235	14,290
		(71.8%)	(88.1%)		(76.5%)	(34.3%)
	2012（平成24）年11月	1,560,752	680,236	115,424	477,124	287,968
	うち単身世帯	1,188,440	610,771	−	387,197	190,472
		(76.1%)	(89.8%)		(81.2%)	(66.1%)

資料）被保護者調査（2012年11月分は速報値，1995年度は福祉行政報告例）
　　　1）2005年度より，世帯類型の定義を一部変更。
　　　2）世帯数は保護停止中のものを含まない。
　　　3）括弧内は単身者世帯割合。
出所）厚生労働省社会・援護局関係主管課長会議資料，2013年より。一部筆者により改変。

71.8％から76.1％と増加している（図表5−5）。特に高齢者世帯における単身世帯の割合は，約9割を占めており，より多くの支援が必要であるとわかる。また，その他の世帯に占める単身世帯の割合は，1995年度は34.3％であったが，2012年11月には66.1％となっている。国民生活基礎調査における，わが国の一般世帯の構成比をみると2012年推計の単身世帯は25.2％，高齢者世帯に占める単身世帯は23.3％であり，被保護世帯の単身化傾向が著しい。

被保護世帯における単身世帯を年齢階級別でみると，2011年では65歳以上が51.2％と半数を超えており，次いで50〜59歳で17.1％，60〜64歳で16.9％，40〜49歳で9.2％，30〜39歳で4.3％となる。

次に，稼働状況別で被保護世帯をみると，1989年度は稼働世帯は19.8％，非稼働世帯は80.2％であるが，2011年度は稼働世帯は13.7％と減少し，非稼働世帯は86.3％と増加している。さらに世帯類型別で1995年度から2011年度にかけての変化をみると，高齢者世帯および傷病・障害者世帯における稼働世帯，非稼働世帯の割合はともに1ポイント程度の変化である。しかし母子世帯における稼働世帯は54.9％から42.8％へ減少し，逆に非稼働世帯は45.1％から57.2％への増加がみられる。同様に，その他の世帯における稼働世帯は46.6％から34.7％へ減少し，非稼働世帯は53.4％から65.3％への増加となる。

しかしながら，稼働世帯であっても就労環境は厳しいものがある。2011年における母子世帯における就労人員のうち，「正規の職員・従業員」は6.7％に過ぎず，「パート」53.9％，「アルバイト」12.7％，「派遣職員」1.3％，「契約社員・委託」2.1％，「その他」23.0％であり，非正規雇用が占める割合が高い。その他の世帯における就労人員においても，「正規の職員・従業員」は7.7％，「パート」36.5％，「アルバイト」16.5％，「派遣職員」2.1％，「契約社員・委託」2.3％，「その他」34.6％である。さらに，その他世帯の年齢をみると，20〜29歳で5.3％であり，50〜64歳で44.1％を占める。50歳以上でみると，53.5％と半数を超えている。このように，就労が期待される世帯であっても就労環境に制約が多く，非稼働世帯を含めて就労への課題が多い状況下にいることがわ

非正規雇用

労働力調査においては非正規の職員・従業員をパート，アルバイト，労働者派遣事業所の派遣社員，契約社員，嘱託，その他の6区分を含むものとして位置づけており，正規の職員・従業員と分けて把握している。非正規雇用は労働者全体の3分の1を超え，過去最高の水準となっている。

第5章 生活保護の動向

かる。もっとも法の目的である自立助長でいう自立とは「就労自立」だけを指しているのではなく、並列的に「日常生活自立」「社会生活自立」など多様な自立を想定していることはいうまでもない。さらに2013年の生活保護法改正および生活困窮者自立支援法の公布にともなって「中間的就労」の概念も導入されることから、非稼働世帯の増加に対する解釈には慎重な姿勢が必要である。

（4）保護率の動向

人口に占める被保護者の割合を保護率で示す際、これまでは人口1,000人に対するパーミル＝‰で表していたが、保護率の近年の上昇からパーセント表示もされるようになった。原資料により‰と％の違いがあるので本章では並記する。

法制定後の1951年度の保護率は24.2‰（2.42％）であり、1995年度まで低下を続け、7.0‰（0.70％）で底を打ち、2013年3月の速報値では17.0‰（1.70％）まで上昇している（図表5-1）。被保護人員の推移も同様の傾向を示しているが、被保護人員は2011年度に過去最高を更新したのに対して、保護率は過去最高を更新していない。つまり1951年度の時点では、割合として現在より多くの被保護者がいたという状況である。

世帯類型別の世帯保護率をみると、高齢者世帯と母子世帯の高さがわかる（図表5-6）。世帯保護率とは、世帯類型別の各世帯数を「国民生活基礎調査」の各世帯（世帯千対）で除したものであり‰で表示される。高齢者世帯は1960年度の246.0‰（24.6％）から減少を続け、1998年度に41.4‰（4.14％）を底に上昇し、2011年度では66.4‰（6.64％）に達している。それに対して母子世帯は

> **国民生活基礎調査**
> 統計法に規定する基幹統計を作成するための調査であり、保健、医療、福祉、年金、所得など国民生活の基礎的事項を調査したもの。3年ごとに大規模な調査を実施し、中間の各年には、世帯の基本的事項および所得の状況について小規模で簡易な調査を実施している。

図表5-6　世帯保護率の年次推移

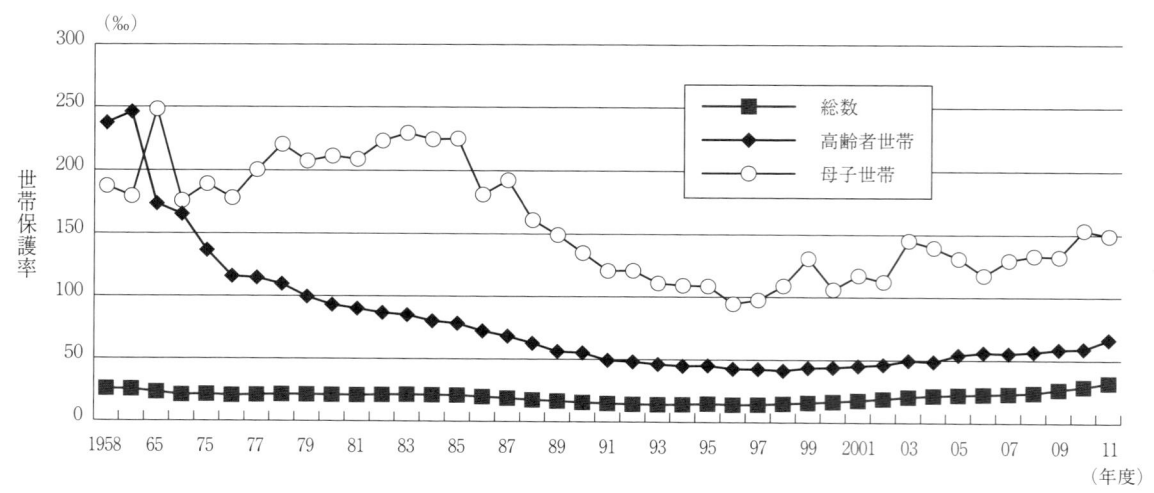

原資料）1970年度以前は、厚生省社会局「被保護者全国一斉調査結果報告書（個別調査）」。1975年度以降は、福祉行政報告例
資料）2006年度以前は、生活保護の動向編集委員会編集『生活保護の動向』2008年版
出所）国立社会保障・人口問題研究所「『生活保護』に関する公的統計データ一覧」の資料3から筆者作成。

1965（昭和40）年度の248.2‰（24.82％）から減少を始めるものの1977（昭和52）年度から増加傾向に転じ，1983（昭和58）年度に229.7‰（22.97％）となることから，高齢者世帯のように一貫した減少は見られない。しかしその後は高齢者世帯と同様に減少し1996（平成8）年度に94.5‰（9.45％）を底に上昇し，2011年度では149.3‰（14.93％）に達している。

保護率は通常，全国平均を指すが地域別にみると，前述した市部・郡部別の被保護人員と同様の傾向を示す。2011年度の都道府県・政令指定都市・中核市別保護率では，大阪市が57.0‰（5.7％），函館市45.0‰（4.5％），東大阪市41.0‰（4.1％），旭川市39.0‰（3.9％），尼崎市37.0‰（3.7％）と続き，最低においては石川県，福井県，富山市が4.0‰（0.4％），岐阜県，富山県が3.0‰（0.3％）となる。このように地域によって19倍の差が生じている。

次に保護率の伸びをみる。1995年度から2011年度にかけての保護率の全国平均をみると，7.0‰（0.70％）から16.0‰（1.6％）へと9ポイントの増加となる。これに対して大阪市は1995年度の18.0‰（1.8％）から2011年度の57.0‰（5.7％）へと39ポイントの増加となり，伸びの第2位の札幌市の19ポイント増と比較しても，大阪市の伸びが著しい。

年齢階級別に保護率をみると，2011年度で70歳以上は25.97‰（2.597％），65～69歳は27.34‰（2.734％），60～64歳は23.61‰（2.361％）と高い数値を示している。それ以外は年齢階級が下がるほど保護率は低下を始める。50～59歳の17.26‰（1.726％），40～49歳の12.27‰（1.227％），30～39歳の7.64‰（0.764％），20～29歳の4.50‰（0.45％）となる。しかし，15～19歳は14.13‰（1.413％）であり，12～14歳の17.71‰（1.771％）と上昇する。そして，6～11歳の14.01‰（1.401％），0～5歳の9.58‰（0.958％）と低下する。

世界金融危機後の2009年から2011年にかけて，40～49歳の保護率が7.94‰から急激に4.33ポイント増加したこと，同様に60～64歳の保護率が17.21‰から6.40ポイントも増加したことが認められるが，60～64歳の保護率の上昇は第1次ベビーブーム世代が高齢期に移行するなかで，扶養意識の変化と相まって生じていると考えられる。

（5）保護の受給期間

保護の受給期間は，その内訳として「6カ月未満」，「6カ月～1年未満」，「1～3年未満」，「3～5年未満」，「5～10年未満」，「10年以上」（あるいは「10～15年未満」と「15年以上」）に分けてその傾向をみることができるが，「10年以上」世帯が多い年が続き，長期化の傾向を示している（図表5-7）。しかしながら，1996年度から被保護世帯数の増加にともない，「1～3年未満」世帯や「3～5年未満」世帯，「5～10年未満」世帯がそれぞれ増加を始める。特に2008年の世界金融危機以後，「1～3年未満」世帯の増加が著しく，2011年

第1次ベビーブーム
第2次世界大戦の終戦直後の繰り延べられた結婚によって，1947（昭和22）年から1949（昭和24）年にかけて出生数が増加したことを指して，その時期を「第1次ベビーブーム」期と呼称する。ピーク時の1949年には約270万人が出生した。「第1次ベビーブーム」期の合計特殊出生率は，4.0を超えていた。

第5章 生活保護の動向

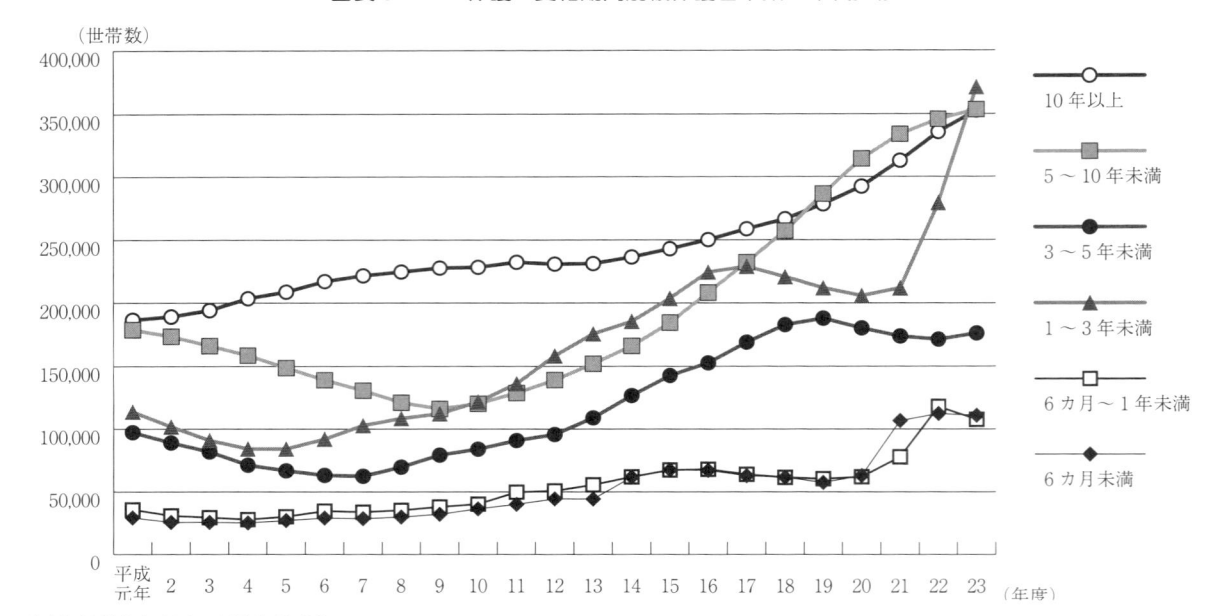

図表5－7　保護の受給期間別被保護世帯数の年次推移

凡例：
- 10年以上
- 5～10年未満
- 3～5年未満
- 1～3年未満
- 6カ月～1年未満
- 6カ月未満

資料）被保護者全国一斉調査（個別）
出所）厚生労働省「社会・援護局関係主管課長会議資料」2013年。一部筆者により改変。

に「1～3年未満」世帯は約37万世帯に達し「10年以上」世帯の約35万世帯を超えた。したがって，長期間と短期間の被保護世帯が両立していることを留意しておきたい。

　受給期間別に構成比をみると，2011年度は「1～3年未満」世帯が25.2％，「10年以上」世帯が24.0％を占める。また「5～10年未満」世帯も24.0％であり，これは2001（平成13）年度以降に被保護世帯となった世帯であり，その年度以降の保護開始世帯数分である（図表5－1）。そして「1～3年未満」世帯数は，2009年度から急激に伸びたわけだが，構成比をみても，2009年度は17.4％であるが，2011年には25.2％と伸びている。

　世帯類型別に受給期間をみると，2011（平成23）年において高齢者世帯では「10年以上」世帯がもっとも多く約22万2千世帯（高齢者世帯のうち34.8％を占める。以下の括弧内の割合はその世帯類型別での割合である），次いで「5～10年未満」世帯の約17万7千世帯（27.7％）となり，両方で半数を超える。

　母子世帯は「1～3年未満」世帯がもっとも多く約3万2千世帯（母子世帯のうち30.2％）であり，次いで「5～10年未満」世帯の約2万9千世帯（27.4％）であり，高齢者世帯の長期化の傾向とは異なる。

　その他の世帯では「1～3年未満」世帯が約10万7千世帯（その他世帯のうち39.3％）であるが，「6カ月未満」世帯が約4万世帯（14.7％）であり両方で半数を超え，短期間が多い。なお「5～10年未満」世帯も約3万8千世帯（14.0％）である。

障害・傷病者世帯はやや長期化の傾向であり，「5〜10年未満」世帯が約11万世帯（障害・傷病者世帯のうち24.1％），「10年以上」世帯が約9万4千世帯（20.8％），そして「1〜3年未満」世帯が約12万1千世帯（26.7％）である。

2　保護の開始・廃止の動向

(1) 概　況

　保護の開始と廃止の関係は当然ながら，ある時点で廃止世帯数より開始世帯数が上回れば被保護世帯数が増加し，開始世帯数より廃止世帯数が上回れば被保護世帯数が減少する。したがって，開始世帯数から廃止世帯数を引いた世帯数の年次推移をみると，その年の動向に加え，ある一定の期間の傾向がわかる（図表5－8）。そしてその傾向は，被保護人員や被保護世帯数の年次推移とほぼ一致している（図表5－1）。1985年度から1992年度までは，開始世帯数より廃止世帯数が上回っており，被保護人員や被保護世帯数も減少している。しかし1993年度より廃止世帯数より開始世帯数が上回り続ける。2004年度からは，開始世帯数が上回っているものの，年度ごとの開始世帯数自体は減少を続ける。そのため，被保護人員や被保護世帯数の上昇は，やや緩やかになる（図表5－1）。しかしながら，2009年度は開始世帯数が大幅に上回る。2008年の世界金融危機の影響である。その後2010（平成22）年度より，年度ごとの開始世帯数は減少に転じている。

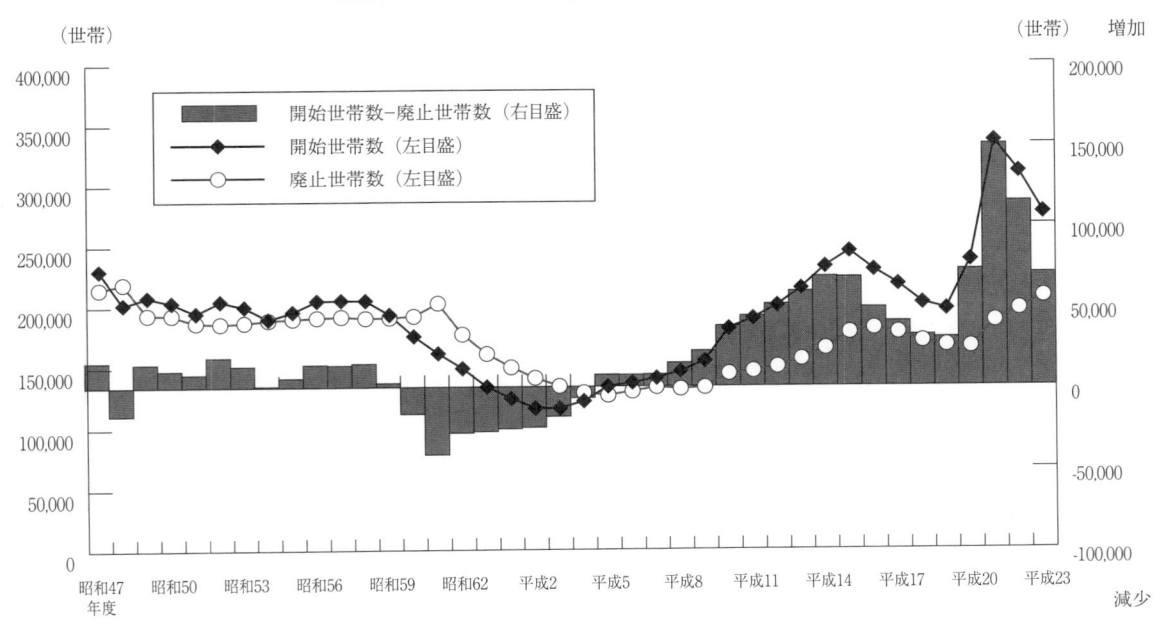

図表5－8　保護開始，廃止世帯数の年次推移

資料）福祉行政報告例
出所）厚生労働省「社会・援護局関係主管課長会議資料」2013年

（2）理由別保護の開始・廃止

1）保護の開始理由

　2011年9月中に保護が開始された約2万世帯の主な理由を構成比でみると，「働きによる収入の減少・喪失」が27.8％ともっとも多いが，次いで「傷病による」が27.6％，「貯金等の減少・喪失」が25.4％とわずかの差である。「その他」が8.4％，「急迫保護で医療扶助単給」が5.2％，「社会保障給付金・仕送りの減少・喪失」が4.9％，要介護状態が0.6％と続く（図表5－9）。2007年からの構成比の変化をみると，「傷病による」が15.5ポイントともっとも減少し，反対に「働きによる収入の減少・喪失」が9.6ポイント，「貯金等の減少・喪失」が9ポイント増加している。ただし実数では「傷病による」は2007年の5,981件から2011年の5,657件と1割も減少していない。それに対して「働きによる収入の減少・喪失」は2,534件（2007年）から5,706件（2011年）まで倍増しており，「貯金等の減少・喪失」も2,275件（2007年）から5,222件（2011年）まで倍増しており，経済不況の影響がみえる。そしてその結果，「傷病による」の構成比が押し下げられたといえる。このように保護の開始理由はその時点での社会状況を反映していることがわかる。

　保護の開始理由を世帯類型別にみると，高齢者世帯では「要介護状態」（11.1％）が特徴的である。そして，もっとも多い「貯金等の減少・喪失」（33.1％）から，「働きによる収入の減少・喪失」（29.1％），「傷病による」（15.8％）と続くが，この順序は母子世帯やその他世帯とは異なる。つまり「働きによる収入の減少・喪失」（母子世帯は43.6％，その他世帯は39.4％。以下同じ），「貯金等の減少・

> **急迫保護**
> 要保護者の急迫した状況とは，たとえば生存が危うくされるとか，その他社会通念上放置しがたいと認められる程度に状況が切迫していることを指し，保護の申請がなくても職権で必要な保護を行うことができる。

図表5－9　保護開始の主な理由別世帯数の構成割合

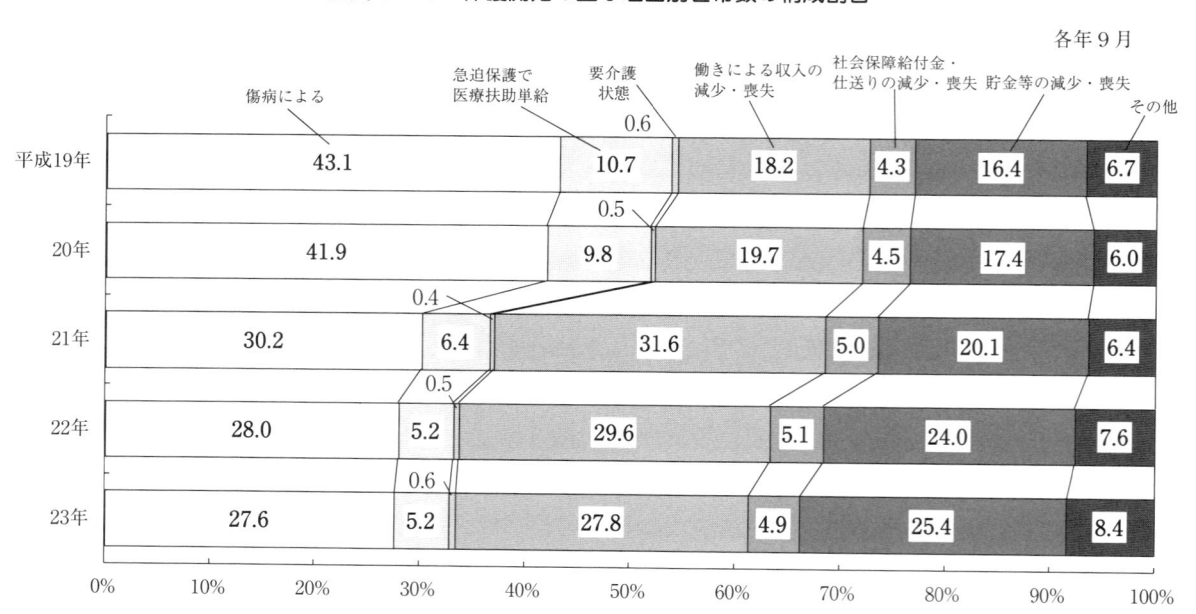

各年9月

年	傷病による	急迫保護で医療扶助単給	要介護状態	働きによる収入の減少・喪失	社会保障給付金・仕送りの減少・喪失	貯金等の減少・喪失	その他
平成19年	43.1	10.7	0.6	18.2	4.3	16.4	6.7
20年	41.9	9.8	0.5	19.7	4.5	17.4	6.0
21年	30.2	6.4	0.4	31.6	5.0	20.1	6.4
22年	28.0	5.2	0.5	29.6	5.1	24.0	7.6
23年	27.6	5.2	0.6	27.8	4.9	25.4	8.4

出所）厚生労働省「平成23年度福祉行政報告例」

喪失」(25.1%, 29.5%),「傷病による」(17.7%, 15.6%) の順となる。傷病者世帯と障害者世帯はいずれも「傷病による」(54.9%, 42.7%) がもっとも高い。傷病者世帯は「急迫保護で医療扶助単給」が 15.1% と続くことが特徴的で、障害者世帯は「貯金等の減少・喪失」が 25.47% と続く。

2) 保護の廃止理由

2011 年 9 月中に保護が廃止された約 1 万 3 千世帯の主な理由を構成比でみると、「死亡」が 29.8% と占めてもっとも高いが、「その他」28.9% とわずかの差である。次いで「働きによる収入の増加」が 16.7%、「失そう」が 11.0%、「社会保障給付金・仕送りの増加」が 5.8%、「親族等の引取り・施設入所」が 5.3%、「傷病治癒」が 1.7%、「医療費の他法負担」が 0.8% となっている (図表 5 - 10)。「その他」の割合が高いのは、保護の廃止に至る理由が複雑化していることを示しているといえよう。2007 年からの構成比の変化をみると、「傷病治癒」が 10.9 ポイント低下している。傷病が治癒したとしても、治癒後の生活においても生活保護で支援する必要性が高まっていることや、治療が長期化していることも考えられる。それに対して「その他」は 9.7 ポイント増となり、分類項目の再考が待たれる。

保護の廃止理由を世帯類型別にみると、もっとも多い理由として高齢者世帯では「死亡」が 59.9% であり、母子世帯では「その他」が 41.5%、傷病者世帯も「その他」が 38.8%、障害者世帯は「死亡」が 32.8%、その他世帯は「働き

> **保護の廃止**
> 生活保護法第 4 条に規定する保護の要件を満たさなくなり、保護を継続し実施すべき状態でなくなった場合を指す。ただしその決定は憲法 25 条を具体化させる生存権保障を廃止するものであるから、慎重でなければならない。

図表 5 - 10 保護廃止の主な理由別世帯数の構成割合

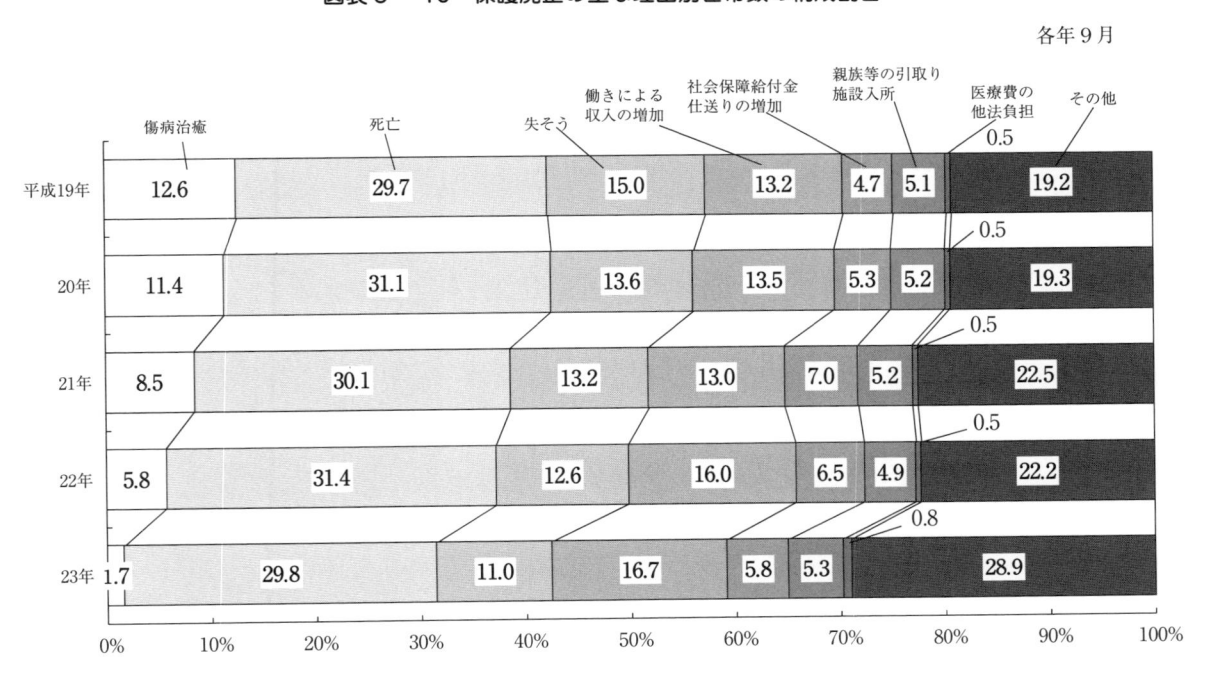

各年 9 月

	傷病治癒	死亡	失そう	働きによる収入の増加	社会保障給付金仕送りの増加	親族等の引取り施設入所	医療費の他法負担	その他
平成19年	12.6	29.7	15.0	13.2	4.7	5.1	0.5	19.2
20年	11.4	31.1	13.6	13.5	5.3	5.2	0.5	19.3
21年	8.5	30.1	13.2	13.0	7.0	5.2	0.5	22.5
22年	5.8	31.4	12.6	16.0	6.5	4.9	0.5	22.2
23年	1.7	29.8	11.0	16.7	5.8	5.3	0.8	28.9

出所) 厚生労働省「平成 23 年度福祉行政報告例」

による収入の増加」が36.6％となっている。

3 医療扶助・介護扶助の動向

(1) 医療扶助の動向

医療扶助とは，困窮のため最低限度の生活を維持することのできない者につき，①診察，②薬剤または治療材料，③医学的処置，手術，その他の治療および施術，④居宅における療養上の管理，その療養にともなう世話その他の看護，⑤病院または診療所への入院，その療養にともなう世話，その他の看護，⑥移送の範囲内で原則的に現物給付するものである。

2011年度の被保護人員における保護の種類別扶助人員をみると，もっとも多い順に生活扶助が90.5％，住宅扶助が84.3％であり，医療扶助は80.2％と第3位に位置するが，2010年度の保護費総額に占める構成比をみると，保護費総額約3兆3千億円のうち，医療扶助費が47.2％（約1兆5千億円）で第1位となり，生活扶助費の34.7％（約1兆1千億円）と合わせて8割を超える。2011年度は医療扶助費が46.9％とわずかに減少したが，医療扶助の必要性が高いことがわかる。したがって，被保護人員における医療扶助人員の割合も増加の一途をたどる。1955（昭和30）年度で20.0％であったのが，1969（昭和44）年度は50.2％，1980（昭和55）年度は60.0％，1990（平成2）年度は70.1％，1999（平成11）年度は80.0％となり，それ以降は80％前後を推移している。

2011年の世帯類型別に医療扶助の給付をうけている割合をみると，高齢者世帯で92.8％，母子世帯で93.5％，障害者世帯で93.6％，傷病者世帯で96.9％，その他の世帯で81.3％の世帯が医療扶助の給付をうけている。

医療扶助の給付について，入院医療と入院外医療に分けてみると，2011年では入院医療が7.8％，入院外医療が92.2％となっている。入院医療は1955年で35.4％でありその後上昇し，1958（昭和33）年に41.9％と過去最高になる。その後減少して1986年は19.7％と20％を割り，2008年に9.6％と10％を割り現在に至っている。

入院医療に占める精神疾患の割合は高く，2011年度で42.6％となっている。1960年度は結核が53.3％，精神疾患が27.4％の割合であったが，結核は5年後の1965年度に11.3％まで低下して，精神疾患は43.3％となった。精神疾患の割合はその後上昇を続け，1979（昭和54）年度に59.1％と過去最高となり，そして結核は2.3％となった。その後，精神疾患の割合は低下を続けて現在に至っている。このように，精神疾患は医療扶助の入院医療において高い割合を占める。

その一方で，入院外医療における精神疾患の割合は，1960年度は1.0％であり，その後ゆるやかに上昇し1993年度に10％を超えたが，他法他施策の活用

現物給付

現物給付は生活保護法第6条で「物品の給与又は貸与，医療の給付，役務の提供その他金銭給付以外の方法で保護を行うこと」と定められている。福祉事務所は被保護者に医療の必要性が生じた場合は，その都度「医療券・調剤券」などを発行することを通して現物給付する。

で現在は 3.4％ まで低下した。なお，入院外医療での傷病は分散している。

(2) 介護扶助の動向

　介護扶助は 2000 年の介護保険法施行にともなって，保護の種類として創設されたもので，要介護または要支援と認定された被保護者に対して原則的に現物給付でおこなわれる。介護扶助は① 居宅介護，② 福祉用具，③ 住宅改修，④ 施設介護，⑤ 介護予防，⑥ 介護予防福祉用具，⑦ 介護予防住宅改修，⑧ 移送の範囲内でおこなわれ，2011 年度は 12.0％ の被保護人員が給付をうけた。介護扶助が創設された 2000 年度は約 6 万 6 千人が介護扶助をうけており，この年を 100 とすると 2011 年度の指数は 371.2 と 3 倍強の伸びとなる。しかし保護費総額に占める介護扶助費をみると，2010 年度は 2.0％ と低い。これは医療扶助と異なり介護保険の第 1 号被保険者に該当すれば介護扶助より介護保険の給付が優先して適用されるからである。

　介護扶助を施設介護サービス，居宅介護サービス，介護予防に分けて，その受給者数の構成比をみると，2011 年度では施設介護サービスが 16.4％，居宅介護サービスが 60.3％，介護予防が 23.3％ となる。施設介護サービスは介護扶助が創設された 2000 年度は 20.7％ であったが，その後は低下を続け現在に至る。それに対して居宅介護サービスは 2000 年度は 79.3％ であり，2005（平成17）年度の 80.6％ まで上昇するが，2006（平成 18）年度より介護予防とわかれることでその割合は低下し，現在に至る。

　2010 年 7 月現在の，65 歳以上の介護扶助受給に占めるサービスの構成比をみると，施設介護サービスでは指定介護老人福祉施設が 51.9％，介護老人保健施設が 35.8％ で両方で 90％ 近くに達する。居宅介護サービスでは複数のサービスを利用していることから，訪問介護が 70.3％，通所介護が 38.7％，福祉用具貸与が 38.4％，居宅療養管理指導が 15.6％，訪問看護が 11.4％，通所リハビリテーションが 11.2％ となっている。

参考文献
　厚生労働省『厚生労働白書　平成 25 年版』ぎょうせい，2013 年
　埋橋孝文編著『生活保護　福祉 + α ④』ミネルヴァ書房，2013 年
　厚生労働省「福祉行政報告例」http://www.mhlw.go.jp/toukei/list/38-1.html
　厚生労働省「被保護者調査」http://www.mhlw.go.jp/toukei/list/74-16.html
　厚生労働省「社会・援護局関係主管課長会議資料（平成 25 年 3 月 11 日）」
　http://www.mhlw.go.jp/seisakunitsuite/bunya/hukushi_kaigo/seikatsuhogo/
　　topics/tp130315-01.html
　国立社会保障・人口問題研究所「『生活保護』に関する公的統計データ一覧」
　http://www.ipss.go.jp/s-info/j/seiho/seiho.asp
　総務省統計局 e-Stat「被保護者全国一斉調査」
　http://www.e-stat.go.jp/SG1/estat/GL02100104.do?gaid=GL02100102&to
　　cd=00450312

プロムナード

　図表5-4にあるとおり，被保護世帯の世帯類型別において「その他の世帯」が2002（平成14）年度から2013（平成25）年度にかけて約4倍増となっています。そこで対前年比でみると2008（平成20）年度から2009（平成21）年度にかけて1.41倍，さらに2009年度から2010（平成22）年度には1.32倍の増加となっています。つまり，増加はこの期間に集中しているのです。この期間は，世界金融危機以降の「派遣切り」が社会問題化し，2008（平成20）年末に東京・日比谷公園で開設された「年越し派遣村」などのソーシャル・アクションによって，生活保護の実施がうながされました。2009（平成21）年3月に厚生労働省社会・援護局保護課長通知「職や住まいを失った方々への支援の徹底について」は生活困窮者に対しての他法他施策の活用があげられているものの，「(4)現在地保護の徹底」で住まいのない者については「アパートや施設などに居住していただくことになる」と民間賃貸住宅の活用を述べました。またそれ以前から，保護の申請行為についての有無を争点とする審査請求の増加もあることから，福祉事務所は相談者の申請権を侵害していると疑われるような行為も慎むよう強調されてきました。これらのことから，生活保護の運用が変わり被保護世帯の増加につながったと解釈することもできます。

学びを深めるために

埋橋孝文編著『生活保護　福祉＋α④』ミネルヴァ書房，2013年
　　国家試験対策的に学ぶことを目的としたものでなく，経済学，法学，社会学，社会福祉学などの学問分野から生活保護を徹底的に分析し，議論させている。生活保護の動向の解釈はもちろん，生活保護制度が果たす役割について国際的な観点からも理解できる。

　インターネットを使い，厚生労働省のホームページにある「福祉行政報告例」や「被保護者調査」，あるいは政府統計の総合窓口「e-Stat」にある「被保護者全国一斉調査」などから統計情報を入手してそれぞれの傾向を考察してみよう。

福祉の仕事に関する案内書

和久井みちる『生活保護とあたし』あけび書房，2012年

第6章 低所得者対策の概要

1 生活福祉資金貸付制度等

（1）制度の歴史と役割

　生活福祉資金貸付制度は，戦後復興期の低所得者階層の防貧と自立更生を促進する目的で誕生した「世帯更生資金貸付制度」として発足した。当初の資金の種類は僅か3種類程度であったがその後，経済・社会情勢等に合わせて新たな資金が加えられ，1990（平成2）年に「生活福祉資金貸付制度」へと名称変更された。その後も，介護保険法や障害者自立支援法への対応が図られ，さらには緊急かつ一時的な資金需要や児童養護施設等の退所者，里親委託が解除された人，多重債務問題などへの対応が図られる等，その時代に応じた改正を行いながら現在に至っている。

　2009（平成21）年10月には当制度の抜本的な見直しが行われ，資金種類の統合・再編が行われた。これまでの10種類から4つの資金類型に変更された。また借入れがしやすいようにと連帯保証人を立てなくても資金の貸付けができるようになり，貸付利子についても不動産担保型生活資金を除いては3％から1.5％，連帯保証人を立てる場合は無利子に引き下げられた。

（2）制度の概要

1）制度の目的

　低所得者，障害者または高齢者に対し，資金の貸付けと必要な相談支援を行うことにより，その経済的自立および生活意欲の助長促進ならびに在宅福祉および社会参加の促進を図り，安定した生活を送れるようにすることである。

2）実施主体

都道府県社会福祉協議会

3）貸付対象

低所得世帯，障害者世帯，高齢者世帯

4）資金の種類

- ・総合支援資金（生活支援費・住宅入居費・一時生活再建費）
- ・福祉資金（福祉費・緊急小口資金）
- ・教育支援資金（教育支援費・就学支度費）
- ・不動産担保型生活資金（不動産担保型生活資金・要保護世帯向け不動産担保型生活資金）

（3）制度の多様性とその内容

　本制度は生存権保障について一定のセーフティネットの役割を果たす必要がある。

　本制度の運用は厚生労働省の「生活福祉資金貸付制度要綱」に基づいている。

低所得
　貧困の大きな要因となるが同義語ではない。生活保護基準周辺の所得を指す場合が多い。

社会福祉協議会
　地域住民や民間の福祉団体等により，地域福祉の推進を図るため，組織的活動行う民間の自主的な組織。全国社会福祉協議会，都道府県社会福祉協議会，市区町村社会福祉協議会と全自治体での組織率は100％となっている。

図表6－1　生活福祉資金の概要

項　目		概　要	
【実施主体】			
都道府県社会福祉協議会		資金の貸付業務の一部を市町村社会福祉協議会に委託できる	
【貸付対象】			
低所得者世帯		必要な資金を他から借り受けることが困難な世帯（市町村民税非課税程度）	
障害者世帯		身体障害者手帳，療育手帳，精神障害者保健福祉手帳の交付を受けた者等の属する世帯	
高齢者世帯		65歳以上の高齢者の属する世帯	
【資金の種類】			【貸付金額の限度】
総合支援資金	生活支援費	生活再建までの間に必要な生活費用	貸付期間：12月以内 ・二人以上世帯：20万円以内（月額） ・単身世帯：15万円以内（月額）
	住宅入居費	敷金，礼金等住宅の賃貸契約を結ぶために必要な費用	40万円以内
	一時生活再建費	生活を再建するために一時的に必要かつ日常生活費で賄うことが困難である費用	60万円以内
福祉資金	福祉費	・生業を営むために必要な経費 ・技能習得に必要な経費及びその期間中の生計を維持するために必要な経費 ・住宅の増改築，補修等及び公営住宅の譲り受けに必要な経費 ・福祉用具等の購入に必要な経費 ・障害者用の自動車の購入に必要な経費 ・中国残留邦人等に係る国民年金保険料の追納に必要な経費 ・負傷又は疾病の療養に必要な経費及びその療養期間中の生計を維持するために必要な経費 ・介護サービス，障害者サービス等を受けるのに必要な経費及びその期間中の生計を維持するために必要な経費 ・災害を受けたことにより臨時に必要となる経費 ・冠婚葬祭に必要な経費 ・住居の移転等，給排水設備等の設置に必要な経費 ・就職，技能習得等の支度に必要な経費 ・その他日常生活上一時的に必要な経費	580万円以内 資金目的に応じて貸付上限額あり
	緊急小口資金	・緊急かつ一時的に生計の維持が困難となった場合に貸し付ける少額の費用	10万円以内
教育支援資金	教育支援費	・低所得世帯に属する者が高等学校，大学又は高等専門学校に修学するために必要な経費	高等学校：35,000円以内（月額） 高等専門学校：60,000円以内（月額） 短期大学（専修学校専門課程を含む）：60,000円以内（月額） 大学：65,000円以内（月額）
	就学支度費	・低所得世帯に属する者が高等学校，大学又は高等専門学校への入学に際し必要な経費	50万円以内
不動産担保型生活資金	不動産担保型生活資金	・低所得の高齢者世帯に対し，一定の居住用不動産を担保として生活資金を貸し付ける資金	・土地の評価額の70％程度 ・月30万円以内 ・貸付期間 　借受人の死亡時までの期間又は貸付元利金が貸付限度額に達するまでの期間
	要保護世帯向け不動産担保型生活資金	・要保護の高齢者世帯に対し，一定の居住用不動産を担保として生活資金を貸し付ける資金	・土地及び建物の評価額の70％程度（集合住宅の場合は50％） ・生活扶助額の1.5倍以内 ・貸付期間 　借受人の死亡時までの期間又は貸付元利金が貸付限度額に達するまでの期間
【貸付金の利率】			

①総合支援資金及び福祉費の貸付金の利率は，連帯保証人を立てる場合は無利子とし，連帯保証人を立てない場合据置期間経過後年1.5％とする。
②緊急小口資金及び教育支援資金は，無利子とする。
③不動産担保型生活資金及び要保護世帯向け不動産担保型生活資金の貸付金の利率は，都道府県社協会長が年度（毎年4月1日から翌年3月31日までをいう。）ごとに，年3％又は当該年度における4月1日（当日が金融機関等休業日の場合はその翌営業日）時点の銀行の長期プライムレートのいずれか低い方を基準として定める。

注）厚生労働省ホームページおよび厚生労働省発社援0728第9号通知「生活福祉資金の貸付けについて」2009年7月28日，（別紙）生活福祉資金貸付制度要綱より抜粋。

これまでにも子どもの修学，住居に関する経費，緊急時の資金，資格取得に係る費用等，さまざまな状況に対応するために貸付資金の種類を整備してきた。しかし，貸付件数や金額は，近年，東日本大震災の被災者に対する特例措置により緊急小口資金が増加したが，その他のものは，減少，横ばい傾向にあり，都道府県ごとの取り組みにばらつきがみられる等，その役割が十分に果たせているとはいえない。

周知のとおり，本制度は経済的自立に加え，生活意欲の助長促進，在宅福祉および社会参加の促進を目的としている。ただ資金を貸し付けるだけでなく，安定した生活の維持・再建に向けた相談援助（ソーシャルワーク）の位置づけは重要といえる。

今後はより一層，本制度の認知度を高め，生活困難な状況にある人たちの生活支援の一端を担えるよう機能することが一層の課題といえる（図表6－1）。

2 社会手当制度

(1) 児童扶養手当制度の歴史と概要

1) 児童扶養手当制度の歴史

> **社会手当**
> 主に公費から拠出されるが生活保護制度のような厳格な資力調査ではなく所得調査のみを要件にほぼ画一的な給付を行う制度。

> **母子家庭**
> 母親と子どもからなる家庭。近年は父子家庭も含めて，ひとり親家庭や単親家庭と表現されていることが多い。

児童扶養手当制度はわが国初の児童に関する社会手当制度として，1961（昭和36）年11月に成立し，翌年1月に施行された。当初は母子福祉年金の補完的制度として位置づけられていた。しかし，1985（昭和60）年の法改正により，母子家庭の生活安定と自立促進を通じて児童の健全育成を図ることを目的とした福祉制度として位置づけられた。また，1989（平成元）年から手当額の改定に自動物価スライド制が取り入れられている。

2008（平成20）年度から，児童扶養手当受給開始5年を経過した者で就業困難な事情がないにもかかわらず就業意欲がみられない者について，支給額の2分の1が支給停止されることとなった。また，2010（平成22）年8月から支給対象が父子家庭にも拡大されている。さらに，2014（平成26）年12月からは，支給対象とされていなかった公的年金給付等の受給者等についても，公的年金給付等の額に応じて，児童扶養手当の額の一部が支給されることになった。

児童扶養手当の受給者数は，2012（平成24）年度末で1,085,552人（概数）となっており，年々増加傾向にある。受給原因別では，1975（昭和50）年には52.1％であった「離婚」が2011（平成23）年には86.2％に達し，受給者の約9割が離婚によるもので，うち母子世帯は受給者全体の約8割に及んでいる。

2) 児童扶養手当制度の概要

制度の目的は，父母の離婚などによって，父または母と生計を同じくしていない子どもが育成される家庭の生活の安定と自立の促進に寄与し，子どもの福祉の増進を図ることである。支給をうけるには受給資格者が市町村を通じて認

図表6-2 児童扶養手当

目　　的	離婚等による母子家庭等の生活の安定と自立の促進に寄与することにより、児童の福祉の増進を図ること（平成22年8月より父子家庭の父にも支給）
受　給　者	・父母の離婚等により父と生計を同じくしない児童（※18歳に達する日以後の最初の3月31日までの間にある者または20歳未満で一定の障害の状態にある者。以下同じ。）を監護する母又は養育する者（祖父母等） ・父母の離婚等により母と生計を同じくしない児童を監護し、かつ生計を同じくする父
手当額（月額）	児童1人の場合　　　　　　　　　　　41,430円 児童2人目の加算額　　　　　　　　　5,000円 3人以上児童1人の加算額　　　　　　3,000円
所　得　制　限	受給者の前年の年収130万円未満（2人世帯） 130万円以上365万円未満の場合は、所得に応じて10円から31,650円まで10円きざみで支給停止 なお、孤児等を養育する養育者については、前年の年収610万円未満（6人世帯）
支　給　方　法	受給資格者の申請に基づき、都道府県知事、市長又は福祉事務所を設置する町村の長が認定し、金融機関を通じて年3回（4月、8月、12月）支払う。
支　給　状　況 （平成23年度末）	受給者数　　1,070,211人（母子世帯数977,578人、父子世帯数61,594人、その他の世帯31,039人） 母子世帯における支給理由別内訳　　　　　父子世帯における支給理由別内訳 生別｛離　婚　871,781人　　　　　　　生別｛離　婚　53,829人 　　｛その他　　1,423人　　　　　　　　　　｛その他　　　40人 死　別　　　　8,135人　　　　　　　　死　別　　　5,788人 未婚の母　　　88,625人　　　　　　　　未婚の母　　　570人 父障害　　　　4,281人　　　　　　　　母障害　　　1,128人 遺　棄　　　　3,333人　　　　　　　　遺　棄　　　　239人

資料）厚生労働省雇用均等・児童家庭局調べ。
出所）厚生労働省編『平成25年版厚生労働白書』資料編2013年, p.186

定請求書を提出し、都道府県、市および福祉事務所設置町村から認定をうける必要がある。

支給対象児童は、以下の通りである。

1) 父母が婚姻を解消した児童
2) 父または母が死亡した児童
3) 父また母が法で定める程度の障害の状態にある児童
4) 父または母の生死が明らかでない児童
5) 父または母が、配偶者からの暴力の防止および被害者の保護に関する法律の規定による（父また母の）身辺へのつきまといの禁止等に係る命令をうけた児童
6) 父または母から引き続き1年以上遺棄されている児童
7) 父または母が法令により引き続き1年以上拘禁されている児童
8) 母が婚姻によらないで懐胎した児童
9) 8) に該当するかどうか明らかでない児童

2012年4月からの手当額（月額）は子ども1人の場合41,430円、児童2人の場合46,430円、3子以降一人当たり加算額は、3,000円となっている（図表6－2）。

> **福祉事務所**
> 社会福祉法に規定される「福祉に関する事務所」のこと。都道府県および市は必置、町村は任意設置となっている。福祉6法に関する現業事務を掌る行政機関であり、生活保護制度については、保護の決定および実施に関する事務を保護の実施機関から委任されている。

(2) 特別児童扶養手当制度の歴史と概要

1) 特別児童扶養手当制度の歴史

特別児童扶養手当制度は1964（昭和39）年7月に成立した。当初、重度知的障害児に対する手当として発足した。1966（昭和41）年には重度の身体障害児

も対象に加え，1972（昭和47）年からはさらに内部障害や精神障害と身体障害の併合を支給対象とした。1989年から手当額の改定に自動物価スライド制が取り入れられている。しかし，近年，物価の下落にもかかわらず，特例的に据え置かれた影響で，本来よりも高い水準の手当額となっていた。この特例水準を解消するために，2012年の法改正により，2013（平成25）年10月から3年間で本来の水準に戻すことになっている。

特別児童扶養手当の受給者数は，2012年度末で207,086人（概数），支給対象児童数は217,225人（概数）となっている。2011年度末の障害種別の内訳でみると，身体障害が29.0%，精神障害が68.9%，重複障害が1.9%となっている。

2）特別児童扶養手当制度の概要

手当の目的は，精神又は身体に障害を有する20歳未満の障害児を監護，養育している者に特別児童扶養手当を支給することで，これらの者の福祉の増進を図るというものである。ただし，児童が福祉施設（保育所，通園施設，肢体不自由児施設の母子入園は除く）に入所している場合は支給されない。支給をうけるには都道府県の認定をうける必要がある。

支給額は2012年度で1級に該当する障害児1人につき50,400円（月額），2級に該当する障害児1人につき33,570円（月額）となっている。

（3）児童手当制度の歴史と概要

1）児童手当制度の歴史

児童手当制度は1971（昭和46）年5月に制定され，翌年1月に発足した。本制度発足時は，第3子以降で義務養育修了前の児童を対象としていた。支給額は月額3,000円で「小さく生んで大きく育てる」といわれていた。その後，支給対象児は1985年の改正によって第3子から第2子に，さらに1991（平成3）年の改正では支給対象児童が第1子からに拡充された。一方で支給期間は1985年の改正では義務教育修了前から義務教育就学前に，1991年の改正では3歳未満までと，支給対象は低年齢化していった。その後，2000（平成12）年の改正では支給期間が義務教育就学前に改められ，2004（平成16）年の改正では小学校3学年修了前まで，2006（平成18）年の改正ではさらに小学校修了前までに延長された。

その後，民主党連立政権の誕生により2010年度に子ども手当が設けられたが，自民党政権により2012年度に廃止され，児童手当が復活した。

2）児童手当制度の概要

制度の目的は，児童を養育している者に児童手当を支給することにより，家庭等における生活の安定に寄与するとともに，次代の社会を担う児童の成長に資するというものである。児童手当の支給をうけるには住所地の市区町村長に認定の請求をし，認定をうける必要がある。

図表 6-3 児童手当

目　的	父母その他の保護者が子育てについての第一義的責任を有するという基本的認識の下に，児童を養育している者に児童手当を支給することにより，家庭等における生活の安定に寄与するとともに，次代の社会を担う児童の成長に資する
支給対象となる児童	0歳から中学校修了（15歳に達する日以後の最初の3月31日）までの児童
所得制限	あり（例：夫婦・児童2人世帯の場合は年収960万円）※2012（平成24）年6月分より適用
支給額	①所得制限額未満 　3歳未満　　　　　　　　　　　　　　　　　　　　月額15,000円 　3歳以上小学校修了前（第1子・第2子）　　　　月額10,000円 　3歳以上小学校修了前（第3子以降）　　　　　月額15,000円 　中学生　　　　　　　　　　　　　　　　　　月額10,000円 ②所得制限額以上（当分の間の特例給付）　　　月額 5,000円
費用負担	（3歳未満）　　　　　　　　　　　（3歳から中学校修了前） 被用者分　　　事業主7/15　国16/45　地方8/45　　国2/3　地方1/3 非被用者分　　国2/3　地方1/3　　　　　　　　　　国2/3　地方1/3 特例給付分　　国2/3　地方1/3　　　　　　　　　　国2/3　地方1/3 公務員分　　　所属庁10/10　　　　　　　　　　　　所属庁10/10
給付費	25予算案 給付総額　2兆2,631億円 　国　　　1兆2,995億円 　地　方　　　7,889億円 　事業主　　　1,747億円

出所）厚生労働省編『平成25年版厚生労働白書』資料編2013年，p.186

　給付対象となる児童の年齢は0歳から中学校修了（15歳に達する日以降の最初の3月31日）までとされている。支給には所得制限が設けられているが現在は特例給付によって，所得制限額以上である者にも減額して支給されている（図表6－3）。

3　求職者支援制度

(1) 制度成立の背景

　近年，生活保護受給者数は増加の一途を辿っている。その内訳をみると，不景気の影響をうけ，失業などが原因で被保護者になったと考えられる「その他の世帯」の増加が目立ってきた。また，就業形態別では，正規雇用の割合は低下し，非正規雇用の割合が増加していった。さらには親が生活保護受給者ならば，その子どもも生活保護を受給する割合が高いといった貧困の連鎖も明らかとなっていった。

　このような中，2011（平成23）年5月に職業訓練の実施等による特定求職者

> **貧困の連鎖**
> たとえば，生活保護世帯の子どもが大人になって再び生活保護を受給するというように世代間，場合によっては親族間において，貧困状態が続く状態のこと。特に母子世帯における貧困の連鎖が強い。

の就職の支援に関する法律（求職者支援法）が制定され，同年10月に施行された。なお，この法律は特定求職者の就職に関する支援施策の在り方について，3年を目途に政府によって検討が加えられることになっている。

(2) 制度の概要

1) 制度の目的

制度の目的は，特定求職者に対し，職業訓練を実施するとともに，職業訓練をうけることを容易にするための給付金の支給やその他の就職支援をすることにより，特定求職者の就職を促進し，特定求職者の職業及び生活の安定に資するというものである。

2) 特定求職者とは

特定求職者とは，公共職業安定所に求職の申込みをしている者のうち，雇用保険の失業等給付を受給できない者で，労働の意思及び能力を有しているものであって，職業訓練その他の就職支援を行う必要があると公共職業安定所長が認めた者をいう。具体的には，雇用保険の受給終了者，受給資格要件を満たさなかった者，雇用保険の適用がなかった者，学卒未就職者，自営廃業者等があげられる。

3) 全国職業訓練実施計画の策定

厚生労働大臣は，特定求職者について，その知識，職業経験その他の事情に応じた職業訓練をうける機会を十分に確保するため，職業訓練の実施に関し重要な事項を定めた計画を策定することになっている。

4 生活困窮者自立支援制度

(1) 制度成立の背景

前述の求職者支援制度の成立の背景と同様に，生活保護受給者の増加が著しく，非正規雇用労働者や低所得者といった生活困窮状態に陥るリスクの高い層が目立つようになっていた。2011年に施行された求職者支援法は一部の地域で高い効果をあげているものの，これだけでは第2のセーフティネットの整備としたとは言い難い状況にあった。

こうした中，2012年4月，社会保障審議会に「生活困窮者の生活支援の在り方に関する特別部会」が設置され，2013年1月に報告書が取りまとめられた。

生活困窮者自立支援法は，この特別部会の報告書を踏まえ，求職者支援制度に加え，生活保護に至る前段階に生活困窮者を支援する第2のセーフティネットの役割を担うべく，2013年12月6日に可決成立し，同年12月13日に公布，2015（平成27）年4月1日（一部は交付日より施行）より施行される。なお，この法律は生活困窮者に対する自立の支援に関する措置の在り方について，3年

を目途に政府によって検討が加えられることになっている。

(2) 制度の概要
1) 生活困窮者とは
現に経済的に困窮し，最低限度の生活を維持することができなくなるおそれのある者をいう。

2) 事　業
本法律に規定されている事業は，必須事業と任意事業がある。

① 必須事業

【自立相談支援事業】

就労支援やその他自立に関する問題への相談支援，認定生活困窮者就労訓練事業の利用斡旋，支援計画の作成などを行う。

【住居確保給付金（有期）】

離職等により住居を失ったり，家賃の支払いが困難となった生活困窮者に家賃相当の住居確保給付金を支給する。

② 任意事業

【就労準備支援事業（有期）】

就労に必要な知識及び能力の向上に向けた訓練を，生活習慣形成のための指導・訓練（生活自立段階），必要な社会的能力の習得（社会自立段階），就職活動に向けた技法や知識の取得等（就労自立段階）の3段階に分けて実施する。

【一時生活支援事業（有期）】

住居のない生活困窮者に，宿泊場所や食事等を提供する。

【家計相談支援事業】

生活困窮者の家計再建に向けた相談支援，支援計画の作成，関係機関へのつなぎ，貸付けの斡旋を行う。

【生活困窮家庭の子どもに対し学習の援助を行う事業】

生活困窮家庭に対する養育相談や子どもへの学習支援を行う。

【就労訓練事業の認定】

就労の機会提供や就労に必要な知識及び能力の向上のために必要な訓練等を行う事業について，基準に適合していれば，都道府県知事の認定をうけることができる。

4) 財　源
必須事業については，国が4分の3を負担する。任意事業については，就労準備支援事業，一時生活支援事業は3分の2以内，家計相談支援事業，生活困窮家庭の子どもに対し学習の援助を行う事業，その他の自立の促進を図るために必要な事業については2分の1を国が負担する。

5　その他の低所得者対策

(1) 民事法律扶助制度

民事法律扶助制度は，「訴訟や弁護士費用を払う余裕がない低所得者が，法律の専門家による援助や裁判費用の援助を受けるための制度」であり，1952（昭和27）年に日本弁護士連合会により設立された「財団法人法律扶助協会」が，一部，国庫補助を受け，行っていた。

2000（平成12）年10月に「民事法律扶助法」が施行され，法的根拠をもった制度として実施されるようになった。

さらに，2004（平成16）年6月に「総合法律支援法」が制定され，2006（平成18）年6月に設立された日本司法支援センター（法テラス）が法律扶助協会からその業務を引き継ぎ，2006年10月に「民事法律扶助法」は廃止された。

(2) 災害救助法

災害救助法は災害にあった者の保護と社会秩序の保全を図るため，1947（昭和22）年10月に成立した。本法の目的は「災害に際して，国が地方公共団体，日本赤十字，その他の団体の協力の下に，応急的に，必要な救助を行い被災者の保護と社会の秩序の保全を図ること」と定められている。災害救助法は本法律の基準に該当した災害に対して，都道府県知事が市町村に適用する。救助の種類としては，図表6－4のとおりである。

なお，災害で混乱した時期に迅速な救助業務が遂行できるように都道府県知事に一定の強制権が与えられている。応急的な措置であるが災害によって財産等を含む生活の基盤を失った市民にとって生活の継続および再建への重要な公的施策といえる。

なお，災害対策基本法等の一部を改正する法律（平成25年法律第54号）の施行にともない，これまで厚生労働省で所管していた災害救助法は，災害弔慰金，災害障害見舞金及び災害援護資金等の関係業務とともに，2013年10月より，内閣府に移管されている。

(3) 無料低額診療制度

無料低額診療制度は，社会福祉法第2条第3項に基づく第二種社会福祉事業

図表6－4　災害救助の種類

救助の種類
①避難所及び応急仮設住宅の供与，②炊き出しその他による食品の給与及び飲料水の供給，③被服，寝具その他生活必需品の給与又は貸与，④医療及び助産，⑤被災者の救出，⑥被災した住宅の応急修理，⑦生業に必要な資金，器具又は資料の給与又は貸与，⑧学用品の給与，⑨埋葬，⑩前各号に規定するもののほか，政令で定めるもの

出所）災害救助法第4条より抜粋

5. その他の低所得者対策

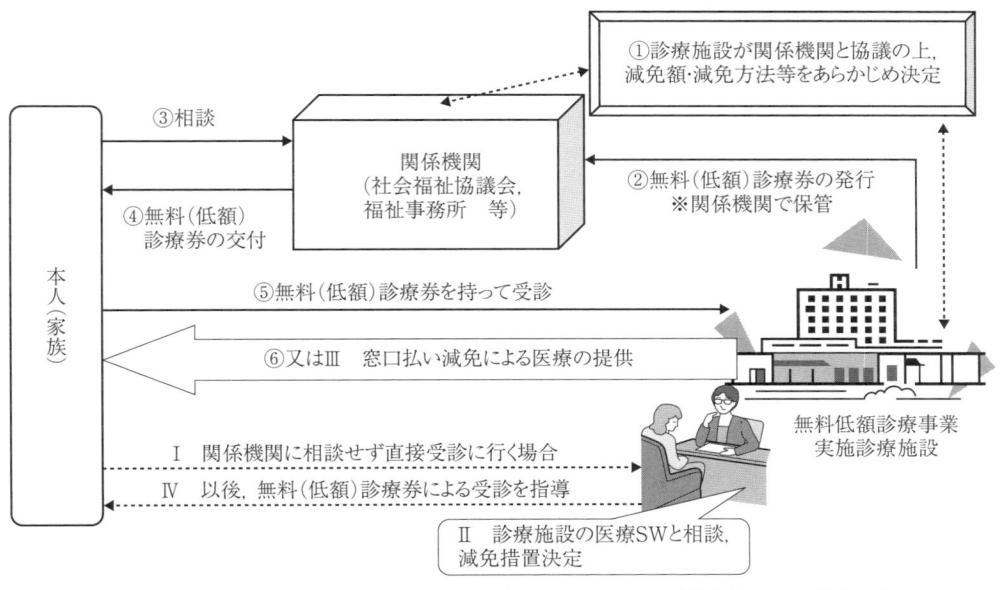

図表6－5　無料低額診療事業の受診手続きフロー

①診療施設が関係機関と協議の上，減免額・減免方法等をあらかじめ決定

本人（家族）
③相談 →
関係機関（社会福祉協議会，福祉事務所 等）
④無料（低額）診療券の交付
②無料（低額）診療券の発行　※関係機関で保管

⑤無料（低額）診療券を持って受診 →　無料低額診療事業実施診療施設
⑥又はⅢ　窓口払い減免による医療の提供

Ⅰ　関係機関に相談せず直接受診に行く場合
Ⅳ　以後，無料（低額）診療券による受診を指導
Ⅱ　診療施設の医療SWと相談，減免措置決定

注）通知で示している手続きに基づいたフロー図であり，各診療施設によって手続方法が異なる場合がある。
出所）「第4回医療機関の未収金問題に関する検討会資料3」2008年1月21日

であり，「生計困難者に対して，無料又は低額な料金で診察を行う事業」と規定されている。対象としては，低所得者，要保護者，ホームレス，DV被害者，人身取引被害者等の生活困難者があげられる。第二種社会福祉事業としての位置づけにより，固定資産税や不動産取得税の非課税など，税法上の優遇措置が講じられている。当事業の基準として，本事業は生活保護法による保護をうけている者および無料または診療費の10％以上の減免をうけた者の延数が取扱患者の総延数の10％以上である必要がある。また，医療上，生活上の相談に応ずるために医療ソーシャルワーカーを置くことが定められている。2005（平成17）年度で260施設が診療事業を行っている。

厚生労働省が示す受診手続きの流れは，以下のとおりである。

1　無料低額診療施設は関係機関（社会福祉協議会，福祉事務所等）と協議のうえ，減免額・減免方法等をあらかじめ決定しておく。

2　無料低額診療施設は関係機関に対して，無料（低額）診療券を発行し，関係機関がこれを保管する。

3　利用者（本人，家族）は関係機関へ相談に行く。

4　関係機関は利用者に対して，無料（低額）診療券を交付する。

5　利用者は，無料（低額）診療券をもって無料低額診療施設で受診する。

6　無料低額診療施設は利用者に対して，窓口払い減免による医療提供を行う。

また，利用者が当制度を周知しているとは限らず，関係機関に相談せずに直接受診に訪れる場合も想定される。この場合は，診療施設の医療ソーシャルワーカーが相談をうけ，減免措置をとる。減免措置をうけた後は，無料（低額）

> **医療ソーシャルワーカー**
> 保健医療分野でソーシャルワークを行う社会福祉専門職を総称している。略称でMSWとよぶ。役割として利用者の抱える経済的，心理・社会的問題に対して，解決，調整を援助し，社会復帰の促進を図る。

診療券による受診を指導することとされている。

(4) 無料低額宿泊所

　無料低額宿泊所は，社会福祉法第2条第3項に基づく第二種社会福祉事業であり，「生活困難者のために，無料又は低額な料金で，簡易住宅を貸し付け，又は宿泊所その他の施設を利用させる事業」と規定されている。2009（平成21）年6月末で施設数は439施設，総入所者数は14,089人，うち生活保護受給者数は12,894人となっている。

参考文献

　池田和彦・砂脇恵『公的扶助の基礎理論　現代の貧困と生活保護制度』ミネルヴァ書房，2009年
　厚生統計協会『国民の福祉の動向』各年版
　厚生労働省編『厚生労働白書』ぎょうせい，各年版
　『社会保障の手引　施策の概要と基礎資料』中央法規，2013年
　中央法規出版会編集部編『改正生活保護法・生活困窮者自立支援法のポイント』中央法規，2014年

プロムナード

　制度の狭間で苦しむ生活困窮者の人たちに根気強く寄り添うコミュニティソーシャルワーカーの取り組みがドラマ化されました。ドラマの成り行き上，たまたま主人公が福祉職だったとか，生活困窮者だったとかいうものではなく，生活困窮者を取り巻く地域の課題，そしてその課題に真正面から取り組むソーシャルワーカーの仕事に焦点を当てたドラマがこれまでにあったでしょうか。
　ソーシャルワークの仕事は，数値的評価が難しく，成果が出るまでに時間がかかることが多々あります。生活支援，対人援助の地道な取り組みの価値は，一つひとつのケースに取り組む過程をドラマ化することで市民の心へと届けることができるのではないでしょうか。
　視聴者にこのドラマはどのように映ったのでしょう。現在，アウトリーチに取り組むソーシャルワーカーが地域で頑張っています。彼らと出会う市民が「そういえば，この間ドラマでやっていた仕事ってあなたたちのことかしら」と理解してもらえるだけでも，現時点では大きな意味をもつように思います。そして，「自分もこんな仕事がしたい」「私がしたい仕事はこれだ」と点と点が繋がり，ソーシャルワーカーを目指す人たちが増えていくことを願います。教員になった私も目の前の金のたまごたちに真摯に向き合い，地域で自分の仕事に価値を見出していけるソーシャルワーカーを育成していくことに力を注がなければと思うのでした。

学びを深めるために

　湯浅誠『反貧困「すべり台社会」からの脱出』岩波新書，2008年
　　自身の現場実践を踏まえながら，現代の貧困問題の構造について明らかにしている。「貧困は自己責任か」の問いに真正面から答えてくれ，この貧困の社会構造を改善していくための方策についても考察されている。学術的にも価値ある貧困問題に関する必読書である。

生田武志『ルポ最底辺―不安定就労と野宿』ちくま新書，2007年
　　自らの体験をもとに不安定就労の実情を捉えたルポルタージュ。不安定就労と貧困の関係を理解する上で役立つ。ホームレスの人権問題の視点からも学ぶことが多い書である。

　児童手当，児童扶養手当，特別児童扶養手当の違いについて整理してみましょう。

福祉の仕事に関する案内書

塩野谷祐一・鈴村興太郎・後藤玲子編著『福祉の公共哲学』東京大学出版会，2004年

上野千鶴子・大熊由紀子・大沢真理・神野直彦・副田義也編『ケア　その思想と実践』全6巻，岩波書店，2008年

第 7 章

ホームレス状態にある人びとへの支援

第7章 ホームレス状態にある人びとへの支援

1 ホームレスとは

(1) ホームレスの定義と実際の範囲

「ホームレス」とは誰のことを指すのか，という問いに答えるのは実は難しい。もともとは「野宿生活者」「野宿労働者」などの呼称で，各自治体が独自に対策を講じてきた歴史がある。東京の「山谷」，大阪の「釜ヶ崎」といった地域において，日雇労働者として従事する者がその日の仕事に就けず所持金も失い，路上で眠らざるを得ない状態にある者を対象としていた。

1990年代に入り，バブル経済が崩壊して経済状況が悪化していくなかで，日雇い労働の求人数が減少するのみならず，完全失業率の上昇といった要因も重なり，これまでの日雇い労働を軸とした野宿問題が，日雇い労働を経験していない者の住居喪失という問題を含め拡大していく。そして都市公園や河川敷，駅舎などで野宿を余儀なくされる人びとが増加した。日雇い労働者が集住する地域のみならず，都市圏内に広がることによりこの問題は社会問題化していった。1999 (平成11) 年にはこの問題に関係する省庁や自治体による「ホームレス問題連絡会議とりまとめ」が提出されて，国レベルによる取り組みが促されていく。

「ホームレス問題連絡会議とりまとめ」は次のように述べる。「いわゆる『ホームレス』の厳密な定義は困難であるが，ここでは，失業，家庭崩壊，社会生活からの逃避等様々な要因により，特定の住居をもたずに，道路，公園，河川敷，駅舎等で野宿生活を送っている人々を，その状態に着目して『ホームレス』と呼ぶこととする」[1]。このように規定されたことで，「ホームレス」という表現は一般化して用いられるようになる。そして同時に，住居を失って屋外で起居している「場」に着目して，そこからいかに居宅生活・地域生活へ移行していくかが政策課題となった。

起居している「場」に着目する流れをうけて，その後の2002 (平成14) 年8月に施行された「ホームレスの自立の支援等に関する特別措置法」(以下，「ホームレス自立支援法」とする) 第2条ではホームレスを「都市公園，河川，道路，駅舎その他の施設を故なく起居の場所とし，日常生活を営んでいる者」と定義した。

このようにホームレスを定めることにより，施策を構築していけるのであるがその反面，その規定から外れる例においては対応が別立てとなり，あるいは対応に遅れが生じる。たとえば社会的入院状態にある人や，家庭内暴力から避難するために一時的に知人宅に身を寄せている人は，物理的に占有できる居室をもっていない事情を抱えているが，ホームレスとはいわないし，後述するインターネットカフェ等で寝泊まりを続けながら不安定就労に従事する者は「住居喪失不安定就労者」とよばれる。この，いわゆる「ネットカフェ難民」とよ

日雇労働者
　雇用保険において日雇労働者とは，日々雇用される者および30日以内の期間を定めて雇用される者(他，要件規定あり)をいう。健康保険においては，日々雇い入れられる者，2月以内の期間を定めて使用される者，季節的業務に使用される者，臨時的事業の事業所に使用される者をいう。

ばれる人びとは、寝泊まりを続けている間、屋外で起居しているわけではない。ホームレス自立支援法による総合相談推進事業はホームレスの起居する場所を巡回して相談に応じる事業であることから、インターネットカフェ等にいる間はサービスの実質的な対象とならない。また、住居喪失不安定就労者を対象としたホームレス等就業支援事業の職業相談も大都市圏に限られており、アクセス上の課題を有している。

その一方でホームレスを「屋外で起居している者」という意味で捉えるのは、社会通念上も同様であったことからも一般社会へ浸透していく。しかしながらこの場合、広い意味で居宅を失っている人びとは対象とならない（図表7－1）。わが国における定義に対して、イギリスではホームレスを「占拠する法的権利を有し、アクセス可能かつ物理的に使用可能で、継続して居住することが合理的である宿泊場所を有さない者」[2]と住宅法で定めてホームレスを包括的に捉え、屋外での起居に限定せず、さらに居住の継続性を保てないことをホームレスの要件としている。居宅の継続性に着目することができれば、ホームレス状態を防ぐための幅広い予防的施策や、ホームレス状態から脱出した後の支援も範囲となり、宿泊場所を有さないことに着目するのであれば、インターネットカフェ等に寝泊まりしながら、日雇い労働や臨時の就労をしている者もホームレス状態となる。2007（平成19）年に厚生労働省は、住居を失い寝泊まりのためにネットカフェ等を週半分以上、常連的に利用する者を「住居喪失者」と位置づけ、その実態を調査したところ推計で約5,400人に達し、そのうちで非正規労働に従事する者（特にこの者を住居喪失不安定就労者と位置づけている）は約2,700人に達すると報告した。これはホームレス自立支援法が施行された当時は想定していなかった問題であったので、「ホームレスとなることを余儀なく

> **ホームレス等就業支援事業**
> ホームレスおよびホームレスになるおそれのある者（特にインターネットカフェ等で寝泊まりをしている住居喪失者）の雇用機会の確保を促進するために行う就業支援、就業機会確保支援、職場体験講習及び就職支援セミナー等の支援策のことである。

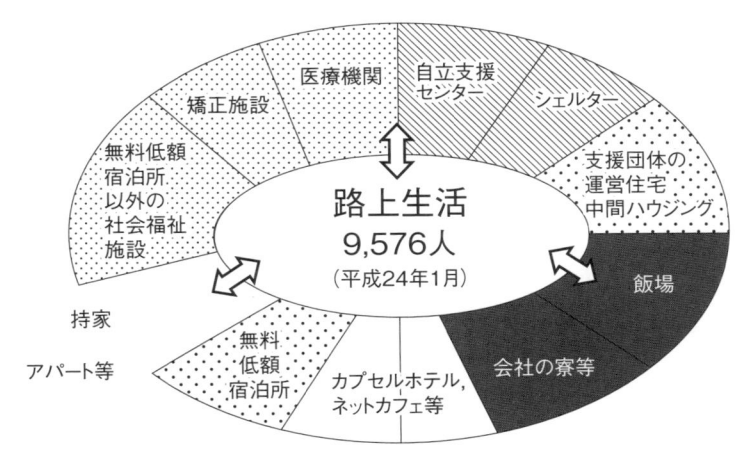

図表7－1 ホームレスの流出入の状況

路上生活 9,576人（平成24年1月）

流出入先：医療機関、矯正施設、自立支援センター、シェルター、無料低額宿泊所以外の社会福祉施設、支援団体の運営住宅・中間ハウジング、持家、アパート等、無料低額宿泊所、カプセルホテル・ネットカフェ等、会社の寮等、飯場

出所）ホームレスの実態に関する全国調査検討会「平成24年『ホームレスの実態に関する全国調査検討会』報告書」2012年

されるおそれのある者」と位置づけて整合性を図ろうとしている。

　また，わが国の定義「都市公園，河川，道路，駅舎その他の施設を故なく起居の場所とし」にある「故なく」についてふれておく。「故」とは字義通りに解釈すると「理由」や「原因」を指すので「理由なく起居の場所とし」になってしまい，ホームレス状態に至る背景や理由がないことになる。これについては法制定時の過程で，「故なく」は施設の使途目的とは異なるものという意味であると確認されている。「起居」は施設の使途目的とは異なる行為，という視点を定義に導入していることも特徴的で，当事者の視点のみならず，施設管理者の視点からも定義化されているといえよう。

　ホームレス自立支援法は10年を期限とした時限法であり，近年の社会問題としてのホームレス問題に対応するための法律であることから，このような定義に至ったともいえる。なお2012（平成24）年に改正され，5年間の延長が決まった。

（2）ホームレス問題の背景

　2000（平成12）年に厚生省（当時）に設置された「社会的な援護を要する人々に対する社会福祉のあり方に関する検討会」は9回の検討の後に報告書を提出した。報告書は，社会福祉の制度が充実してきたにもかかわらずそれは社会的擁護を要する人びとに届いていない，という問題意識のもとで「ホームレス問題」や「孤独死・自殺」などの把握を①貧困，②心身の障害・不安，③社会的排除や摩擦，④社会的孤立や孤独，の4軸から試みている。そして，地域社会における「つながり」を再構築するためにソーシャル・インクルージョン（social inclusion），つまり「社会的包摂」の概念から検討する必要性を述べている。

図表7－2　近年における社会経済環境の変化

①経済環境の急速な変化
　・産業構造の変貌とグローバリゼーション
　・成長型社会の終焉
　・終身雇用など雇用慣行の崩れ
　・企業のリストラの進行
　・企業福祉の縮小～競争と自己責任の強調
②家族の縮小
　・世帯規模の縮小
　・家族による扶養機能のますますの縮小
　・非婚・パラサイトシングルなどの現象
③都市環境の変化
　・都市機能の整備
　・高層住宅，ワンルームマンションなど住宅の変化
　・消費社会化
　・都市の無関心と個人主義
④価値観のゆらぎ
　・技術革新や社会経済変化の中で，人間や生活，労働をめぐる基本的価値観の動揺

出所）厚生省「『社会的な援護を要する人々に対する社会福祉のあり方に関する検討会』報告書」2000年

報告書ではホームレス問題などの背景に，① 経済環境の急速な変化，② 家族の縮小，③ 都市環境の変化，④ 価値観のゆらぎ，があると指摘しており，ホームレス問題の背景として理解できる（図表7－2）。

　ところで，社会的包摂は「社会的排除」（social exclusion）の対語である。社会的排除は「主要な社会関係から特定の人々を閉め出す構造から生み出された現代の社会問題を説明し，これを阻止して『社会的包摂』を実現しようとする政策の新しい言葉」3)であり，いまだ統一した定義はない。しかし社会的排除は① 空間的な排除，② 福祉国家における制度が対応できていないことにその特徴がみられる。これをホームレス問題に引き寄せると次の通りとなる。

　① 空間的な排除は，日雇い労働者の労働市場は古くから「寄せ場」とよばれた特定の地域に集められてきたが，これは一般社会から不安定な就労を排除して集合させたものといえる。また，2003（平成15）年から2008（平成20）年にかけて，ホームレスが起居する場所の比重は都市公園から河川へ移っていくが，その過程において，都市公園にテントなどを再び設置させないことを目的とした対策をとったのであれば，河川への移行は排除の結果といえる。さらに，非正規雇用で解雇と同時に住居を失う問題は，解雇によって住居空間から排除されることを意味する。つぎに，② 福祉国家における制度が対応できていない（あるいはしない）とは，住所がなければ生活保護の申請ができないという誤った認識で生活保護の申請を抑制するなどの不適切な取り扱いがなされるならば，「水際作戦」とよばれる排除になるであろう。さらに，たとえホームレス自立支援法があったとしても，ホームレス自立支援施策が実施されていない自治体ではホームレス数の減少が留まる実態があり，これも排除の一つといえよう。2003年調査と2009（平成21）年調査のホームレス数を比較すると，施策を実施している自治体は42％の減少率であったが，未実施の自治体は8％の減少率であった。

　これら社会的排除に至るホームレス問題の背景には何があるのだろうか。かつての共同社会では，人は村落や家族などの閉鎖的な集団に帰属することで社会参加を果たしていた。この社会参加は労働への参加を含んだものである。しかし「個人の自由と自立を掲げ，『市場』を大きく発展させた近代は，このような帰属＝参加の関係を解体し，ある人の社会での役割や他者との関係の結び方を，多様な形に編み直していく」4)。したがって人は必要な関係を選び取ることを求められるが，これ自体は「自由と選択」という近代の価値に合致する。しかし「実際にある人が必要な関係を選び取って，ある社会の網の目に中に入っていくという行為は，その人の『自由と選択』だけに基づいているわけではない。むしろ共同社会の帰属に類似した，あるメンバーシップの証明や，その人の『場所』＝ホームの確認が，一定の網の目の中に入る『許可』の条件になっていることが少なくない」5)。したがって，社会参加は自身の存在を証明

水際作戦

　福祉事務所の生活保護相談窓口において面接相談に応じる者が生活保護制度や各種福祉サービスの説明を果たさなかったり，不適切な助言をしたり，理解不足であったりして，生活保護申請を抑制して「相談」扱いで終了させる行為を指し，申請権の侵害が疑わしい行為を意味する。学術・行政用語ではなく，当事者を支援する団体が使用する用語である。厚生労働省としては「法律上認められた保護の申請権を侵害しないこと」と指導している。

する「手続き」を経ることと，網の目に入るために網の目から「許可」を得ることが必要となる。ここでいうホームの確認は，住民票や連絡先でなされる。したがってホームレス状態はホームの確認ができないことになり，社会サービスの利用が制限され，社会参加が果たされなくなる。ホームの確認が社会参加，あるいは「自由と選択」の前提条件となっており，これがホームレス問題の背景にあるといえよう。

（3）ホームレス調査の目的と内容

ホームレス自立支援法では，第14条において，「施策の策定及び実施に資するため，地方公共団体の協力を得て，ホームレスの実態に関する全国調査を行わなければならない」としている。そこで法制定後の2003年の1月から2月にかけて初めて全国調査を行った。

ホームレス自立支援法に基づくホームレス調査は，数的把握を行うための概数調査と，生活の実態を把握するための生活実態調査があり，概数調査は全国の市町村において巡回による目視の方法で実施される。そして生活実態調査は東京都23区及び政令指定都市等で個別面接の方法で実施される。調査の目的は，ホームレスの自立支援にむけた施策の効果を継続的に把握することであり，政策評価等の実施に必要なデータの活用である。

ホームレス自立支援法に基づかない調査としては，2007年度に実施した「日雇い派遣労働者の実態に関する調査及び住居喪失不安定就労者の実態に関する調査」（以下，住居喪失不安定就労者等調査とする）がある。

> **生活実態調査**
> ホームレスの自立の支援等に関する特別措置法に基づいておこなわれる調査で，東京都23区・政令指定都市等で実施する個別面接調査の結果をまとめたものである。路上生活の実態や路上生活までのいきさつ，健康状態，今後の生活についての意識等を調査している。

図表7－3　全国のホームレス数の推移

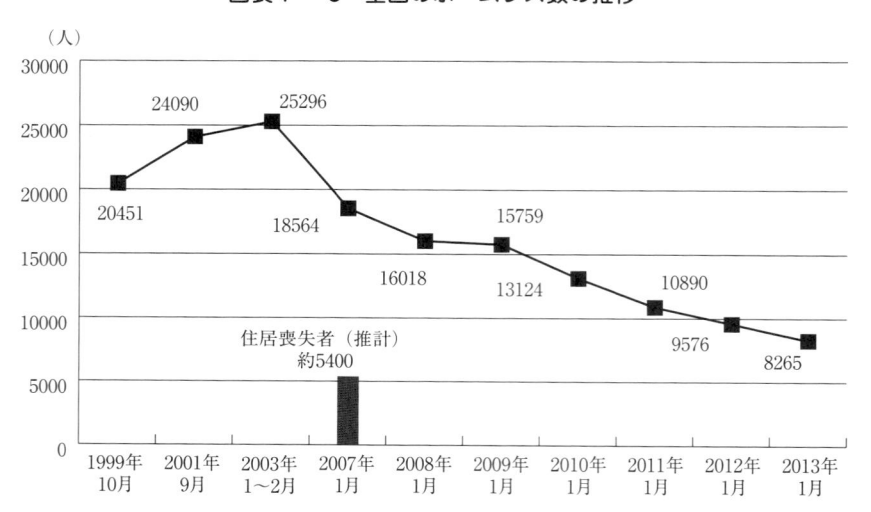

（人）

1999年10月	20451
2001年9月	24090
2003年1～2月	25296
2007年1月	18564
2008年1月	16018
2009年1月	15759
2010年1月	13124
2011年1月	10890
2012年1月	9576
2013年1月	8265

住居喪失者（推計）約5400

出所）厚生労働省「全国のホームレスの状況について（概数調査結果）」2001年
　　　厚生労働省「ホームレスの実態に関する全国調査（概数調査）結果」2003年，2007年，2013年
　　　厚生労働省「日雇い派遣労働者の実態に関する調査及び住居喪失不安定就労者の実態に関する調査の概要」2007年
注）住居喪失者の調査は2007年6月～7月に実施

また，ホームレス自立支援法が制定される以前は，厚生省（当時）が主体となってまとめた調査がある。これは各自治体が把握している概数を1999年と2001（平成13）年に吸い上げたものである。これらを加えた各種調査をもとに全国のホームレス数をみると2003年まで大きく増加するが，ホームレス自立支援法以降はその数を減らし，2013（平成25）年には8,265人とピーク時の3割程度となる（図表7-3）。男女比は不明分を除きおおむね男性が97％，女性が3％で推移している。同様にインターネットカフェ等で寝泊まりをしている住居喪失者も9割以上が男性である。このようにホームレス数は減少しているが，その理由はホームレス自立支援法による施策や生活保護法などによる対応が効果をあげていると考えられる。

　2013年の自治体別のホームレス数は，大阪府2,094人，東京都2,006人であり両者で全体の半数近くになる。政令指定都市別でみると大阪市が1,909人で突出している。政令指定都市全体では4,302人となる。政令指定都市全体に東京都23区の1,787人と合わせると7割を超えており，ホームレスは都市に集中していることがわかる。ただし島根県を除く全ての都道府県でホームレスが確認されており，地方都市まで広がっていることもわかる。

　起居場所別のホームレス数の割合は，調査初年度の2003年と，2007年，2013年の3カ年で推移をみると，都市公園は40.8％→30.7％→25.2％，河川は23.3％→30.4％→31.1％，道路は17.2％→16.8％→17.1％，駅舎は5.0％→4.9％→4.3％，その他施設は13.7％→17.2％→22.2％となる。都市公園が減少し，河川およびその他施設が増加している傾向がある。

　ホームレスの生活実態調査は，2003年，2007年，2012年に実施されている。ここでは2013年7月31日に出された「ホームレスの自立の支援等に関する基本方針」（以下，「基本方針」とする）に記載されている2012年生活実態調査の分析結果を挙げる（図表7-4）。

図表7-4　ホームレスの生活の実態

ア　年齢
　ホームレスの平均年齢は59.3歳（平成19年生活実態調査では，調査客対数が異なるものの平均年齢は57.5歳）であり，また，年齢分布については65歳以上が29.0％（同21.0％）となっており，ホームレスの高齢化が一層進んでいる。
イ　路上（野宿）生活の状況
（ア）　生活の場所については，生活の場所が定まっている者が83.6％であり，このうち，「公園」が29.7％，「河川」が29.1％となっている。
（イ）　路上（野宿）生活期間については，3年未満が37.0％であるのに対し，5年以上は47.0％（10年以上は27.0％）となっている。これを年齢階層別にみると，高齢層（60歳以上の者をいう。以下同じ。）ほど期間が長期化する傾向にあり，65歳以上では10年以上の者が33.6％となっている。また，路上（野宿）生活の期間と今後希望する生活との関係をみると，路上（野宿）生活期間が長くなるほど「今のままでいい」と回答した者の割合が高くなる傾向にあり，路上（野宿）生活期間が3年以上の者では，その割合は38.8％となっている。

　　　　　　一方，今回の調査における路上（野宿）生活期間が1年未満である者の33.2％が，5年以上前に初めて路上（野宿）生活をしており，路上と屋根のある場所との行き来を繰り返している層の存在が一定程度みられた。
（ウ）　　仕事については，全体の61.0％が仕事をしており，その内容は「廃品回収」が77.8％を占めている。仕事による平均的な収入月額については，1万円以上3万円未満が34.1％と最も多く，次いで3万円以上5万円未満が30.2％となっており，平均収入月額は約3.6万円となっている。これを年齢階層別にみると，65歳以上の者であっても56.8％が収入のある仕事をしている。このように，高齢層ほど路上（野宿）生活が長期化する傾向は，路上等で仕事をし，一定の収入を得ながら生活ができていることへの自負もその背景にあると考えられる。
ウ　路上（野宿）生活までのいきさつ
　　路上（野宿）生活の直前の職業については，建設業関係の仕事が45.9％，製造業関係の仕事が14.6％を占めており，雇用形態は，「常勤職員・従業員（正社員）」（以下「常勤職」という。）が42.0％と大きな割合を占め，「日雇」が25.5％，「臨時・パート・アルバイト」が23.8％となっている。また，路上（野宿）生活に至った理由としては，「仕事が減った」が34.1％，「倒産・失業」が28.4％，「病気・けが・高齢で仕事ができなくなった」が20.4％となっている。
　　若年層（45歳未満の者をいう。以下同じ。）についてこれらの状況をみると，路上（野宿）生活の直前の雇用形態は，常勤職が他の年齢層と比べて少なくなっており，35歳未満の層では常勤職が23.5％となっている。最も長く就業していた業種も，サービス業が最も多く47.1％となっており，建設業や製造業の常勤職又は「日雇」の多い高齢層とは異なる状況が認められる。また，路上（野宿）生活に至った理由としては，「人間関係がうまくいかなくて，仕事を辞めた」が35.3％，「労働環境が劣悪なため，仕事を辞めた」が17.6％，「借金取立により家を出た」が11.8％，「家庭内のいざこざ」が17.6％となっており，労働環境の変化や借金，家庭内の人間関係等の多様な問題が重なり合っていることが特徴としてあげられる。
エ　健康状態
　　現在の健康状態については，「悪い」と答えた者が26.2％であり，このうち治療等を受けていない者が64.3％となっている。なお「2週間以上，毎日のように落ち込んでいた時期があった」と回答した者は6.9％となっており，うつ病等の精神疾患を有すると考えられる層も一定程度みられた。
オ　福祉制度等の利用状況
（ア）　　福祉制度の利用状況については，巡回相談員に会ったことがある者は78.4％であり，このうち相談をしたことがある者は38.2％となっている。
　　　　　　また，緊急的な一時宿泊所であるホームレス緊急一時宿泊施設（以下「シェルター」という。）を知っている者は65.3％であり，このうち利用したことがある者は17.6％となっている。また，ホームレス自立支援施設（以下「自立支援センター」という。）を知っている者は64.4％であり，このうち利用したことがある者は10.1％となっている。
　　　　　　シェルター及び自立支援センターの利用者の状況については，若年層が44.0％，利用前の路上（野宿）生活期間では1ヶ月未満の者が61.1％を占めており，高齢層における路上（野宿）生活者が長期化しているのに対して，これらの施設利用者は，若年層や路上（野宿）生活期間が短い者が多くなっている。
　　　　　　また，自立支援センターの退所理由については，就労退所が26.9％（「会社の寮・住み込み等による就労退所」が8.2％，「アパートを確保しての就労退所」が18.7％）を占めるが，このうち「アパートを確保しての就労退所」している者を年齢階層別でみると，若年層が全体の28.0％を占めている。
　　　　　　さらに，就労退所した後に再び路上（野宿）生活に戻った者については，「病気やけが等による解雇」，「周囲とのトラブルや仕事になじめない」，「アパートの家賃の滞納」，「人間関係」等多面的な要因により路上に戻っている。
（イ）　　民間支援団体による支援の利用経験については，「炊きだし」が最も多く53.2％を占め，次いで「衣類，日用品等の提供」が34.2％となっており，その情報入手経路は，「口コミ」が最も多く40.5％となっている。
カ　今後希望する生活について
　　今後希望する生活としては，「今のままでいい（路上（野宿）生活）」という者が最も多く30.5％となっており，次いで「アパートに住み，就職して自活したい」という者が26.2％，「アパートで福祉の支援を受けながら，軽い仕事をみつけたい」が11.9％となっている。なお，年齢層が高いほど「今のままでいい」という回答が多く65歳以上の者では37.0％となっている。

> キ 生活歴
>   家族との連絡状況については，家族・親族がいる者は74.7％を占めているものの，このうち，この1年間に家族・親族との連絡が途絶えている者が77.8％となっている。また，公的年金の保険料を納付していたことがある者は69.9％であり，金融機関等に借金がある者は16.0％であった。
> ク 行政や民間団体への要望及び意見
>   行政や民間団体への要望及び意見としては，仕事関連が19.2％と最も多く，次いで住居関連が18.5％となっている。

出所）厚生労働省・国土交通省告示第1号「ホームレスの自立の支援等に関する基本方針」2013年

これまでに実施された生活実態調査から傾向をみると，路上（野宿）生活期間は3年未満の者が減少し，5年以上の者が増加していることから，長期化の傾向がわかる。長期化において「今のままでいい」と回答するホームレスへは，居宅生活への移行に向けたエンパワメント・アプローチが必要である。そしてその際は，路上等で仕事をしており，一定の収入を得ながら生活をしているゆえの自立意識を配慮することが必要である。

長期化が指摘される一方で，逆に若年層のうちの40歳未満の者は路上（野宿）生活の期間が短期間になりやすいという傾向がある。

さて，2012年の生活実態調査で，路上（野宿）生活期間の間に何らかの宿泊や居住場所へ移動，つまり屋根のある場所との行き来がなされたかについてみると，「時々，ドヤ，飯場，ホテル等にも泊まっていた」が13.0％となる。この回答には路上から就労へ移行しても，就労と住居が結びついているゆえに，解雇によって路上（野宿）生活に戻らざるを得なくなる不安定性を含んでいる。なお，飯場とは建設業付属寄宿舎のことを指し，建設現場で作業に従事する者の宿泊施設である。ドヤとは簡易宿泊所の一種であり，きわめて低額で宿泊できる施設の通称である。

また，「ホテル等にも泊まっていた」の回答にはインターネットカフェ等の宿泊も含むだろう。「住居喪失不安定就労者等調査」で寝泊まりの場所としてネットカフェ等以外に路上を利用すると答えた者の割合は4割程度であり，「ホテル等にも泊まっていた」者と重複する事例と考えられる。

ドヤ，飯場，ホテル等以外には「病院に一時的に入っていたことがある」4.5％，「施設に一時的に入っていたことがある」2.6％，「自立支援センターに一時的に入っていたことがある」2.4％，「緊急一時宿泊施設（シェルター）に一時的に入っていたことがある」4.0％となる。このように，路上（野宿）と施設・医療機関とを行き来する一定の人びとがいることを理解したい。つまり病院，施設，自立支援センター，シェルターに移行しても再び路上（野宿）へと戻るという実態からも，居宅への移行に課題が生じている。

家族・親族がいると回答した者は74.7％であるが，そのうちで「この1年間で家族・親族と連絡がない者」は7割を超えている。また「住居喪失不安定就労者等調査」では「困ったことや悩み事を相談できる人がいない」とする者の

> **エンパワメント・アプローチ（empowerment approach）**
>   ソーシャルワークの主体者としてクライエント（福祉サービス利用者）自身を位置づけ，クライエントの病理・欠陥ではなくクライエントの強さ・生き抜く力を重視し，クライエントとクライエントをとりまく環境のもつ潜在的な強さ・能力を引き出し，増強させていく一連の諸活動である。

割合は，調査地別に東京で42.2％，大阪で56.1％である。これらのことから，孤立化が指摘されている。

2 ホームレス支援策の概要

(1) ホームレス自立支援法の概要

2002年に施行した「ホームレスの自立の支援等に関する特別措置法」は，全14条からなる簡潔なものである。具体的な事業などは国の基本方針をうけて都道府県や市町村が策定する実施計画に基づいて展開されるため，法は包括的なものとなっている。

第1条はホームレスの自立の支援や，ホームレスとなることを防止するための生活上の支援等に関して必要な施策を講ずることにより，ホームレスに関する問題の解決に資することが法の目的であると定めている。第2条はホームレスの定義を定めている。第3条はホームレスの自立の支援等に関する施策の目標を定めており，自立に向けた施策，ホームレスとなることを防止する施策，緊急に行うべき施策，国民への啓発活動等によるホームレスの人権の擁護などを定めている。第4条はホームレスによる施策の活用と自立への努力，第5条は総合的な施策を策定し実施する国の責務，第6条は地方公共団体による実情に応じた施策の策定と，その実施の責務，第7条は国民の施策への協力等が定められている。第8条は厚生労働大臣および国土交通大臣が策定する基本方針の必要事項を定めている。第9条は都道府県及び市町村が必要に応じて策定する実施計画を定めている。第10条は国の財政上の措置を講ずる努力を定めている。第11条は都市公園などの施設を管理する者による，支援施策との連携と当該施設の適正な利用を確保するための必要な措置を定めている。第12条は国及び地方公共団体による民間団体との連携の確保や民間団体の能力の活用を定めている。第13条は国及び地方公共団体相互の連携の確保を定めている。第14条はホームレスの実態に関する全国調査の実施義務を定めている。

(2) ホームレスの自立の支援等に関する基本方針

基本方針は，ホームレスの自立の支援等に関する国としての基本的な方針であり，地方公共団体が実施計画を策定する際の指針でもある。基本的な考え方は次のとおりである。① ホームレスが自らの意志で安定した生活を営めるように支援するためには，就業の機会の確保が最も重要であり，あわせて安定した居住の場所が確保されることが必要である。したがって，② 路上（野宿）生活を前提とした支援は恒常的なものでなく，緊急的かつ過渡的な施策である。そして，③ 保健医療の確保，生活に関する相談および指導等の総合的な自立支援施策を講じる必要がある。④ ホームレス問題は地方公共団体ごとにその状況が大

図表7－5　ホームレスの自立の支援等に関する基本方針（課題と取組方針）

① 就業の機会の確保
雇用の促進に向けた，事業主等への啓発活動
就業ニーズや職業能力に応じた求人開拓や求人情報の収集とその提供
自立支援センター等でのキャリアカウンセリングや職業相談等の実施，職場定着指導等の援助
トライアル雇用事業の実施による新たな職場への円滑な適応の促進
地方公共団体や地域の民間団体等で構成される協議会での就業支援，就業機会確保支援等の総合的な実施
技能講習や職業訓練の実施による職業能力の開発および向上
一般就労に向けた支援付きの就労体験やトレーニングを行う中間的就労の場の情報提供
民間団体への求人情報の提供および技能講習等の実施における連携
② 安定した居住の場所の確保
公営住宅の優先入居制度の活用等の配慮および民間賃貸住宅に関わる団体等との連携
低廉な家賃の民間賃貸住宅に関する情報の提供と自立支援センター等の福祉部局との連携
民間賃貸住宅入居に要する保証人の確保にむけた，民間の保証会社等に関する情報の提供と福祉部局との連携
③ 保健および医療の確保
保健所における健康相談や保健指導等の実施および必要な人材の確保
福祉事務所等との密接な連携にもとづいた，保健所によるホームレスへの適切な医療の確保および相談支援の実施
結核にり患しているホームレスへの訪問等による服薬対面指導等の実施
無料低額診療事業の積極的な活用と緊急搬送された要保護者に対する生活保護の適用
④ 生活に関する相談および指導
福祉事務所を中心とした，関係機関・施設等の連携による総合的な相談体制の確立と必要な人材の確保
精神保健福祉センターや保健所の連携に基づく心のケアの実施
各地方公共団体による相談事業の実施および洪水等災害時にホームレスにおよぶ被害を防止するための連携
相談を受けた機関による，自立支援センターの入所指導や福祉施策の活用に関する助言等の具体的な指導の実施
⑤ 自立支援事業およびホームレスの個々の事情に対応した自立支援
自立支援センターによる宿所および食事の提供，健康診断，生活相談・指導，公共職業安定所との連携による職業相談の実施
自立支援センターの退所者に対するアフターケア，入所期間中に就労できなかった者に対する必要な支援の実施
ホームレスの個人的要因の十分な把握と，ホームレスの状況や年齢に応じた効果的な支援の実施
・就労する意欲はあるが失業状態である場合は，職業相談や求人開拓に加えて，中間的就労の場等の情報の収集や提供の実施
・医療や福祉等の援助が必要な状態の場合は，各種相談事業等の積極的な活用や医療機関・施設での対応の実施
・路上（野宿）生活が長期に及んでいる状態の場合は，相談活動を通じた社会との接点の確保
・若年層のホームレスの支援における，直ちに一般就労が難しい者への中間的就労の場の推進・充実
・女性のホームレスに対する，性別に配慮したきめ細かな自立支援の実施
⑥ ホームレスとなるおそれのある者に対する生活上の支援
キャリアカウンセリングやきめ細かな職業相談等の充実強化，技能講習による技能の付与，トライアル雇用事業の実施
シェルター等による当面の一時的な居住の場所の確保および安定した住居の確保にむけた相談支援の実施
ホームレスと同様に積極的な相談活動の実施
⑦ 緊急に行うべき援助および生活保護の実施
急迫した状態の者や要保護者が緊急搬送された場合における生活保護の適用と治療後の総合的な支援の実施
シェルターの整備および無料低額宿泊事業をおこなう施設の活用
緊急的な援助を必要としているホームレスの早期発見
ホームレスの抱える問題を十分に把握した上での適切な保護の実施
直ちに居宅生活を送ることが困難な者における施設等の保護および居宅生活への移行にむけた支援
居宅生活を送ることが可能であると認められる者における保護の実施および就業の機会の確保等の必要な支援の実施
⑧ ホームレスの人権の擁護
ホームレスに対する差別的意識の解消や人権侵害事案に対する適切な解決
ホームレスの入所施設における人権の尊重と尊厳の確保の十分な配慮
⑨ 地域における生活環境の改善
ホームレスの人権に配慮し，自立支援施策との連携を図りつつ，施設の適正な利用を確保するための措置の実施
施設の適正な利用を確保するための巡視，物件の撤去指導等の適宜実施，法令の規定に基づいた監督処分等の措置の実施
⑩ 地域における安全の確保
ホームレスに対する事件・事故の防止，地域住民の不安感の除去にむけたパトロール活動の推進
地域住民等に不安を与える事業等への指導・取締り等の実施および緊急に保護が必要と認められる者への保護
⑪ 民間団体との連携
行政，民間団体，地域住民等で構成する協議会の設置
地方公共団体による民間団体等への情報提供や各団体間の調整・協議の実施
民間団体への各種施策の運営委託による，民間団体の能力の積極的な活用
⑫ その他
ホームレスの自立を直接支援する施策を実施し，あらたなホームレスを生まない地域社会をつくるための地域福祉の推進

出所）厚生労働省・国土交通省告示第1号「ホームレスの自立の支援等に関する基本方針」2013年。一部筆者により改変

きく異なっていることから，地域の状況をふまえて施策を推進する必要がある。

基本方針はその上で，12の課題と取り組み方針をあげている（図表7－5）。なお，2013年策定の基本方針からは，あらたに「一般就労に向けた支援付きの就労体験やトレーニングを行う中間的就労」が明記された。

この基本方針をもとに，都道府県は市町村のホームレス対策における課題を検討したうえで，必要に応じてホームレス対策に関する実施計画を策定し，市町村が実施する各種施策が円滑に進むよう支援を行う。市町村は基本方針や都道府県の策定した実施計画に基づき，必要に応じてホームレス対策に関する実施計画を策定し計画的に実施する。なお，実施計画を策定しない地方自治体であっても，必要に応じてホームレスの自立支援に向けた施策を積極的に実施することが求められている。

> **中間的就労**
> 生活困窮者自立支援制度に位置づけられる就労訓練事業であり，直ちに一般就労を目指すことが難しい生活困窮者に対する，就労体験やトレーニングを通じた支援付き訓練の場であり，個々人の就労支援プログラムに基づき，就労支援担当者による一般就労に向けた支援が展開される。非雇用型と支援付き雇用型がある。

3　ホームレス支援の実際

（1）自立支援センターを利用したホームレス支援の事例

1）世帯の概要

Nさん　性別：男性　年齢45歳

2）支援の開始に至る経過

Nさんは高校を中退した後，長く中小企業で製造業に従事するが，業績が悪化したことで，寮付きの会社を退職することになった。退職金もわずかであり，いったんは実家へ戻ったのだが，家族とも険悪になり実家を出ねばならず，寮付きであることを優先して非正規労働に従事した。しかしその後，労働者派遣契約の中途解除により寮を出ることになり，誰にも頼ることができずに路上（野宿）とインターネットカフェ等を行き来する生活となった。ホームレスの襲撃を防ぐためにパトロールをしているボランティア団体のAさんが駅舎で横になっているNさんに声をかけた時も，誰とも会話すらしていない孤立した様子であった。

3）支援の過程

Aさんの同行により福祉事務所へ相談に行ったNさんは，自分を責める言動を繰り返していたが，面接担当者の丁寧な対応により，仕事をしたいのだが住所もなく困っているなどと話し始めた。自立支援センターや生活保護などの説明を聞いたNさんは，就労を優先したいのでホームレス自立支援事業による自立支援センターの入所を希望し，それをうけてD自立支援センターの生活相談指導員として従事する社会福祉士のCさんが面接を実施して入所に至った。

入所後，数日間は心身を安定させることに努め，Cさんによるアセスメント，および支援目標の設定にむけた面接を経た後，就労支援が開始された。自立支援センターを巡回する就職支援ナビゲーターの職業相談を利用しつつ履歴書の

> **ホームレス自立支援事業**
> 自立支援センターの利用者に対して宿泊および食事の提供や健康相談，生活相談・指導を行う事業であり，過去の生活状況やじぎょうであるり，等を把握，勘案して個々の自立支援プログラムを作成し，公共職業安定所との連携のもとで，就労支援を行い，あわせて社会生活へ復帰するための支援を実施することにより，就労による自立を目指す事業である。

書き方や面接の受け方などの練習を繰り返した。都市雑業の従事よりも常用雇用を目指して就労活動をおこない、まもなく工場勤務の就職が決まった。

現在はセンターから通勤して順調に生活している。その一方で人間関係を豊かに広げていくことを本人も希望しており、ボランティア団体のAさんと関係を紡いでいる。収入により居宅が確保できる見通しであり、居宅移行後の生活についても就労だけでなくボランティア活動への参加など、生活の質的な向上にむけて目標を設定することにした。

4）考察

社会参加をするためにはホームの確保が不可欠である。居住地がなければ就労が困難になったときや、就労を希望したときなど、あらゆる場面で弊害が生じる。自立支援センターを一時的なホームとして、社会参加に向けた次のステップに進めたが、退所後の生活について就労以外の社会参加も視野に入れることができたことで、将来に向けての生活意欲の向上につながったと考える。

（2）無料低額宿泊所を利用したホームレス支援の事例

1）世帯の概要

Tさん　性別：男性　年齢63歳

2）支援の開始に至る経過

40歳代までは建設業を転々とし全国を渡り歩くが、腰椎を痛めて仕事で無理ができなくなった。景気悪化の中、求人自体も減少し、馴染みの業者にも断られて、所持金が尽きて路上で寝ることになる。その後は知り合った同じ境遇の者に誘われ、河川敷にテントを設置して9年を過ごす。しかし過酷な生活環境の中、加齢とともに体調が悪化していた。

3）支援の過程

ホームレス総合相談推進事業の巡回相談員Sさんは、巡回時にTさんより体調悪化の相談をうける。これまでは居宅へ移行することに抵抗を示してきたTさんもSさんの説明に同意して、福祉事務所へ相談に行くことになり、相談員Sさんは事前に福祉事務所へ連絡を入れておいた。Tさんの相談をうけ、福祉事務所はTさんの同意のもとアセスメントを行うために更生施設への即日入所、検診を実施した。その結果、入院加療は必要でないものの就労は難しいこと、アセスメントではテント生活に限界を感じていて、アパートへ移りたいという本人の希望が明らかになった。しかしながら、健康管理、家事管理、金銭管理などの能力は長期間の路上（野宿）生活で低下しており、生活上の技能を取り戻すプログラムをうけることが適切であるとわかった。そこでNPO法人が運営する無料低額宿泊所「U」に入所し、支援プログラムをうけること、また、入所にともないテント撤収の支援を利用することを提案し、Tさんの同意を得た。

ホームレス総合相談推進事業

ホームレス等の起居する場所を巡回して、日常生活に関する相談、自立のために必要な支援・指導等を行う。他に、自立支援センター等を退所した者への定期的な訪問による支援等もある。

「U」のスタッフの支援計画に基づく支援を利用したTさんは，整容，調理，洗濯，掃除，買い物やATM機の利用法などさまざまな技能を取り戻していった。入所から3カ月後，心身ともに居宅生活への見通しが立ったことから，ケースワーカーは居宅移行への方針を決定し，居宅移行に関する敷金等の支給手続きに入った。Tさんは残り1カ月の間，住居探しなど意欲的に取り組むことができた。「U」のスタッフはTさんの居宅移行後も，定期的な訪問を通してアフターフォローをしており，Tさんはケースワーカーの支援を利用しながら居宅での自立を維持している。

4) 考　察

路上（野宿）生活の長期化は，居宅生活で自然と使われている技能が弱まることを意味している。居宅生活へ移行するためのプログラムは，Tさんにとって生活習慣を「つくり直す」という変化を促した。これを達成するためにはTさんの生活全体についての個別的なアセスメントが鍵となろう。したがってTさんの思いを丁寧にうけつつ手段的日常生活動作の情報収集が必要であると考える。

> **手段的日常生活動作**
> IADL（Instrumental Activities of Daily Living）を指し，毎日の生活を送るための基本的動作のうち，電話，買い物，料理，家事，洗濯，旅行，薬の管理，家計の管理など，社会生活を営むにあたって必要な動作をいう。

4　ホームレス対策の課題

（1）ホームレス対策利用状況と今後の課題

2002年に施行されたホームレス自立支援法により，ホームレス自立支援施策が展開され，25,296人（2003年）から8,265人（2013年）と大幅な減少に至った。この要因は，ホームレス自立支援施策と生活保護の適用の効果が考えられる。ここでは，基本方針でとりあげている課題項目のいくつかについて，ホームレス自立支援施策の利用状況をふまえながら今後の課題について述べる。

基本方針にあげられる課題（図表7－5）①「就業の機会の確保」においては，「自立支援センター等でのキャリアカウンセリングや職業相談等の実施，職場定着指導等の援助」にむけて，ハローワークに配置した就職支援ナビゲーターを自立支援センターへ派遣し，職業相談等を実施している。2012年度では24,456件の相談に対応した。さらに「地方公共団体や地域の民間団体等で構成される協議会での就業支援，就業機会確保支援等の総合的な実施」では，4団体によるホームレス等就業支援事業が行われ，同年度で3,449件の求人の確保，735人の職場体験講習受講，940人の就業支援セミナー受講に至った。また，技能労働者として必要な技能の習得や免許資格等の習得を支援する「日雇労働者等技能講習事業」では，同年度で1,962人の受講修了に至った。これらの取り組みについて年次推移をみると，2008年度以降は横ばい，もしくは減少傾向にあるが，一定の効果をあげているといえよう。

課題④「生活に関する相談および指導」においては，「福祉事務所を中心と

した、関係機関・施設等の連携による総合的な相談体制の確立と必要な人材の確保」にむけて、2012年度は67自治体が「ホームレス総合相談推進事業」を実施した。これは、ホームレスの起居する場所を巡回して日常生活に関する相談に応じ必要な支援を行うものであり、この巡回相談により関係機関（自立支援センター、シェルター、福祉事務所、医療機関、ハローワーク、保健所等）へつないだ件数は、相談件数89,744件のうち5,059件（5.6％）となる。2008年度は61,513件中10,949件（17.8％）であったことからも、減少傾向にある。関係機関につながらない理由として、「本人に現状の生活を維持したいという意志が強く同意を得られなかった」や「本人に行政に対する不信感があり同意を得られなかった」などがある。したがって信頼関係を構築するための継続的な取り組みが必要である。

　課題⑤「自立支援事業およびホームレスの個々の事情に対応した自立支援」においては、「ホームレス自立支援事業」があり、2012年度で26カ所、1,712人の定員で運営されている。同年度の述べ入所者数は5,555人であり、退所者のうち就労により退所した者は1,148人（20.7％）である。この割合は年次ごとに増減を繰り返しており、2008年度23.4％、2009年度20.1％、2010年度33.5％、2011年度31.8％である。毎年、一定数が就労による自立につながっている。就労退所者へのアフターケアである「職場定着指導」は2012年度で731件であった。その一方で利用期間中に就労に至らず福祉等の措置により退所した者は同年で2,472人（44.7％）である。その他の退所理由としては、規則違反や無断退所などがある。就労支援における課題は、就労を目指すことだけでなく、生活全般についての相談に応じる総合的支援や、綿密なアセスメントによる支援計画の策定など拡大している。

　課題⑥「ホームレスとなるおそれのある者に対する生活上の支援」においては、住居を有さず、ネットカフェ等で寝泊まりしている「住居喪失者」、あるいはその中で不安定な就労に従事する「住居喪失不安定就労者」について、職業相談や住居の確保のための相談等に対応するための、ホームレス等就業支援事業「住居喪失不安定就労者相談窓口（チャレンジネット）」を設置している。2012年度では4地域、1,956人の相談に対応した。

　課題⑦「緊急に行うべき援助および生活保護の実施」においては、「ホームレス緊急一時宿泊事業」がある。2012年度では15カ所で延べ46,511人、1日だけの利用である単泊施設2カ所では1日あたり平均で411人が利用した。単泊施設を除き、半数程度の退所理由が「期限到来」となっている。それに対して、宿泊施設等を借り上げて開設したシェルターは59カ所で6,611人が利用し、福祉等の措置での退所は7割を超える。宿泊施設のタイプにより機能が異なるといえよう。

ホームレス緊急一時宿泊事業（シェルター事業）

ホームレスに対して、緊急一時的な宿泊場所を提供し、健康状態の悪化を防止する等により、その自立を支援する事業である。2009年度以降は、宿泊施設や民間賃貸住宅等の借り上げによる設置を可能とした。年末年始の期間も緊急一時的に開設される。

(2) ホームレス問題に対する生活保護の課題

　ホームレスへの生活保護適用開始件数は，2011年で31,843件である。2006（平成18）年の30,298件と比較するとほぼ横ばいである。2011年のホームレス数は10,890人であり，概数調査以上の件数である。これは，医療扶助単給を1年内で繰り返している者や，保護施設への短期的入所もあるだろうが，それ以上に，概数調査の人数以上に路上（野宿）生活への流入を生活保護が防いでいる実体があるといえよう。

　2011年の内訳をみると，医療機関において生活保護を開始した件数は4,472件（14.0％）である。2006年の11,467件（37.8％）と比較すると，大幅に減少している。つぎに，無料低額宿泊施設への入居により開始した件数は8,634件（27.1％）で，2006年の7,162件（23.6％）と比較すると件数は増加しているが割合は低下している。保護施設等の社会福祉施設への入所により保護を開始した件数は5,092件（16.0％）で，2006年の4,713件（15.6％）と比較すると横ばいである。

　ホームレスに対する生活保護の適用については，ホームレス自立支援法の施行と同時に保護課長通知が出され，「ホームレスに対する生活保護の適用については，一般世帯に対する保護の要件と同様であり，単にホームレスであることをもって当然に保護の対象となるものではなく，また，居住地がないことや稼働能力があることをもって保護の要件に欠けるものではない」[6]と示される。これは，ホームレスであっても法の原則にしたがって運用するということであるが，ホームレス状態は「急迫した事由」ではないと解釈していると同時に，居住地がなければ生活保護の申請ができないという誤りを戒めており，佐藤訴訟の影響がみられる（プロムナード参照）。

　生活保護法は第30条で生活扶助の方法を定めており「生活扶助は，被保護者の居宅において行うものとする。ただし，これによることができないとき，これによっては保護の目的を達しがたいとき，又は被保護者が希望したときは，被保護者を救護施設，更生施設若しくはその他の適当な施設に入所させ，若しくはこれらの施設に入所を委託し，又は私人の家庭に養護を委託して行うことができる」とする。

　2003年の基本方針の策定をうけて，ホームレスに対する生活保護の適用についてあらたな通知[7]が出される。そこでは，居宅保護によって保護の目的を達することができるかの判断を「居宅生活を営むことができるか否かの点について，特に留意する」として，そのために「面接相談時の細かなヒアリングによって得られる要保護者の生活歴，職歴，病歴，居住歴及び現在の生活状況等の総合的な情報の収集や居宅生活を営むうえで必要となる基本的な項目（生活費の金銭管理，服薬等の健康管理，炊事・洗濯，人とのコミュニケーション等）の確認により」行うとした。このアセスメントを含めてケース診断会議等におい

無料低額宿泊事業を行う施設

社会福祉法第2条第3項第8号に規定する「生計困難者のために，無料又は低額な料金で，簡易住宅を貸し付け，又は宿泊所その他の施設を利用させる事業」を行う施設である。設置主体はNPO法人や社会福祉法人等となっている。

て総合的に判断して，保護の方法を決定することとなった。また，アセスメントで居宅生活が可能とされ，民間賃貸住宅を利用するにあたり敷金等を必要とする場合は敷金等の支給が認められるようになった。

　このように，ホームレス状態からの保護の適用手続きが整備されていくが，その一方で劣悪な住環境の一部の無料低額宿泊施設や，社会福祉の各法律に位置づけされていない施設がホームレス状態からの居宅保護の受け皿として拡大していく問題が生じた。もちろん一部の劣悪な施設の問題ではあるが，これは，保護の目的を果たすことのできない問題として看過できない。現在では①訪問調査の徹底や劣悪な住環境にある場合などの転居支援，②消防署が行う防災安全対策への協力，③未届施設に関する関係部局との連携，④生活保護費の本人への直接交付の徹底，⑤無料低額宿泊施設の収支状況の公開の徹底が行われている。

　また，居宅保護へ移行するために，事例にあるように生活技能を取り戻すプログラムを展開している施設も多く，2011年の「社会福祉法第2条第3項に規定する無料低額宿泊事業を行う施設の状況に関する調査」では，51％の施設が利用者の自立に関する支援計画を作成している状況である。

　居宅保護においても，被保護者が地域で孤立している状況にあるとホームレスを支援している民間団体から報告されている。ケースワーカーによる自立支援プログラムの展開とあわせ，地域内で集える「社会的な居場所」を「新しい公共」である官・民協働で開発しているのが現状であり，このような「場」を保障していくことも，保護の目的を果たしていくために有効であろう。

　また，居宅へ移行後の就労支援においては，自立支援プログラム等が期待されている。

社会的な居場所
社会的な居場所とは，一般的に，社会とのつながりの中で人びとが自尊心や帰属心を感じることのできる場所である。生活保護行政では，被保護者が生活を再建していく際に，スプリングボード（跳躍台）の機能を果たすことが期待される。

新しい公共
新たな福祉課題に対応していくために行政，企業，NPO法人，社会福祉法人，住民などが協働して「福祉の増進・向上」という共通目標に向けて取り組むことを指す。詳しくは「生活保護受給者の社会的な居場所づくりと新しい公共に関する研究会報告書」を参照のこと。

注）
1) ホームレス問題連絡会議『ホームレス問題連絡会議とりまとめ』1999年
2) 長谷川貴彦「英米両国におけるホームレス政策の再構築の方向性に関する考察　OECD諸国におけるホームレス政策に関する研究（その2）」『日本建築学会計画系論文集』第593号，2005年，p.166
3) 岩田正美『社会的排除　参加の欠如・不確かな帰属』有斐閣，2008年，p.20
4) 前掲書，p.5
5) 前掲書，p.9
6) 厚生労働省社会・援護局保護課長通知「ホームレスに対する生活保護の適用について」（社援保発第0807001号）2002年8月7日
7) 厚生労働省社会・援護局保護課長通知「ホームレスに対する生活保護の適用について」（社援保発第0731001号）2003年7月31日

参考文献
　岩田正美『社会的排除　参加の欠如・不確かな帰属』有斐閣，2008年
　厚生省「『社会的な援護を要する人々に対する社会福祉のあり方に関する検討会』報告書」2000年

厚生労働省「日雇い派遣労働者の実態に関する調査及び住居喪失不安定就労者の実態に関する調査の概要」2007年
厚生労働省「平成23年度ホームレス対策事業運営状況調査（概要）」2012年
厚生労働省「ホームレスの自立の支援等に関する基本方針に定める施策に関する評価書」2013年
ホームレスの実態に関する全国調査検討会「平成24年『ホームレスの実態に関する全国調査検討会』報告書」2012年

プロムナード

　ホームレス状態からの居宅保護を認めた生活保護裁判に佐藤訴訟があります。これは，1998年に，ホームレス状態から施設保護でなく，居宅保護を求めて大阪市立更生相談所，大阪市，大阪府を相手に，施設保護開始決定の取り消しと国家賠償を求めて大阪地裁に提訴した生活保護裁判であり，2003年10月に大阪高裁で控訴棄却が言い渡され，その後控訴人が上告を断念し，原告である釜ヶ崎の日雇労働者の佐藤邦男氏が勝訴した訴訟です。もともと「生活扶助は，被保護者の居宅において行うものとする。ただし，これによることができないとき，（中略）施設に入所させ，（中略）行うことができる」（法30条第1項）と定めていることから，居宅を有していない場合は施設保護を優先すると解釈されてきました。しかし判決では居宅の有無だけで判断してはならず，要保護者の身体面，精神面の状況も含めて総合的に考慮して生活扶助の内容を決めなければならないとされました。これをうけ厚生労働省は「居宅生活ができる場合の判断の視点」を例示し，民間賃貸住宅等を借りる際に必要となる敷金等の支給手続きを定めました。そしてホームレス状態から居宅保護への道がいっそう開かれたのです。さらに，2008年に起こった世界金融危機以降，厚生労働省保護課長通知「職や住まいを失った方々への支援の徹底について」により，生活保護の適用が進んでいます。今後も利用しやすく自立しやすい制度を目指す必要があります。

学びを深めるために

後藤広史『ホームレス状態からの「脱却」に向けた支援』明石書店，2013年
　著者は生活困窮者（特にホームレスの人びと）を支援している民間団体で活動しながら，支援を「人の関係性による自尊感情の共有」と捉え，それをなしうる「場」の有効性について調査している。ホームレスから脱却した後の居宅生活を支援する上での示唆を得られる書である。

　厚生労働省のホームページから，「生活保護受給者の社会的な居場所づくりと新しい公共に関する研究会報告書」(2010)や平成24年「『ホームレスの実態に関する全国調査検討会』報告書」(2012)，「社会保障審議会生活困窮者の生活支援の在り方に関する特別部会報告書」(2013)を入手して読んでみよう。

福祉の仕事に関する案内書

生田武志・北村年子著，ホームレス問題の授業づくり全国ネット編『子どもに「ホームレス」をどう伝えるか』太郎次郎社エディタス，2013年

第 8 章

低所得者の住宅政策

第 8 章 低所得者の住宅政策

1 住宅と社会福祉－イギリス社会福祉の歴史から－

　世界に先駆けて福祉国家を形成したイギリスでは，人びとの福祉を実現するための政策手段やサービスのひとつに住宅が含まれている。産業革命後，都市を中心に生み出された貧しい居住環境で，労働者の住宅や公衆衛生などの問題が発生し，国や民間による取り組みを背景に，住宅が人間の福祉に欠かせない要素として社会政策や社会サービスの対象として認められるようになった[1]。

　その歴史的な経過に，福祉的な視点から展開されたオクダヴィア・ヒル(Hill, O., 1838-1912)の住居管理事業がある。19世紀半ば，都市では過密かつ不衛生な住宅問題が深刻化したが，それへの対応は市場に委ねられており，国が十分な対応を行わないなかで，劣悪な住宅状況を改善すべく，民間による活動が展開された。ヒルの取り組みは，ロンドンにおける貧しい労働者の住宅問題を解決するため，彼らの生活を物理的に守る健全な住宅(house)を提供することと，彼らの家庭生活(home/family life)を幸福かつ健全なものとすることにあった[2]。そのために，今日にいうソーシャルワークの一方法として，独自の住居管理を行った[3]。

　ヒルは，まず，家主の役割として，居住者のために住宅を修繕し，設備を充実することを重要な責務と自らに課した。そして，家賃収入が増えるとともに，住民が集える場所や，子どもや女性のための各種教室など，コミュニティを育み，生活の質を向上するための改善を施していった。

　また，劣悪な住宅事情の原因は無秩序な家主と借家人の関係にあると考え，そのあらゆる関わりにおいて，「尊厳性の原則」(Principle of Perfect Respectfulness)と「規則性の原則」(Principle of Perfect Strictness)の2つの原則を追求した。彼女は，借家人を一人の独立した人間として捉え，家主との対等な人間関係のもと，居住者として責任ある行動を求めた。具体的には，借家人が家賃を規則的に支払うことによって，家主は住居を良い状態で管理し，必要な箇所を即座に修繕するよう努めた。それによって，互いの信頼関係が深められ，貧しい人びとを勤勉で分別ある生活へと導くことができると考えたのである[4]。その担い手となったのが，住居管理婦（ワーカー）であり，家賃の徴収や住宅の改善だけでなく，居住者の生活指導や相談業務などを通して，借家人と継続的な関わりができるとしてワーカーの役割を重視した[5]。

　ヒルの住居管理（housing management）は，ソーシャルワークの萌芽として先駆的活動を展開した慈善組織協会(COS)と関わりを深めつつ展開していく。3件の住居管理に始まった事業は，小規模ながらも民間活動としてそれなりの評価をうけ，多くの支援者を得てその規模を大きくしていった。

　しかし，他国に先んじた住宅政策を推進する段階にあっては，ヒルの実践的な取り組みは，公的なレベルにおいてごく一部しか導入されることはなかった。

> **ヒル（英 Hill, Octavia；1838-1912）**
> 1864年，ラスキン(Ruskin, J.)から資金貸与をうけ，ロンドンの南西地区メリルボーンに3軒の集合住宅を購入し，スラムにおける住宅と住民の生活改善を目的とした住居改良運動に着手する。彼女の実践は，慈善組織協会(COS)の組織化と運営にも大きな影響を及ぼしている。公害防止運動，都市や地方におけるオープンスペースを確保・保存する運動にも尽力し，ナショナル・トラスト(the National Trust for the Preservation of Places of Historic Interest or Natural Beauty, 1895)の創設に関わった。

福祉国家の代名詞となった公営住宅において，彼女の手法は，男性によって占められた有給の専門家団体による官僚主義的な管理にとってかわられた。道徳的教化に偏重した貧困観を背景とするヒルの住居管理は，労働者階級のための住宅整備に根本的な解決をもたらす手法ではなかったからである[6]。

他方，ヒルの住居管理の成果は，1870年代以降，リーズ（Leeds）を始め，リバプール（Liverpool），マンチェスター（Manchester）など，地方都市への広がりをみることができる。さらに，彼女の住居管理を学んだワーカーたちによって，スウェーデン，デンマーク，アイルランド，ドイツ，オランダ，ロシア，アメリカ，南アフリカ共和国，オーストラリアなど各国へも伝播している[7]。ヒルがとった住居管理方式は，先進諸国において，市場における賃貸住宅や，慈善組織や自治体などによる社会住宅では対応しきれない都市最貧困層に対する住宅の供給に非常に効果があったといわれている。日本においても，第二次世界大戦後の住宅難にあって，都市勤労者のために住宅供給を担った日本住宅公団（現都市再生機構）がヒルの住居管理システムを導入している。そこでは，対人援助サービスを担う女性ヘルパーが配属され，住民が抱える生活問題の解決に重要な役割を果たした。1960年代，公団が抱える住戸数が増加するとともに，効率的管理が優先されることとなり，その役割には終止符が打たれている[8]。

貧しい労働者が人間らしい生活を回復できるよう，「人と環境」の関係に着目して力を注いだヒルの住居管理事業は，福祉の視点から住宅問題に取り組むことの意義を示している。

2 住宅政策の動向

日本の住宅問題は，資本主義の発達とともに都市に人口が集中しはじめた明治期にさかのぼる。当時，横山源之助の『日本之下層社会』（1899）や農商務省の『職工事情』（1903）などに記された悲惨な住宅事情の一方で，本格的な住宅政策は存在しなかった。しかし，大正期に入ると，第一次世界大戦を経て産業革命が本格化し，その段階において労働者階級を中心に都市住宅問題が深刻化した。都市における住宅難は社会問題となり，都市計画法（1919）や市街地建築物法（同年）といった住宅関連立法が制定された。また，1923（大正12）年には関東大震災が起こり，震災復興のため大量の住宅供給が必要となった。この時期，住宅問題が国レベルで取り上げられ，住宅政策が始動している。

昭和期には，第二次世界大戦体制下における人的資源確保の視点から戦時経済政策の一つとして住宅政策が展開し，労働者住宅の供給を主として，厚生省内に住宅課が設けられた（1940）。この流れについて，本間義人は，「もともと厚生省は戦前から住宅行政を所管しており，戦後，住宅行政が戦災復興院→建

横山源之助（よこやまげんのすけ；1871-1915）

富山県に生まれる。号は天涯茫々生。内田魯庵，二葉亭四迷，松原岩五郎らの影響をうけ，貧困・労働問題に強い関心を寄せる。1894（明治27）年，横浜毎日新聞社に入社。社会探訪記者として，足利方面職業地視察，阪神地区労働時勢調査など下層社会の労働や生活実態を報告。こうした実証的な調査をもとに，『日本之下層社会』（1899）を刊行する。労働運動や南米移住事業にも関わり，後に，植民地問題にも取り組んだ。

住宅政策

わが国の住宅政策は，戦後，住宅金融公庫法，公営住宅法，日本住宅公団法を「3本柱」として展開してきた。その特徴は，所得階層に応じて公的に住宅を供給・融資する体制を整備し，新しい住宅を大量に建設して国民の居住を確保することにあった。結果，住宅需給に一定の役割を担ったものの，その矛盾として生じた居住水準の低さや階層格差は多くの住宅問題となってあらわれており，今日の需要に対応した住宅政策の見直しが急務となっている。近年における住宅政策の動向は，住み良い住環境づくりを目指して進展はあるものの，市場の原理と規制緩和の導入によって住宅市場を中心に再編され，公的責任は削減される方向にある。

設院→建設省（1948発足）に移行，一元化された後も，海外からの引揚者の住宅政策を引揚援護庁において行ってきており，さらに生活保護法と関連して省内で低家賃厚生住宅建設要綱案を検討するなど社会福祉政策の一環としての住宅政策を模索していた経緯がある」と説明する。その一例として，戦後の厚生住宅法案をめぐる動き（1951）があげられる。この法案では，「住宅に困窮している国民で，生活の困難なために，一般の方法により住宅を得る途のない者に対して，その支払能力に応じた低家賃により，健康で文化的な最低限度の生活水準を維持するに足る住宅を供給し，あわせて生活の維持向上のための指導を行い，もって社会の福祉を増進することを目的とする」もので，県の民生（厚生）部を主管に，民生委員やケースワーカーの連携によって入居者の選定からその後の生活全体の向上までを目指す，社会福祉的な観点を含めた住宅保障を検討している[9]。しかし，第二次世界大戦後，建設省（1948発足）のもと，住宅金融公庫法（1950），日本住宅公団法（1955）とともに公営住宅法（1951）が住宅行政として一本化されたことによって，厚生省による住宅対策は生活保護法における住宅扶助や老人福祉施設などの建設，管理・運営が中心となり，「住宅と社会福祉の分断」が決定づけられることとなった[10]。

戦後，日本の住宅政策は，住宅金融公庫法，公営住宅法，日本住宅公団法を基本的な柱としてきた。住宅金融公庫法は，政府資金をもとに国民に住宅建設を融資すること，公営住宅法は，住宅に困窮している低所得者を対象に低家賃で公的な賃貸住宅を供給すること，日本住宅公団法は，都市勤労者を対象に大規模な宅地開発を実施して健全な市街地を形成することを目的としたものである。これら3法は，低所得者層に対しては公営住宅，中間層に対しては公団住宅，そして比較的余裕のある階層に対しては公庫融資を準備し，市場原理のもと個人の所得に応じて住宅を取得する持ち家の供給を重視しつつ，量的供給によって所得階層別に対応する住宅制度のあり方を特徴づけた。

3つの住宅政策法は，その後，改正を繰り返しながら，公的資金住宅（賃貸・分譲を含めて）の供給に一定の役割を担ったものの，1990年代以降は，住宅政策が市場を中心に再編され，公民役割の分担などを焦点に制度の見直しが図られた。その結果，公庫融資が景気対策の一環として拡大された一方で，公営住宅をはじめ公的住宅の建設にかかる費用が削減されている[11]。

住宅政策の市場化路線は，住宅金融公庫の廃止と独立行政法人住宅金融支援機構の設立，公団事業の再編・廃止と独立行政法人都市再生機構（UR都市機構）の設立などへと結びついている。

3 現行制度の概要

　住宅政策の展開については多くの議論を呼んでいるが、ここでは、わが国における住宅に関するナショナル・ミニマムを規定している生活保護制度の住宅扶助と公営住宅制度を取りあげる。

ナショナル・ミニマム
⇒p.22 参照

（1）住宅扶助

　住宅扶助は、憲法第25条の生存権規定のもと、国民が健康で文化的な最低限度の生活を営むことを保障する生活保護制度において、8つの扶助（生活、教育、住宅、医療、介護、出産、生業、葬祭）のひとつとして規定されている。住宅扶助では、困窮のため、最低限度の生活を維持することのできない者に対して、住居、補修その他住宅の維持のために必要な給付が行われる（生活保護法第14条）。

　具体的には、保護世帯が借家、借間住まいをしている場合に、それぞれ家賃、間代、地代等にあてる費用が支給される。2013（平成25）年度現在、1級地および2級地は月額13,000円以内、3級地では月額8,000円以内を一般基準の額として、都道府県別、政令指定都市、中核市ごとに厚生労働大臣が別に定めた額に1.3を乗じて得た額までの特別基準が定められている。

　また、被保護者が住んでいる家屋が風雨などで破損し、住宅機能が低下し、最低生活を維持することができない場合には、その修繕のために必要な経費として補修等住宅維持費が設定されており、2013年度現在、いずれの級地も年額117,000円以内が一般基準の額となっている[12]。

　住宅扶助は、原則、金銭給付で世帯主またはこれに準ずる者に対して交付されるが、宿所提供施設を利用する場合など、保護の目的を達する必要があるときは、現物給付が行われる（生活保護法第33条、38条）。

　現状として、「平成23年度社会福祉行政業務報告」（厚生労働省）によれば、2011（平成23）年度の1カ月平均の「被保護世帯数」は149万8,375世帯にのぼっている。保護の種類別に扶助人員をみると、「生活扶助」の187万1,659人に次いで「住宅扶助」が174万1,888人となっている。1950年代以降は、大都市部における保護世帯の増加も反映して住宅扶助人員が上昇傾向にあるが、都市における低所得世帯にとって家賃の占める割合が大きく、貧困度が深刻化していることから、住宅扶助のみに特化した資力調査を行い、住宅扶助の支給対象をより拡大させる政策の必要性も指摘されている[13]。

　また、保護世帯については、公営住宅の家賃滞納が問題となっており、厚生労働省は都道府県などに対して、福祉事務所が代理納付制度を活用することを求めている。本来、生活保護費の一部である家賃は受給者本人が納付するのが原則であるが、この制度によれば、本人の同意を得なくても福祉事務所が裁量

生存権保障の原理
　生活保護法第1条が、「この法律は、日本国憲法第25条に規定する理念に基づき、国が生活に困窮するすべての国民に対し、その困窮の程度に応じ、必要な保護を行い、その最低限度の生活を保障するとともに、その自立を助長することを目的とする」と定めていることから、生存権の保障が生活保護制度の基本原理であると考えられている。

で住宅管理者に家賃を直接（代理で）支払うことができる。東京都では，生活保護世帯の1カ月以上の家賃滞納率が一般世帯の約3倍に至ったことから，一部の地域でこの制度を実施している。しかし，本人に代わって家賃を支払うということが生活保護制度の自立を目指す趣旨に沿う行為であるのか，また，最低生活を保障するはずの生活保護費からなぜ家賃を支払えないのか，個別の事情とともに，生活保護世帯の生活実態を把握すべきなどの観点から，安易に代理納付を行うべきでないという意見も示されている[14]。

(2) 公営住宅制度

公営住宅法では，憲法第25条に基づいて，「国及び地方公共団体が協力して，健康で文化的な生活を営むに足りる住宅を整備し，これを住宅に困窮する低額所得者に対して低廉な家賃で賃貸し，又は転貸することにより，国民生活の安定と社会福祉の増進に寄与することを目的とする」（第1条）と規定されている。ここでいう「住宅に困窮する低額所得者」とは，住宅政策における最低居住水準（専用の台所等が確保され，最低居住面積水準以上の規模）を充たす住宅を住宅市場において自力で確保することが困難な者を意味し，「低廉な家賃」とは，同等同種の民間賃貸住宅の家賃よりも低廉で，公営住宅の施策対象である低額所得者が負担できる家賃をさす。

公営住宅の供給については，「地方公共団体は，常にその区域内の住宅事情に留意し，低額所得者の住宅不足を緩和するため必要があると認めるときは，公営住宅の供給を行わなければならない」（第3条）として，地域の事情に詳しく，地域住民に近い存在である地方公共団体（都道府県，市町村など）が直接的な責任を負うことが定められている。公営住宅は国および地方公共団体が協力して供給するものであり，「国は，必要があると認めるときは，地方公共団体に対して，公営住宅の供給に関し，財政上，金融上及び技術上の援助を与えなければならない」（第4条第1項），「都道府県は，必要があると認めるときは，市町村に対して，公営住宅の供給に関し，財政上及び技術上の援助を与えなければならない」（第4条第2項）と定められている。2006（平成18）年に制定された住生活基本法においても，「国及び地方公共団体は，国民の居住の安定の確保が図られるよう，公営住宅及び災害を受けた地域のために必要な住宅の供給等，…その他必要な施策を講ずるものとする」（第14条）とされ，国と地方公共団体の双方が公営住宅の供給に責任を負うことが示されている。公営住宅は，民間住宅市場を補完するためのものであり，福祉施策と連携しながら事業を実施する責任を負っていることから，公的主体である地方公共団体が公営住宅の事業主体と定義されている（第2条）。

公営住宅の種類については，これまで所得階層に応じて第1種と第2種公営住宅に区分されていたが，1996（平成8）年の公営住宅法の抜本的改正によっ

住生活基本法

2006年6月8日に制定。その目的は，住生活の安定の確保および向上の促進に関する施策について，基本的理念を定め地方公共団体並びに住宅関連事業者の責任を明らかにすることである。また，「住生活基本計画」を定め住生活の安定の確保および向上の促進を図り，国民の生活の安定向上と社会福祉の増進並びに国民経済の健全な発展に寄与することとなっている。

て種別区分が廃止され，一般住宅と，老人世帯，心身障害者世帯，母子世帯等を対象とした特定目的住宅となっている。特定目的住宅には，老人世帯向け公営住宅，心身障害者世帯向け公営住宅，母子世帯向け公営住宅などがあり，住宅の構造や設備面への配慮や，住宅困窮度が高い世帯として優先入居の取り扱いをすることが求められている。

公営住宅の入居者資格については，入居収入基準（収入が一定の金額を超えないこと）（第23条第1号），住宅困窮要件（住宅に困窮していることが明らかな者であること）（第23条第2号）の2つの条件を充たす必要があるとされている。これまでの公営住宅法では，同居親族がいることが入居者資格の要件の一つであった。この同居親族要件は，2012（平成24）年4月1日をもって廃止された。

公営住宅の入居収入基準については，1996年の法改正により，収入分位の25％相当の収入に相当する政令月収と定められている。公営住宅法が制定された当時は，全世帯（単身世帯を除く）の入居収入基準の約80％をカバーしていたが，国民所得水準の向上や住宅市場の整備とともに，割合を下げ，現在は全体の25％となっている。入居収入基準については，今後も，世帯所得，民間賃貸住宅の家賃基準，世帯人員数等の社会経済情勢の動向を見すえながら，「住宅に困窮する低額所得者」に公営住宅を適切に供給できるよう，見直しが求められる。

また，公営住宅法では，高齢者・障害者世帯等にあたる60歳以上の者，障害者，生活保護の被保護者，DV被害者などは単身での入居が可能とされてきた（第23条第1号）。これは，単身者であっても，保証人等の問題から民間賃貸住宅に円滑に入居できる状態になく，バリアフリー設備などを有する民間賃貸住宅が十分に供給されていないことを背景に，1980（昭和55）年の法改正で同居親族要件が不要とされたことによる。これらの世帯については，現行法において，「入居者の心身の状況又は世帯構成，区域内の住宅事情その他の事情を勘案し，特に居住の安定を図る必要がある場合」と規定されている。

高齢者・障害者世帯等については，1996（平成8）年の法改正により，収入分位の40％の収入に相当する政令月収を上限として，事業主体が裁量で入居収入基準を定めることができるとされている（第23条第2号）。具体的な額の設定が事業主体の裁量に委ねられることから，この世帯は裁量階層とよばれている。

公営住宅の家賃については，「毎年度，入居者からの収入の申告に基づき，当該入居者の収入及び当該公営住宅の立地条件，規模，建設時からの経過年数その他の事項に応じ，かつ，近傍同種の住宅の家賃以下で，政令の定めるところにより，事業主体が定める」（第16条第1項）とされている。家賃の設定においては，各入居者の収入による負担能力に応じた額（応能部分）を算出し，公営住宅の立地条件・規模・経過年数などの便益（応益部分）で補正して家賃の

収入分位
総務省の家計調査において全世帯（二人以上世帯）を収入別に分布させたものをいう。25％という場合は，全世帯（二人以上世帯）を収入の低い順に並べ，収入の低い方から四分の一に該当する収入（年間粗収入）に相当する分位をいう。

政令月収
収入分位25％相当の年間粗収入から給与所得控除，配偶者控除，扶養親族控除を行ったうえで月額換算したもの。2007（平成19）年「公営住宅法施行令の一部を改正する政令」により，政令月収15万8,000円に改定されている。

額を決定する応能応益家賃方式がとられており，算出された家賃の額は，近傍同種の住宅の家賃以下で設定されている。入居者は自らの収入を事業主体に申告することで低廉な家賃の設定をうけることができ，収入申告に応じない場合は，近傍同種の家賃が課されることとなる（第16条第1項）。家賃の額は，入居者の収入と住宅からうける便益の毎年度の変化に応じた家賃を算定する必要があることから，毎年度，家賃の額を決定（変更）することとされている。

なお，公営住宅に一定期間以上居住し，政令で定める基準を超える収入のある収入超過者となった場合には，明け渡しの努力義務が課される（第28条第1項）。この規定に該当する者が公営住宅に引き続き入居しているときは，入居者からの収入の申告に基づき，割り増し賃料が課される（近傍同種の家賃以下とする）（第28条第2項）。その際，事業主体は，高額所得者が公営住宅の明け渡しを容易にできるように努めるとともに，他の公的資金による住宅（特定優良賃貸住宅，都市再生機構の賃貸住宅等）への入居を希望した場合には特別な配慮を行うことが課されている（第30条第1項）。高額所得者が明け渡し請求をうけず，公営住宅に引き続き入所しているときは，近傍同種の家賃の徴収が行われると規定されている（第29条第5項）[15]。

以上に加えて，社会福祉法人等による公営住宅の使用等について「事業主体は，公営住宅を社会福祉法第2条第1項に規定する社会福祉事業その他の社会福祉を目的とする事業のうち厚生労働省令・国土交通省令で定める事業を運営する同法第22条に規定する社会福祉法人その他厚生労働省令・国土交通省令で定める者（以下この項において「社会福祉法人等」という）に住宅として使用させることが必要であると認める場合において国土交通大臣の承認を得たときは，公営住宅の適正かつ合理的な管理に著しい支障のない範囲内で，当該公営住宅を社会福祉法人等に使用させることができる」（第45条第1項）としている。

総じて，1996年法改正以降は，入居者をより低所得の階層に特化する一方で，収入が多い場合は民間住宅並みの家賃を支払わなければならない仕組みや，民間住宅を活用した供給により，公営住宅の買い取り（第2条第4号），公営住宅の借り上げ（第2条第6号）など，民間が公を補完するかたちで見直されている。住生活基本法においても，公営住宅の建設，供給などに関する具体的目標が示されることなく，住宅供給における公的役割がより後退したものとなっているという指摘もある[16]。

4　低所得者の住宅問題

(1) ホームレス問題

ホームレスは，失業や家庭崩壊などにより，家族や社会とのつながりを失い，心身の拠り所となる住居を欠いた状態である。ここ数年，不況の波をうけて，

「日雇い労働市場の縮小，非正規雇用形態の拡大，中小零細企業の業務縮小・再編」[17]が進んだ結果，職を失い，家庭を失い，そして，帰る場所を失った人びとが増加している。この事態をうけて，東京・大阪などの6都市自治体による「ホームレス問題連絡会議」(1999)が開かれ，「失業，家庭崩壊，社会生活からの逃避など様々な要因により，特定の住居を持たずに，道路，公園，河川敷，駅舎などで野宿生活を送っている人々を，その状態に着目してホームレスと呼ぶ」という定義づけのもとで，「福祉・雇用・保健医療・住宅政策などによる多角的な自立・就労支援」が必要であることが確認され[18]，2002（平成14）年にはホームレス自立支援法が成立した。「ホームレスの実態に関する全国調査（概数調査）」によると，2014（平成26）年1月現在でホームレス数は7,508人である。

　わが国のホームレス問題の対象者は，これまで中高年・単身・男性に多い点が特徴とされてきた[19]。2012（平成24）年1月に行われた厚生労働省「ホームレスの実態に関する全国調査（生活実態調査）報告書」(2013)によると，路上ホームレスの平均年齢は59.3歳となっており，50歳代が29.2％，60歳代が42.3％，70歳以上が12.9％を占めている。ホームレス問題に詳しい岩田正美は，こうした中高年男性の職業歴や居住歴を都市生活研究会「平成11年度路上生活者実態調査」(2000)をもとに早くから分析している。それによると，路上生活をする直前の従業上の地位は，日雇いが44.2％，常用雇用者が28.1％，臨時・パートが16.2％，住宅の種類は，社宅・寮・住み込みが37.6％，民間賃貸住宅が23.4％，簡易宿泊所が15.5％となっており，ホームレスを特徴づけている中高年男性が多様な集団であることがわかる。これをさらに類型化すると，①路上生活まで安定した常用職にもっとも長くついており，一般の住宅に住んでいた人びと，②少なくとも路上生活直前には職場が提供する労働宿舎（寮や住み込み）に単身で住んでいた人びと，③野宿をする直前に不安定な職業につき，住まいの確保も不安定であった人びとに分類される。①の安定型では，中高卒で社会保険がある常用雇用や自営業を経験し，結婚もできた人が多いグループである。②の労働宿舎型では，一応，常用雇用で熟練技能や職業資格をもっており，職場が提供する労働宿舎で生活してきた人びとが多いグループである。職場が提供する仮の住まいでは，家庭を築くこともなく，地域に暮らす住民として，近隣の人びととのつながりをもち，居住を基盤に地域社会との関係を築くこともないため，社会との結びつきはきわめて薄い。③の不安定型では，日雇い労働者であったが，仕事がなく，疾病や高齢などを理由に路上に出ざるをえなくなった単身男性が多いグループである。①，②と比べて，結婚を経験せず，義務教育を十分にうけていない人が多く，社会とのつながりを断たれ，排除された典型的なタイプといえる[20]。

　このように，ホームレス問題は，何らかの個人的，家庭的な事情や，また，

第8章 低所得者の住宅政策

失業や雇用状況の悪化により，職を転々とし，それとともに不安定な住宅へと移行し，最終的に路上生活に至るなど，経済的，社会的要因を背景として発生している。住居をもつことができない状況にある人びとに対して，医療，労働基準の見直し，就労支援とともに住宅供給まで，医・職・住に関する政策を相互に関連させながら総合的な対策を展開することが不可欠となっている。

また，岩田が指摘するように，路上生活者以外にも，生活の拠り所のない「隠されたホームレス」の問題がある。日本では，ホームレスを路上生活者と定義するため，住居の有無がホームレスであるかそうでないかを区別する条件のひとつとなっている。しかし，たとえば，日雇いの仕事をしながら簡易宿泊所などで寝泊りする若者，「脱法ハウス」と称される狭小な住宅で暮らす人びと，施設で社会的入院を余儀なくされた高齢者や障害者，福祉施設に身を寄せる母子世帯など，不安定な居住環境におかれている人びとがあり，その実態は十分把握されていない[21]。とくに近年では，派遣切りなどで収入が途絶えた人びとが，社宅や社員寮を追われたり，家賃の滞納で強引に退去を迫られた結果，住まいを確保できず，ネットカフェや個室ビデオ店へと避難し，さらには路上生活をせざるをえない状態へと陥る「ハウジングプア（住まいの貧困）」が深刻化している。今後は，2007（平成19）年に制定された住宅セーフティネット法（住宅確保要配慮者に対する賃貸住宅の供給の促進に関する法律）の運用や，公共住宅の供給のあり方がとわれるとともに，低所得者に対する住宅手当を盛り込んだ住宅政策の展開が求められている[22]。

（2）公的賃貸住宅における問題

公による住宅供給の柱となってきた公営住宅やUR（旧公団）住宅など公的賃貸住宅では，入居者の高齢化，建物の老朽化，貧困化の問題が生じている。2005（平成17）年の国勢調査によると，高齢単身者世帯の9.4％が公営住宅で暮らしている。初期入居者の加齢や，高齢者の入居を拒む民間賃宅住宅が多くあることなどを背景に，公営住宅における住民の高齢化が急速に進んでいる。また，建物の老朽化も進んでおり，2005年時点で，全国約219万戸のうち，築30年以上の老朽化した住宅が約4割以上を占めており，手すりの設置や，段差の解消，車椅子対応といったバリアフリー仕様の住宅は約17％程度で，多くの住戸が高齢期の生活に適したつくりにはなっていないことがわかる[23]。

加えて，低所得の高齢者のうち，年金だけでは家賃を払えず，家賃滞納をする人が増えている。1995（平成7）年度の全国の公営住宅の滞納件数（過年分を含めて）が25万9,641件，滞納額が334億2,600万円だったが，2004（平成16）年度には，滞納件数が30万2,448件，滞納額は618億1,800万円とほぼ倍額になっている。公営住宅の滞納については，家賃収納を行う地方自治体が居住者と相談のうえ，滞納額を減らす努力を行ってきた。しかし，データが示す通り，

公的住宅

国や地方公共団体の補助，建設，管理によって供給される住宅をいう。一般に，住宅金融支援機構による融資，公営住宅，UR住宅，公社住宅など，公的資金によって供給される住宅は「公的住宅」と総称される。なかでも，公営住宅，UR住宅，公社住宅など，より直接的に供給される住宅は「公共住宅」とよばれる。近年では，「特定優良賃貸住宅制度」（1993），「公営住宅法改正」（1996）など，民間住宅を活用した新たな供給方式が打ち出されており，定義は明確でない。公的住宅の供給が住宅市場を補完する方向に縮小しつつある現状は，多くの議論をよんでいる。

バリアフリー（barrier free）

バリア（障壁，障害）を取り除くこと。全米建築基準協会（ANSI）による「身体障害者にアクセスしやすく使用しやすい建築・施設設備に関するアメリカ基準仕様書」（American Standard Specifications for Making Buildings and Facilities Accessible to, Usable by, the Physically Handicapped, 1961）において世界で初めて障害者配慮設計のための基準として策定され，国連障害者生活環境専門会議報告書「バリアフリーデザイン」（Barrier Free Design, 1974）により普及した。わが国においては，障害者の生活圏拡大運動を背景とする「福祉のまちづくり」の具体的課題として登場した。今日では，すべての人びとの活動や社会参加の促進をめざして，物理的バリアフリー，心理的バリアフリー，制度的バリアフリー，情報のバリアフリーなど心身両面におけるバリアの除去が求められている。

家賃滞納件数とその額が増えている。こうしたなか，家賃を支払うことができず，部屋を追われる高齢者もある。

5　住まい・居住の権利保障に向けて

(1) 国連による見解

　第二次世界大戦後，さまざまな人権規範が国際レベルで確立されたなかで，居住（住むこと）もまた重要な権利のひとつとして広く認識されるようになった。

　その原点となっているのは，1948（昭和23）年の国連第3回総会にて満場一致で採択された「世界人権宣言」である。これは，すべての人間の基本的人権を明確にした画期的な宣言であり，住まい（住居）に関しても保障されるべき権利としてふれている。

　「すべての人は衣食住，医療および必要な社会的施設等により，自己及び家族の健康及び福祉に十分な生活水準を保持する権利並びに失業，疾病，心身障害，配偶者の死亡，老齢その他不可抗力による生活不能の場合は，保障を受ける権利を有する」（第25条1項）

　この宣言をもとに，ILO（国際労働機関）による「社会保障の最低基準に関する条約」(1952)やそれを具体化した「労働者住宅に関する勧告」(1961)，「国際人権規約」(1966)，第1回国連人間居住会議（HABITAT）(1976)での「人間居住宣言（ハビタット宣言）」など，基本的人権としての住まいに関する権利が各国連機関によって次つぎと出された。その後，1987（昭和62）年には，国際連合により，国際居住年（International Year of Shelter for the Homeless「家に困っている人たちに住宅を」）がもうけられ，世界各国で住まいを向上，改善していくための行動をはじめる年として位置づけられた。さらに，1996年には，第2回国連人間居住会議（ハビタットⅡ）において，「居住の権利宣言」が採択され，「市民主体の居住政策を展開するには，居住者の住む能力の発展（キャパシティ・ビルディング）が必要である」とされた[24]。

　これらのうち，国際人権規約では，「経済的，社会的及び文化的権利に関する国際規約」（社会権規約）において，適切な居住権の実現が明示されている。その内容は，主に「住居へのアクセス」，「継続的な居住の保障」，「居住の質的保障」として解釈することができる。「住居へのアクセス」は，公共や民間における適切な住宅供給や，そのための政策策定における当事者との協議と参加，高齢者や子ども，障害者，疾病者，低所得者層など，住居の入手をめぐって不利な立場にある人びとへの優先的な配慮の必要性が含まれる。「継続的な居住の保障」は，当事者の意思に反して，占有している家屋や土地から強制的に立ち退かされることは例外的な事情を除いて正当化されるものではないことを意味している。「居住の質的保障」は，安全で健康で快適な生活をするために，

世界人権宣言 (Universal Declaration of Human Rights)
　1948年，国際連合第3回総会で「世界人権宣言」を採択した。18世紀以来の人権理念の発展の総括とともに，第2次世界大戦において世界平和の維持と人権の尊重が不十分なものと考えられ成立した宣言である。前文では「法の支配によって人権を保障する必要」がうたわれ，30条からなる本文では人権の内容として，市民的自由と政治的権利のほか，社会保障・労働・教育などへの権利が含まれている。この宣言は，法的拘束力はないが，国際的に承認され，1966年の国際人権規約の制定，また各国憲法や国際条約制定や人権政策等の礎となった。

国際人権規約 (International Covenants on Human Rights)
　1948年に国連総会で採択された世界人権宣言は，法的拘束力をもたなかった。その限界を克服するために，1966年に国連総会で採択された加盟国を直接に拘束する規約である。この規約は，「経済的，社会的および文化的権利に関する国際規約」（A規約，社会権規約）および「市民的および政治的権利に関する国際規約」（B規約，自由権規約）ならびに後者の「選択議定書」を定めている。日本は1979（昭和54）年にAB両規約を批准したが，選択議定書には加わっていない。

水道水，ガスや電気，排水設備などのサービスが利用できること，また，適切な建物の構造によって居住性が確保できること，加えて，職場や病院，学校，高齢者や子どものケアに関する施設など各種施設へアクセスができ，健全で豊かな地域環境で生活できるような立地条件，さらには，住宅の建築やそれを支える政策がそれぞれの文化的要素をできるだけ尊重するものであることなどが盛り込まれている[25]。

(2) 住宅政策に福祉の視点を

わが国では，「すべて国民は健康で文化的な最低限度の生活を営む権利を有する」という憲法第25条の規定がある一方で，国民一人ひとりの生活を根底から支え，安心して住み続けることができる住まいの権利が十分に保障されてはいない。国が中心となって住宅を保障する明確な憲法上の規定および法律が存在しないことが，居住水準の向上を阻む根本的な原因となっているともいわれる。先に述べた通り，戦後，日本の住宅政策は，「経済政策に従属した政策」として，持ち家主義のもとで市場を中心とした住宅供給が優先され，「住まいに関わる普遍的な社会権」を保障することは重視されなかった。政府の住宅政策の関心は，中間層の持ち家取得に向けられ，低所得者のための住宅供給は限定的なものであった[26]。

住宅政策や都市計画の矛盾は，1970年代，ヨーロッパ諸国から「うさぎ小屋に住む日本人」と表現されたように[27]，居住水準の低さや階層格差を生み出した。ホームレス問題，居住差別，強制退去，狭小過密居住は顕著な一例であり，低所得者にとりわけ厳しい居住状況を強いている。また，大都市圏や地方都市における貧しい住宅事情は，持ち家層にとっても快適な住まいの確保を困難にしている。このような状況は，高齢者や障害者の健やかな在宅生活を阻む「宅なし」福祉の現状，施設居住の低水準などとも密接に関連している。

「住」は生活の基本的要素のひとつである。人間らしい暮らしをするには，安全かつ健康な住宅の整備が欠かせない。健全に安心して住み続けることができるような「居住」はすべての人に保障されるべき基本的人権である。また，「住」むという行為においては，「人」が「主」体的に暮らせることが重要な意味をもつ。なぜなら，住まいは，単に物理的環境としてのみならず，そこに住む人の心身の拠り所となるべき場所であり，そこに住む人の暮らしに対する思いや生活のスタイル，家族とのつながり，さらには，地域との結びつきといった，それぞれの居住観や居住文化を反映するものであるためである。そこでは，その人らしく生活できるような「居住」を支援することが求められる。

1995（平成7）年の「社会保障体制の再構築（勧告）」では，「住宅，まちづくりは従来社会保障制度に密接に関連するとの視点が欠けていた。このため，高齢者，障害者等の住みやすさという点からみると，諸外国に比べてきわめて

立ち遅れている分野である。今後は，可能な限りこの視点での充実に努力を注がれたい。(略) わが国の住宅は豊かな社会における豊かな生活を送るためのものとしてはあまりにもその水準が低く，これが高齢者や障害者などに対する社会福祉や社会保障の負担を重くしている」という認識のもと，「最低居住水準の引き上げ」や，高齢者や障害者にとっても住みよい住宅の整備や確保に向けた「公的助成」および「総体的バリアフリー化」など，福祉との連携を重視した住宅政策の展開が提起されている[28]。

　福祉先進諸国においては，早くから住宅問題に直面するなかで，住宅政策 (housing policy) が所得保障，保健医療，教育，雇用などと同様に，社会 (福祉) 政策 (social policy) のひとつとして展開されてきた経過がある。そこでは，国や自治体，民間がそれぞれの役割のもとで住宅の量的かつ質的整備を担ってきた。同時に個別具体的な住居に関するニーズに応えるためのサービスが追求されてきており，住宅をはじめ居住環境の整備が社会福祉発展の礎となっている。

　わが国においても，"人間らしい暮らし" を保障するため，社会 (福祉) 政策としての住宅政策，さらには居住政策によって，社会全体における居住環境を整備する必要がある。また，"その人らしい暮らし" を実現するため，個々の生活を支えるための居住支援によって，個別の居住ニーズへの対応が求められている。居住の格差が深刻化するなかで，とくに低所得者にとっては，社会保障制度との関係から住宅にかかる費用を公的に保障する仕組みをつくることは喫緊の課題である。また，高齢者の貧困化，孤独死，ホームレスといった問題は社会的排除に関わる問題でもあり，住宅供給のみならず，そうした立場にある人びとを地域社会にどう取り込んでいくかもまた重要な課題といえる。居住に対する不安を少しでも取り除くために，住宅政策とともに，居住を基礎とする地域づくりも欠かせない。住まいをはじめとする居住環境のあり方を考えるうえで，福祉の視点が今，求められている。

注)
1) ポール・スピッカー著，武川正吾ほか訳『社会政策講義－福祉のテーマとアプローチ－』有斐閣，2001 年，p.4, 5, 76, 79
2) Wisbech Town Council, *Wisbech Official Guide*, Millennium Publishing, 1999, p.31.
　岸本幸臣「オクタヴィア・ヒルの住宅管理」『生活文化研究 (第 22 巻)』大阪教育大学，1979 年，p.63
3) Malpass, Peter, "Octavia Hill," *New Society4*, November, 1982, p.207.
4) Malpass, Peter, *The Work of the Century: The origins and growth of the Octavia Hill Housing Trust in Notting Hill*, London: Octavia Hill Housing Trust, 1999, pp.12-13.
　Payne, James L. ed., *The Befriending Leader: Social Assistance without Dependency*, Lytton Publishing Company, 1997, p.40.
5) 岸本，前掲書，1979 年，p.68
6) Malpass, 前掲書，1982 年，p.208.

7) Bell, E. Mobery foreword by Sir Reginald Rowe, *Octavia Hill:A Biography*, Constable, 1942, 1986: reprint, Church Commissioners.（page references are to reprint edition）, p.86.
　Clayton, Peter, *Octavia Hill, 1838-1912: Born in Wisbech*, UK: the Wisbech Society & Preservation Society Trust Ltd., 1993, p.19.
8) モバリー・ベル，E. 著，平弘明・松本茂訳，中島明子監修・解説『英国住宅物語：ナショナルトラストの創始者　オクタヴィア・ヒル伝』日本経済評論社，2001 年，pp.364-367
9) 本間義人『現代都市住宅政策』三省堂，1983 年，p.338, 339, 341, 342, 345, 356, 366, 375, 466, 467
10) 高阪謙次他編，西日本老人居住研究会『老人と生活空間』ミネルヴァ書房，1984 年，p.210
11) 本間義人『居住ブックレット 2　どこへ行く住宅政策』東信堂，2006 年，p.53, 54, 56
12) 厚生統計協会『国民の福祉の動向』2008 年，p.150
13) 橘木俊詔・浦川邦夫『日本の貧困研究』東京大学出版会，2006 年，p.147
14) 「生活保護費『天引き』促す」『朝日新聞』2007 年 10 月 28 日
15) 住本靖他『逐条解説　公営住宅法』ぎょうせい，2008 年，p.4, 5, 133, 136, pp.13-16, 56-63, 96-97, 104-119, 140-143, 150-151
16) 高瀬康正「新たな住宅なし貧困層の拡大－住宅政策にいま何が求められるか－」総合社会福祉研究所『福祉のひろば』かもがわ出版，2008 年，p.16, 17
　本間，前掲書，p.57, pp.59-61
17) 岩田正美・川原恵子「ホームレス問題と日本の生活保障システム」『ソーシャルワーク研究』Vol.27, No.3, 2001 年，p.7
18) 『福祉新聞』「全国でホームレス 1 万 6247 人にも」1999 年 5 月 31 日
19) 岡本祥浩「1　経済不況下での居住不安」日本住宅会議編『住宅白書 2000 － 21 世紀の扉をひらく－居住の権利確立をめざして』ドメス出版，2000 年，p.17
20) 岩田正美『現代の貧困』ちくま新書，2007 年，p.122, 123, 125, 126, pp.129-132
21) 岩田，同上書，pp.134-135
22) 「住まいの貧困対策急務」『朝日新聞』2008 年 4 月 16 日
23) 「公営住宅」『読売新聞』2007 年 3 月 13 日
24) 早川和男『居住福祉』岩波書店，1997 年，p.172
　三村浩史『すまい学のすすめ』彰国社，1989 年，pp.22-23
25) 早川和男・吉田邦彦・岡本祥浩編『居住福祉学の構築』信山社，2006 年，p.65, pp.69-72
26) 本間，前掲書，1983 年，p.335
　平山洋介『住宅政策のどこが問題か－〈持家社会〉の次を展望する』光文社新書，2009 年，p.11
27) 三村，前掲書，p.26
28) 全国社会福祉協議会『社会福祉関係施策資料集 14』1995 年，p.18
　高瀬，前掲書，p.18

5. 住まい・居住の権利保障に向けて

> **プロムナード**
>
> 　近年，厳しい経済情勢のなか，多くの非正規雇用の人びとが職をなくし，同時に住む家を失うという事態が生じています。わが国では，安定した仕事に就いて収入を得る，結婚後は子どもをもち，幸せな家庭を築く，そしてそれを支えるためにマイホームをもつことで資産を増やしていく……そんな人生を送ることが多くの人びとの標準的なライフコースとされてきました。このような人生を広く国民一般が送ることができるよう，雇用や家族政策と関連させながら，持ち家主義の住宅政策が展開されてきた経緯があります。そのことが国民生活の安定につながると考えられてきたのです。しかし，そうした中流層に焦点をあてた住宅政策は，社会保障や社会福祉としての役割を期待されず，低所得者に対する住宅供給や居住支援が十分に展開されてきませんでした。
>
> 　今日，これまで想定されてきた標準的な人生を送ることが難しく，また貧困問題が多様化しているなか，住宅政策もまた社会保障，社会福祉政策としての役割が求められています。誰もが住みよい，幸せに暮らせる社会を実現するには，居住の権利を保障したうえで，物理的環境の整備はもとより，多様な居住ニーズに応えうる住宅政策の展開が不可欠ではないでしょうか。今後，社会福祉分野においても，住宅や居住政策への関心が高まり，広く建設的な議論が交わされることが期待されます。

学びを深めるために

平山洋介『住宅政策のどこが問題か』光文社新書，2009年
　戦後日本を特徴づける持ち家主義の住宅システムをわかりやすく説明するとともに，住宅困窮者が増加するなかで，社会の変化に対応しうる新たなシステムの必要性を提起している。

　わが国における住宅問題の現状について，詳しく調べてみましょう。
　なぜ，社会福祉の視点が，住宅政策の展開において必要なのかを考えてみましょう。

福祉の仕事に関する案内書

日本社会保障法学会『住居保障法・公的扶助法』法律文化社，2001年
住本靖他『逐条解説　公営住宅法』ぎょうせい，2008年

第 9 章 生活保護の実施体制と福祉事務所

1　生活保護の運営実施体制

生活保護の適用は，憲法25条を具現化した生活保護法（以下，「法」。）の第1条において，国の責務とされている。しかし実際の運用にあたっては，法第19条により，都道府県知事，市長及び福祉事務所を管理する町村長が，保護を決定し実施しなければならないこととされている。それぞれの団体，行政機関，協力機関等の役割は以下のように区別される。

(1) 国

法を所管する省庁は厚生労働省である。生活保護法に基づき，制度の企画，立案，法令の解釈，予算の調整と執行などを行う。所管課は社会・援護局保護課である。

法施行にあたっては，かつては厚生大臣（当時）が都道府県知事及び市町村長を指揮監督することとされていた。これを「機関委任事務」といい，国が地方公共団体に対し，積極的に指導力を発揮して制度の公正を期することができるよう，生活保護を始めとする諸制度において運用されていたものである。

しかし，この「機関委任事務」は，2000（平成12）年4月に施行された「地方分権の推進を図るための関係法律の整備等に関する法律（通称は地方分権一括法）」により廃止され，代わって「法定受託事務」と「自治事務」に再編されることとなった。生活保護の根幹は「法定受託事務」であるが，法第27条の2（相談及び助言）の規定については「自治事務」として位置づけられている（図表9－1）。

(2) 都道府県（政令指定都市，中核市）

都道府県は，国（厚生労働省）から法施行にかかる事務を「法定受託事務」として受託し，それを具体的に執行する権能を有する。都道府県は，国から法施行事務にかかる監査指導をうける立場にあるとともに，必要な技術的助言・勧告・是正の指示等をうける。

政令指定都市（2013（平成25）年12月時点で20都市），中核市（2013年12月時点で42市）については，地方自治法に基づき都道府県事務の一部を特例により処理することができることとされている。この規定により，政令指定都市，中核市についても，都道府県と同様に生活保護事務に関する事務を執行する権能を有する（ただし，中核市は都道府県から監査指導や技術的助言・勧告・是正の指示等をうける）。

都道府県，政令指定都市及び中核市は，民生主管部局を通じて福祉事務所を所管している。各団体の首長は，生活保護事務を福祉事務所長に委任することによって，保護の決定及び実施に関する事務を実際に処理している。

地方分権一括法
地方公共団体の自主性・自立性を高め，個性豊かで活力に満ちた地域社会の実現を目的として施行された。「国及び地方公共団体が分担すべき役割の明確化」「機関委任事務制度の廃止及び事務区分の再構成等」「国の関与の見直し」「権限委譲の推進」「必置規制の見直し」「地方公共団体の行政体制の整備・確立」を内容とし，地域住民の全般的な福祉にも変革を促す内容となっている。

1. 生活保護の運営実施体制

図表9－1　社会福祉の実施体制の概要

国

- 民生委員・児童委員（229,510人）
  （24年3月現在）
- 身体障害者相談員（9,726人）
- 知的障害者相談員（3,962人）
  （23年4月現在、被災3県を除く）

社会保障審議会

都道府県（指定都市、中核市）
- 社会福祉法人の認可、監督
- 社会福祉施設の設置認可、監督、設置
- 児童福祉施設（保育所除く）への入所事務
- 関係行政機関及び市町村への指導等

地方社会福祉審議会　都道府県児童福祉審議会（指定都市児童福祉審議会）

身体障害者更生相談所
- 全国で80か所（24年4月現在）
- 身体障害者更生援護施設入所調整
- 身体障害者への相談、判定、指導

知的障害者更生相談所
- 全国で82か所（24年4月現在）
- 知的障害者援護施設入所調整
- 知的障害者への相談、判定、指導

児童相談所
- 全国で207か所（25年1月現在）
- 児童福祉施設入所措置
- 児童相談、調査、判定、指導等
- 一時保護
- 里親委託

婦人相談所
- 全国で49か所（25年1月現在）
- 要保護女子の相談、判定、調査、指導等
- 一時保護

都道府県福祉事務所
- 全国で211か所（25年1月現在）
- 生活保護の実施等
- 助産施設、母子生活支援施設への入所事務等
- 母子家庭等の相談、調査、指導等
- 老人福祉サービスに関する広域的調整等

市
- 在宅福祉サービスの提供等
- 障害福祉サービスの利用等に関する事務

　市福祉事務所
- 全国で999か所（25年1月現在）
- 生活保護の実施等
- 特別養護老人ホームへの入所事務等
- 助産施設、母子生活支援施設及び保育所への入所事務等
- 母子家庭等の相談、調査、指導等

町村
- 在宅福祉サービスの提供等
- 障害福祉サービスの利用等に関する事務

　町村福祉事務所
- 全国で41か所（25年1月現在）
- 業務内容は市福祉事務所と同様

福祉事務所数（平成25年1月現在）
郡部	211
市部	999
町村	41
合計	1,251

福祉事務所職員総数　14万5,025人
（平成21年10月1日現在）

出所）厚生労働省『厚生労働白書』2013年，p.189

なお、都道府県は法第64条により、福祉事務所が決定した処分にかかる不服申立てを審査する機関（審査庁）として位置づけられている。

(3) 福祉事務所

福祉事務所は、社会福祉法第14条等に基づき設置される第一線の行政機関である。社会福祉法上では「福祉に関する事務所」と規定されている。都道府県及び市（特別区を含む）においては必置とされており、町村は任意で設置が可能である。いずれの場合も条例で定めることとされており、全国で1,251カ所（2013年4月1日現在）が設置されている（図表9－2）。

(4) 民生委員

民生委員は、民生委員法に基づき、社会奉仕の精神をもって、常に住民の立場に立って相談に応じ、必要な援助を行い、社会福祉の増進に努めることとされている。現在は「児童委員」を兼ねており、任用については都道府県知事（政令指定都市・中核市の市長）の推薦に基づき、厚生労働大臣が委嘱する。身分は特別職の地方公務員と解されており、給与はない。委嘱期間は3年間となっており、その都度一斉改選がなされる。2012（平成24）年3月31日現在で、全国で22万9,510人が活動している。

生活保護の施行に関しては、民生委員の職務の一つとして、福祉事務所の協力機関としての位置づけがなされており、ケースワーカーの業務に協力して生活保護世帯への必要な援助を行っている。そのほか、高齢者の見守りや、安否

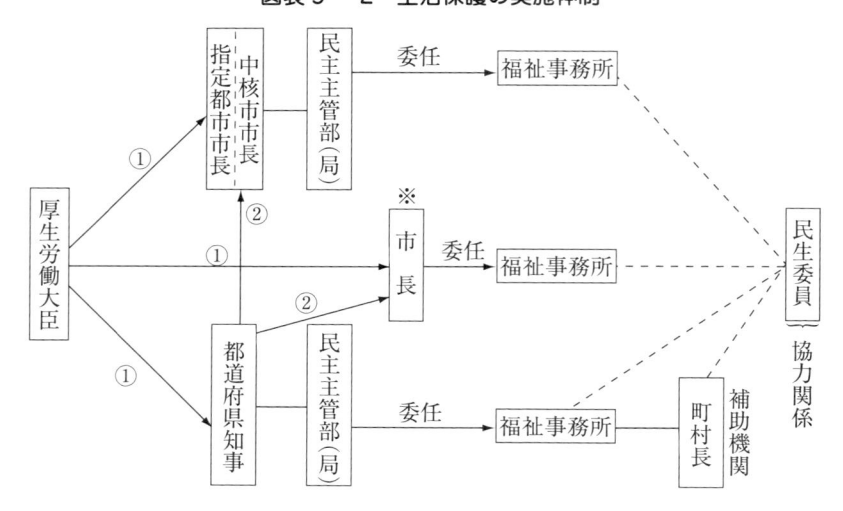

図表9－2　生活保護の実施体制

① 法定受託事務の委託、監査指導、技術的助言・勧告・是正の指示等
② 監査指導、技術的助言・勧告・是正の指示等
※福祉事務所を管理する町村長は市長と同一の扱いとなる。

出所）生活保護制度研究会編『保護のてびき』第一法規、平成25年版、p.30

確認などの活動も行っており，地域福祉活動の中心的な役割を果たしている。

(5) 町　村

　福祉事務所を任意設置する町村については，「所管地域に居住地を有する要保護者」「所管地域に現在地を有する保護者」に対して，保護を決定し，かつ，実施しなければならない（法19条第1項）。福祉事務所が設置されていない町村についても，法第19条第7項において町村長の役割を定めている。具体的には以下のとおりである。

- ・急迫している人に対する応急的な処置として必要な保護を行うこと
- ・要保護者の発見，被保護者の生計その他の状況の変動の発見があった場合は速やかに保護の実施機関または福祉事務所長に通報すること
- ・申請を受けた場合は実施機関に送付すること
- ・実施機関，福祉事務所長の依頼により，保護費等を交付し，または要保護者に関する調査を行うこと

2　福祉事務所の業務と組織

　福祉事務所は，社会福祉の行政機関として位置づけられており，生活保護法，児童福祉法，身体障害者福祉法，知的障害者福祉法，老人福祉法，母子及び寡婦福祉法のいわゆる福祉六法を掌る。以下に，福祉事務所の歴史や事務，組織体制について述べてみる。

(1) 福祉事務所の歴史

　福祉事務所は前節に述べたように，社会福祉法にその設置根拠があるが，その端緒は社会福祉法の前身ともいえる社会福祉事業法（1951（昭和26）年制定）での規定にさかのぼる。

　第二次世界大戦の敗戦によって，日本の国土は荒廃し，社会的混乱のなか，困窮を極めた国民が増加していた。このため，連合国側から社会保障制度を速やかに確立する必要が求められていた。1949（昭和24）年11月に連合国軍最高司令官総司令部（GHQ）公衆衛生福祉部による「社会福祉行政に関する六項目」の提案により，社会福祉事業の法規を整備することが急務となり，1950（昭和25）年10月には社会保障制度審議会が発表した「社会保障制度に関する勧告」において，社会福祉現業機関として「民生安定所（のちの福祉事務所）の制度」の確立がうたわれた。具体的には，「社会福祉業務を能率的，科学的に運営するため，都道府県及び人口10万人以上の市に，保健所の区域に準じて，人口おおむね10万の区域ごとに民生安定所を設ける」というものであった。この勧告をふまえ，1951年3月に成立した社会福祉事業法において，「福祉に

> **社会保障制度に関する勧告**
> 　この勧告の主眼は，憲法25条に定められた国家責任による国民生存権保障の理念を制度化することにおかれた。本文は「社会保険」「国家扶助」「公衆衛生及び医療」「社会福祉」「運営機構及び財政」の5編から構成されている。

関する事務所」（福祉事務所）が法定化され，その設置が急ピッチで進められることとなった。

社会福祉事業法成立の当初，福祉事務所は，生活保護法，児童福祉法，身体障害者福祉法のいわゆる福祉3法に関する現業行政機関として設置された。これらの事務を処理するためには，福祉事務所に専門の職員を配置する必要があった。

旧生活保護法（1946（昭和21）年施行，1950年廃止）においては，それまで市町村長の補助機関として活動してきた「方面委員」が「民生委員」となり，戦後の混乱期において公的保護事務に深く関わり，市町村も民生委員に大いに依存していた時期があった。しかし，社会福祉事業法の制定により，福祉事務所の制度化とともに，有給の専門職員の配置を確立して社会福祉事業を的確に執行しようとする体制に移行した。これが「社会福祉主事」の法定化である。

また，福祉事務所における身体障害者福祉の事務に携わる専門職員として，「身体障害者福祉司」の配置が法定化された。

これらの職員の充足が十分に図られ，福祉事務所の体制が全国的に一刻も早く整備されるよう，「福祉事務所運営指針」が1953（昭和28）年に策定され，福祉事務所の組織や事務処理の標準化が進められていった。

一方，福祉を必要とする人びとの裾野が広がっていく中，1960（昭和35）年には「精神薄弱者福祉法」（のちに「知的障害者福祉法」と名称改定）が，1963（昭和38）年には「老人福祉法」が，また，1964（昭和39）年には「母子福祉法」（のちに「母子及び寡婦福祉法」に改正）が施行され，福祉事務所が取り扱う法制は，福祉六法となった。さらに，児童相談所との連携による「家庭児童相談室」も設置されるなど，その機能の拡充が進んでいった。

現業員も，社会福祉主事，身体障害者福祉司のほか，精神薄弱者（知的障害者）福祉司，老人福祉指導主事，及び母子相談員が配置されるようになり，1971（昭和46）年には，「新福祉事務所運営指針」が策定されるに至った。

(2) 制度改革と福祉事務所の現在
1）高齢化社会の到来と福祉八法改正

1970（昭和45）年に，日本の65歳以上の人口比率は7.1％となり，「高齢化社会」に突入した。その後も増加していく高齢者のニーズに対応するため，政府は1989（平成元）年に「高齢者保健福祉推進10か年戦略」（ゴールドプラン）を策定し，施設福祉のほか，在宅三本柱とよばれたホームヘルプ，デイサービス，ショートステイといった在宅福祉サービスの充実に力を注ぎ始めた。これにより，サービス提供を決定実施する側の体制強化も図る必要があったことから，1990（平成2）年に老人福祉法等改正（いわゆる「福祉八法改正」）がなされ，長らく大きな変化のなかった福祉事務所の体制にも大きな影響を与えることと

新福祉事務所運営指針
厚生省（当時）より福祉事務所制度創設20周年として提示された指針。そこでは生活保護中心から他の福祉施策へ重点を移す必要があるとして，従来の福祉事務所の機構，職員などの体制を変えることを目的とした。そして福祉事務所は社会福祉行政の中核的な第一線の現業機関であるとし，「迅速性」「直接性」「技術性」の3つの条件が必須であるとした。

高齢者保健福祉推進10か年戦略（ゴールドプラン）
高齢化社会に対応するため「長寿社会対策大綱」（1986（昭和61）年）や「福祉ビジョン」（1988（昭和63）年）などをふまえ策定された。プランの期間は1990（平成2）年から1999（平成11）年度末までの10年で，在宅・施設サービスの整備目標値の設定，「寝たきり老人ゼロ作戦」の展開，長寿社会対策基金（700億円）の創設，生きがい対策の推進，長寿科学研究推進10カ年事業などが盛り込まれていた。

なった。

具体的には、老人と身体障害者の入所措置事務の権限が、都道府県から町村に委譲されたことにともない、市部福祉事務所及び町村設置の福祉事務所は従来と変わらず福祉六法を担うが、郡部福祉事務所は福祉六法から四法体制に、町村では福祉二法を取り扱うことができるようになり、住民にもっとも身近な市町村でサービス提供を一元的、計画的に実施できるよう法整備が行われたのである。

2）2000年の動き

高齢少子化の進行によるニーズの増大・多様化に対応していくため、国においては中央社会福祉審議会で社会福祉基礎構造改革についてとりまとめを行い、その議論をふまえ、2000年には、社会福祉事業法を改正し「社会福祉法」が施行された。

同法は、福祉サービスの利用者個人が尊厳をもって自立した生活を送ることができるよう、旧来の措置によるものから、個人の選択（利用契約）を尊重した新たな制度へと移行していくために整備された理念法といえるものである。

同法の施行によって、利用者本位のサービス提供、応益負担、サービスの外部化などが促進されることとなった。これにより、2003（平成15）年には身体障害者・知的障害者福祉と児童福祉のうち障害児福祉の一部が利用契約となり、福祉事務所は措置事務から支援費支給事務へと移行した。その後、障害者自立支援法の施行により、3障害（身体・知的・精神）が一元化され、福祉事務所の相談機能も実質的に相談支援事業者に移行することになった。

また、2000年には「社会福祉法」の施行と同じくして「介護保険法」も施行されている。同法の施行により、あらゆる福祉施策に先んじて高齢者の福祉サービスが行政措置から社会保険方式に切り替わり、戦後の社会保障制度のトピックの一つに数えられる大変革となった。ここでも、福祉事務所が担ってきた老人福祉の措置決定によるサービス提供は、介護保険の保険者たる市町村の保険給付へと変わり、相談業務も事業者が主体となって、福祉事務所の機能が大幅に縮小した。

さらにこの年は、国と地方との行政改革推進の観点から整備が進められてきた「地方分権一括法」が施行された年でもある。前述のとおり、生活保護制度は機関委任事務から法定受託事務と自治事務に再編されたほか、福祉事務所の設置基準（人口10万人ごとに1カ所）の廃止、現業員（ケースワーカー）の配置基準を弾力化（「法定数として被保護世帯80につき1人または65につき1人」から「標準数としての配置へと移行」）、現業員の専任規制の緩和、福祉事務所と保健所（保健センター）の統合など設置形態の弾力化、といった見直しが図られた。

地方分権の推進により、市町村合併も強力に進められることとなり、この結果、多くの市が誕生し、市部福祉事務所が急増して郡部福祉事務所が減少した。

措　置
いわゆる「福祉六法」に規定されている「福祉の措置」を実施する行政機関の措置権に基づいて、福祉サービスの提供に関する決定をすること。措置権者による入所措置は行政処分であり、国は、行政機関が一方的な措置決定を行い、利用者は反射的利益を受けるにすぎない（反射的利益権）という見解を示している。

社会福祉基礎構造改革
この改革を具体化するために改正された法律は、社会福祉事業法、身体障害者福祉法、知的障害者福祉法、児童福祉法、民生委員法、社会福祉施設職員等退職手当共済法、生活保護法、公益質屋法（廃止）の8法である。具体的内容は、①利用者の立場に立った社会福祉制度の構築（ア．福祉サービスの利用者制度化－措置制度から利用制度への転換（一部は措置制度存続）、支援費支給制度の導入　イ．利用者保護のための制度の創設－地域福祉権利擁護事業制度の創設、苦情解決の仕組みの導入、利用契約についての説明・書面交換義務付け）、②サービスの質の向上（事業者のサービスに関する質の向上、サービス利用者のための事業運営の透明性）、③社会福祉事業の充実・活性化（社会福祉事業の範囲の拡充化、社会福祉法人の設立要件の緩和）、④地域福祉の推進、⑤その他の改正等であった。

3）生活保護法の改正

わが国では，法（新法）施行直後の1951年には，被保護人員（生活保護をうけている人）は約204万人を数えていたが，1992（平成4）年には58万人台まで減少していた。

その後，平成のバブル景気がはじけたことにより，被保護人員は増加傾向に転じ，さらに，2008（平成20）年にアメリカで起こった「リーマンショック」とよばれる世界的金融危機に端を発した深刻な経済不況により，被保護人員が急激に増加した。

わが国は，戦後の経済成長を通じて，多くの企業において終身雇用制度を保障することにより競争力を高めてきたが，バブル不況後の長引く経済の低迷時期を経て，製造業を中心に雇用情勢に変化が生じ，正規雇用に代わって，契約社員や派遣社員などいわゆる非正規雇用の人びとが多くを占めるようになった。

したがって，リーマンショックによる経済不況の影響に直面したのがこれら非正規雇用の人びとであり，雇い止めや解雇によってたちまち生活基盤を喪失させられたのである。

ホームレスとなる人びとや，漫画喫茶，ネットカフェで寝泊まりする「ワーキングプア」とよばれる人びとなど，社会の中で絆を失って孤立する人びとが増大した。このように新たに生じた格差・貧困問題に対して，社会的な解決策を求めようとする動き（社会的包摂の考え方）が生じてきた。

国においてもその対応が急がれたことから，生活困窮者へのセーフティネットを重層的に整備することとなった。2009（平成21）年には，失職等によって住居を喪失もしくはそのおそれのある人びとを対象とした住宅手当制度（その後「住宅支援給付」と改まる）を発足させたが，この実施にあたっては福祉事務所を実施主体とする自治体もあった。

生活保護法においては，法施行後大きな改正のないままであったが，2013年に，就労による自立の促進，健康・生活面に着目した支援のほか，不正受給対策，医療扶助適正化等を柱とする改正法がついに成立するに至った。これにともない，就労自立給付金や就労活動促進費の創設，収入や資産以外への調査権限の拡大，扶養義務者に対する報告の求め，不正受給の罰則の引き上げなど，新たな施行事務を福祉事務所が担うこととなった。

4）生活困窮者自立支援法の制定

法改正と同時に，セーフティネットをより強化するための「生活困窮者自立支援法」（2015（平成27）年施行）も成立し，自立相談支援事業，住宅確保給付金（住宅支援給付を恒久化）の支給，就労準備支援事業といったメニューが法定化された。このうち自立相談支援事業，住宅確保給付金の支給にあたっては，市及び福祉事務所を設置する町村は，公共職業安定所や教育機関等との緊密な

不正受給

要保護状態でないにもかかわらず，生活保護を受給すること。1980（昭和55）年，暴力団関係者の不正受給事件が問題化し，これをきっかけに厚生省（当時）は「生活保護の適正実施について」（123号通知）を出し，資産調査の厳格化等による「適正」を推し進めてきたものの，不正受給は，近年，増加傾向にある。2012（平成24）年度の不正受給件数は約4万2,000件で，金額は約191億円となっており，生活保護費の総額である約3兆6,000億円のうちの0.5％程度に過ぎないが，件数，金額ともに過去最高となり，被保護世帯の伸びより不正受給の伸びの方が大きい。
厚生労働省社会・援護局主管課長会議資料（2014（平成26）年3月3日）より統計数値を引用

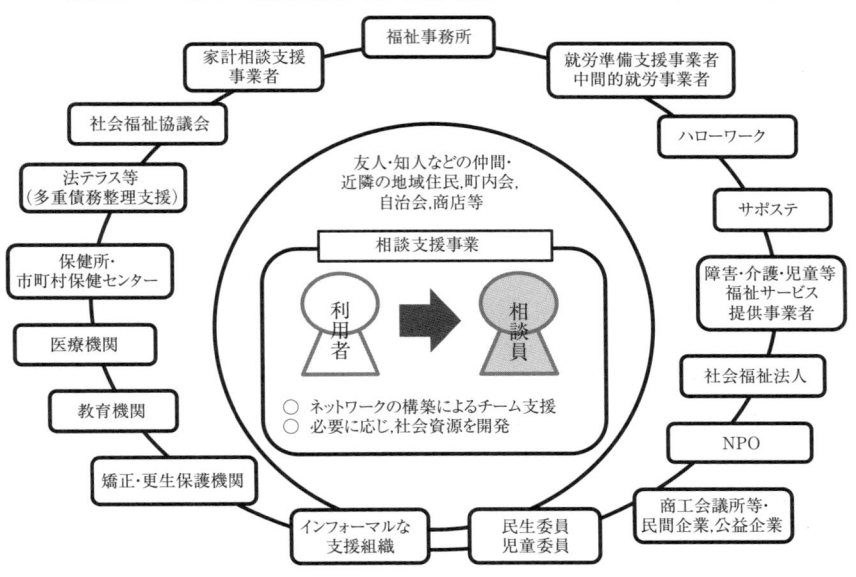

図表 9-3　新たな相談支援事業と関係機関のネットワーク（イメージ）

出所）社会保障審議会「生活困窮者の生活支援の在り方に関する特別部会報告書」2013年1月25日，p.11

連携を図りつつ，それらを行う責務を有すると規定されているが，自立相談支援，就労準備支援事業等については，社会福祉法人等外部への委託も可とされている。この中には，いわゆる貧困の連鎖を予防するために，生活困窮者である子どもに対する学習支援を行うことも含まれている。

すなわち，これらの事業実施により，要保護者に対して生活保護に至る前から早期支援を行うことにより早期自立を図り，かつ相談機能の充実によって，福祉事務所の負担を軽減するという目的も包含しているものである（図表9－3）。

これらの法施行の動きに対して，今後各福祉事務所がどのように関与していくのかは，設置自治体の動向をつぶさに捉えていく必要があるが，その関与のありようによっては，これまで福祉行政の現業機関としての位置づけであった福祉事務所に，新たな機能が付与され，所在によってそれぞれが大きく異なっていく可能性を秘めているものであるといえる。

（3）福祉事務所の所掌事務

福祉事務所の所掌事務は，社会福祉法により規定されている。

同法第14条第5項においては，都道府県の設置する福祉事務所は，生活保護法，児童福祉法，母子及び寡婦福祉法の3法に定める援護または育成の措置に関する事務とされている。また，同条第6項においては，市町村（特別区を含む）の設置する福祉事務所は，生活保護法，児童福祉法，母子及び寡婦福祉法，老人福祉法，身体障害者福祉法，知的障害者福祉法に定める援護，育成ま

たは更生の措置に関する事務とされている。

このように，特に都道府県設置の福祉事務所の現状は，これまでに述べたとおり，設置当初の所掌とは大きく異なってきている。

（4）福祉事務所の組織体制

福祉事務所の組織体制についても，社会福祉法により規定されている。

1）職員体制

社会福祉法第15条においては，福祉事務所には長（以下，「所長」）のもとに，指導監督を行う所員（以下，「査察指導員」），現業を行う所員（以下，「現業員」），事務を行う所員（以下，「事務職員」）を置くこととされている。

このうち，査察指導員と現業員は「社会福祉主事」でなければならないとされている。

所長は，都道府県知事または市町村長（特別区の区長を含む）の指揮監督をうけて，庶務を掌理し，査察指導員は，所長の指揮監督をうけて，現業事務の指揮監督を司る。また，現業員は，所長の指揮監督のもとで，援護，育成または更生の措置を要するもの等の家庭を訪問，または面接し，本人の資産，環境等を調査し，保護その他の措置の必要性の有無や種類を判断して，本人に生活指導を行う等の事務を司ることとされている。

同法第16条においては，所員の定数については，条例により定めることとし，現業員の数は，都道府県設置の福祉事務所は被保護世帯数65に対し1人，市町村設置の福祉事務所については，被保護世帯数80に対し1人と定められている（図表9－4）。ただ，現況は，バブル景気の崩壊～リーマンショックを経て，被保護世帯が増加する一方で，財政の硬直化に苦しむ地方自治体が行政改革を推進する動きもある中，1人の現業員が受け持つ被保護世帯は100を超えるところも少なくない。

かつて現業員の数は法定数であったが，先に述べたように，地方分権一括法の施行により，この基準が弾力化されたことにより，現在は標準数としての規定となっている。

また，査察指導員については，1951年の社会福祉事業法の施行にあたって発出された厚生事務次官通知において，現業員7人に対し1人と示されていて，現在もこの基準が用いられている。

> **財政の硬直化**
> 国や地方公共団体の財政のうち，人件費，公債費や扶助費（生活保護費もこれに含まれる）といった削減が容易でない経費（義務的経費と呼ばれる）が増大すると，新たな政策展開のために弾力的に利用できる経費（裁量的経費と呼ばれる）が少なくなり，予算の自由度は縮小する。これを財政の硬直化という。

図表9－4　所員の定数

設置主体の区分	現業員標準定数	標準定数に追加すべき定数
都道府県	被保護世帯が390以下の場合　6	65を増すごとに　1
市（特別区）	被保護世帯が240以下の場合　3	80を増すごとに　1
町村	被保護世帯が160以下の場合　2	80を増すごとに　1

出所）厚生労働省ホームページ，2013年12月30日閲覧

これら査察指導員と現業員は，それぞれの職務にのみ従事することが原則であるが，職務の遂行に支障がない場合は，他の社会福祉，保健医療に関する事務を行うことができる（同法第17条）こととされていて，これにより福祉事務所と保健センターとの統合が推進されている。

以上のほか，老人福祉主事，身体障害者福祉司，知的障害者福祉司を置いている事務所もある。

2）組織形態

福祉事務所は，1953年に示された「福祉事務所運営指針」によって，標準的組織機構としての2課制（庶務課と援護課）とされ，援護課が福祉三法を担当することと提示された。

その後，1970年に発出された通知（「福祉事務所における福祉五法の実施体制の整備について」）により，福祉事務所は原則として総務課，相談室，福祉課及び保護課の3課1室をもって組織するという新たな体制が提示され，「新福祉事務所運営指針」を経て，以降長きにわたって一定のモデルが定着したものといえる。

しかし，幾多の制度改革を経た現在では，福祉事務所は保健部局との組織再編が弾力的に可能となり，「保健福祉センター」や「保健福祉事務所」といった名称で統合的に業務を行うようになったところが増えてきている。このように従来の福祉六法の枠組みでは到底収まらないので，介護保険や子育て支援，障害者支援，地域福祉などさまざまな課や室が置かれるようになっている。

（5）社会福祉主事

社会福祉主事とは，社会福祉法第18条において規定されている社会福祉行政に携わる専門職員のことである。同条第1項では福祉事務所にこれを置くこととし，福祉事務所を設置していない町村にあっては任意で配置できるとされている。

都道府県設置の福祉事務所では，生活保護法，児童福祉法，母子及び寡婦福祉法の三法に，また，市町村（特別区を含む）設置の福祉事務所においては，福祉六法に従事することとされ，福祉事務所を設置していない町村では，老人福祉法，身体障害者福祉法，知的障害者福祉法の3法に従事することとされている。

このように，社会福祉主事は都道府県知事または市町村長の補助機関である職員と位置づけされており，その資格に関しては，年齢20歳以上であって人格が高潔で，思慮が円熟し，社会福祉の増進に熱意があるもので，①学校教育法，旧大学令に基づく大学，旧高等学校令に基づく高等学校または旧専門学校令に基づく専門学校において，厚生労働大臣の指定する社会福祉に関する科目を修めて卒業した者，②厚生労働大臣の指定する養成機関または講習会の

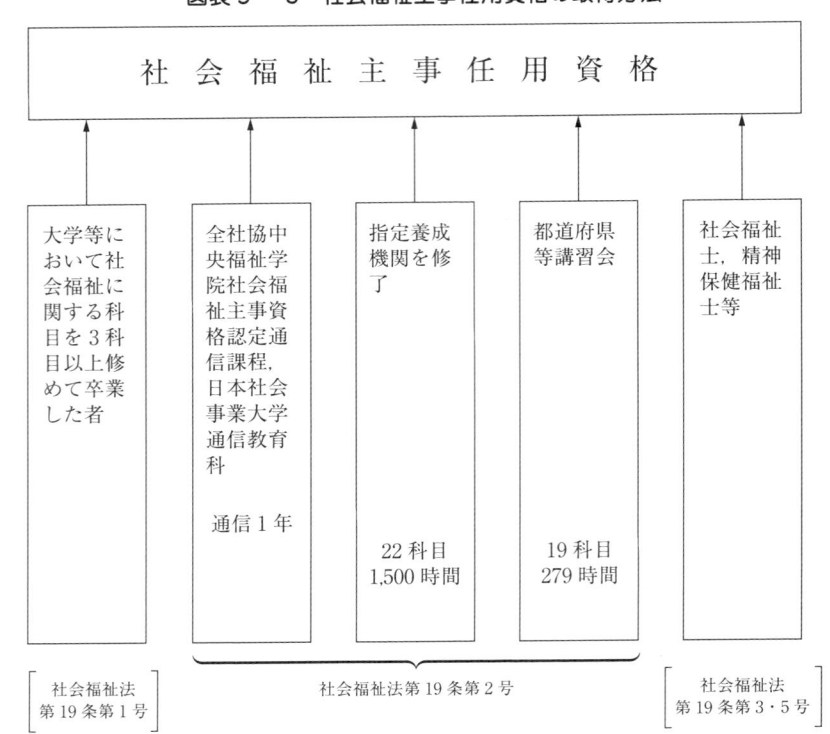

図表9-5 社会福祉主事任用資格の取得方法

```
                        社 会 福 祉 主 事 任 用 資 格
                          ↑    ↑    ↑    ↑    ↑
```

大学等において社会福祉に関する科目を3科目以上修めて卒業した者	全社協中央福祉学院社会福祉主事資格認定通信課程,日本社会事業大学通信教育科 通信1年	指定養成機関を修了 22科目 1,500時間	都道府県等講習会 19科目 279時間	社会福祉士,精神保健福祉士等
[社会福祉法第19条第1号]	[社会福祉法第19条第2号]			[社会福祉法第19条第3・5号]

出所) 厚生労働省ホームページ,2013年12月30日閲覧

図表9-6 資格(社会福祉主事,社会福祉士,精神保健福祉士)の取得状況

区分		社会福祉主事		社会福祉士		精神保健福祉士	
		査察指導員	現業員	査察指導員	現業員	査察指導員	現業員
総数	資格取得者数(人)	(2,343) 2,246	(12,020) 13,090	104	(628) 946	13	201
	取得率(%)	(77.3) 69.7	(61.4) 67.5	3.2	(3.2) 4.9	0.4	1.0
生活保護担当	資格取得者数(人)	1,937	(8,519) 10,299	80	(318) 641	7	66
	取得率(%)	74.6	(74.9) 74.2	3.1	(2.8) 4.6	0.3	0.5

出所) 厚生労働省「平成21年福祉事務所現況調査の概要」
※調査時期:平成21年10月1日
　上段( )内は,平成16年10月1日

課程を修了した者,③社会福祉士,④厚生労働大臣の指定する社会福祉事業従事者試験に合格した者,⑤前各号に揚げる者と同等以上の能力を有すると認められる者として厚生労働省会で定める者のいずれかに該当するものから任用しなければならないとされている。

つまり,社会福祉法に定める職務に従事して初めて名乗ることができる資格であり,これがいわゆる「任用資格」とよばれるゆえんである。

図表9－7　査察指導員及び現業員の人数

(単位：人)

区　分		査察指導員	現業員	
			常勤	非常勤
総　数		(3,031) 3,221	(19,581) 19,406	3,451
	郡部	(641) 358	(2,274) 1,455	109
	市部	(2,390) 2,863	(17,307) 17,951	3,342
生活保護担当		2,596	(11,372) 13,881	655
	郡部	343	(1,911) 1,246	36
	市部	2,253	(9,461) 12,635	619

備考）査察指導員は，兼務者を含む。
出所）厚生労働省「平成21年福祉事務所現況調査の概要」
※調査時期：平成21年10月1日
　上段（　）内は，平成16年10月1日

　社会福祉主事資格取得者数は，2009年10月1日現在で，全国の福祉事務所の査察指導員と現業員を合わせて1万5,336人となっており，その取得率は，生活保護の査察指導員の場合で74.6％，生活保護の現業員（ケースワーカー）の場合で74.2％となっている。特に上記の①の場合であれば，一般の大卒者で指定の科目のうち3科目以上を履修していれば任用資格が生じるのであるが，自治体によっては，専門職員としての採用を行っていないところもあり，有資格者を100％配置できていない実情が続いている（図表9－6）。

(6) 査察指導員と現業員

　査察指導員は，社会福祉法第15条において規定されている現業事務の指導監督にあたる職員であり，福祉事務所長の指揮監督をうける。福祉事務所の組織体制上では，係長以上の中間管理職が兼務するところが多い。これは，現業員（ケースワーカー）が行うさまざまな実務に対して，より専門的な立場から助言指導を行うとともに，職務執行における管理監督者として，また現業員の活動を側面的に支援する上司としての役割が期待されているからである。そのため，スーパーバイザー（SV）とよばれることもある。

　現業員も，社会福祉法第15条において規定されており，福祉事務所長の指揮監督のもとに，生活保護の実務を行う職員である。生活保護ケースワーカーと同義といってよい。その職務は，係に所属してそれぞれの担当地区を分担して受け持ち，日常は被保護世帯（ケース）との面談，訪問を通じた相談援助活動に当たるとともに，法のもとに行う行政処分（詳しくは次節で述べる）に携わる。審査指導員と現業員の人数は上記の通りである（図表9－7）。

3 生活保護の決定と実施

　法の趣旨と目的は，最低生活の保障と自立の助長とされていることは，これまでに述べられてきたとおりである。

　この2つの大きな目的を達成していくために，福祉事務所の現業員をはじめとする職員が実務にあたるわけであるが，ここでは最低生活の保障について，福祉事務所の実務を簡単にとりあげてみる。最低生活の保障にかかる実務とは，法に基づく行政処分が中心となる。つぎに，その行政処分の内容について述べてみる。

(1) 保護の申請から決定まで
1) 申　　請

　生活保護は例外的に規定されている職権での保護を除き，原則的には申請に基づき実施するものとされている。申請権を有する人は，要保護者本人と同居親族，扶養義務者と解されている。申請は，要保護者の居住地（現在地）を管轄する福祉事務所において受理される。

　申請には新規と変更の2つの種類があり，新規の申請に際しては，まず生活全般の相談に応じるとともに，生活保護制度の説明と，他法他施策の活用などについて助言指導を行うことが望ましいが，ここに専任の面接員を配置して懇切丁寧な対応を心掛けている事務所は少なくない。

　申請は，必ずしも書面により行わなければならないものではないが，実際には標準様式を用いた申請書が整えられている。

2) 調査（ミーンズテスト）

　申請を受理したのち，現業員は要保護者や関係機関に対し，保護の決定に必要な調査を行う。昨今，生活保護の不正受給に対する国民の厳しい視線もあり，この調査は生活保護を適正に実施していくうえで重要な実務となっている。

　具体的には，要保護者の住居等の実態，世帯構成，世帯員の通院状況や稼働能力，児童の保育や通学状況，収入の状況，預貯金等資産の状況，扶養義務者の状況，他法他施策の活用状況といったものがあげられる。

　要保護者の家庭に対しては立入調査権を有しているが，官公署，金融機関，保険会社，雇用先等の関係先に対しては，要保護者の同意のもとで書面により照会を行い，回答を得る方法を採用している。なお，2014年から施行される改正法においては，関係先への調査内容が収入及び資産だけであったものが，就労状況や求職状況，健康状態，扶養義務等へ対象が拡大され，関係先の回答義務も強化された内容となっている。

3) 決　　定

　現業員は調査の結果を得て，要保護世帯の最低生活費を試算し，当該世帯全

体の収入を対比させて保護の要否判定を行う。これにより，最低生活費＜収入ならば保護は「否」であるが，最低生活費＞収入ならば保護が「要」となる。

この要否判定に用いる保護の基準は，保護「要」となれば，今度は保護費がどの程度必要となるかを算定するためのツールとなる（基準及び程度の原則）。そして，現時点で必要となる保護の種類を決定することになる（必要即応の原則）。また，保護の給付方法（現物・現金，窓口払い・口座払い等）も決定しなければならない。

これらの決定は要保護者に書面（保護決定通知書）で通知することとなっており，決定理由を付記しなければならない。また，その法定日数は申請受理後14日以内（調査に時間を要する場合は30日以内）とされている。

(2) 保護の開始・却下・変更・停止・廃止

1) 開　始

保護の開始は，先に述べたとおり新規の申請があったのちに最初に決定される処分である。つまり，保護をうけていなかった要保護者が，保護をうけることになったことを意味する。開始により要保護者は被保護者となり，法に定める権利が生じ，義務もまた負うことになる。

2) 却　下

保護の却下は，保護の要否判定で「否」となった場合や，活用すべき資産や能力を活用していないと認められるときに決定される処分である。よって，要保護者への保護は適用されない。

3) 変　更

被保護者の生活需要に応じて，さまざまな保護の変更が行われる。平たくいえば，被保護世帯の収入や世帯構成などに変動があればその都度算定し，最低生活費と対比を行って保護費を差し引きし，保護の程度と種類，方法を決定する処分のことである。

4) 停　止

被保護世帯の収入が増加したり，世帯構成の変動などによって最低生活費が低下した場合などで，最低生活費＜収入の状態となり，それが概ね6カ月以内に再び保護を要する状態が生じると予想される場合などは，保護の停止を行う。

5) 廃　止

被保護世帯の収入が増加したり，世帯構成の変動などによって最低生活費が低下した場合などで，最低生活費＜収入の状態となり，それが概ね6カ月を超えて継続すると認められる場合，保護の廃止を行う。そのほか，被保護世帯の消滅（死亡や転出）があった場合も廃止となる。また，法に規定する福祉事務所長の指示に従わないと認められた場合もこの処分に至ることがある（法第27条，第62条）。

参考文献

小山進次郎『生活保護法の解釈と運用』中央社会福祉協議会，1950年
生活保護法規研究会編『生活保護関係法令通知集』中央法規，2007年
成清美治・高間満・岡田誠『低所得者に対する支援と生活保護制度』学文社，2010年
厚生労働省『厚生労働白書』2011年，2012年

プロムナード

　福祉事務所で働く現業員は，必ずしも全員が社会福祉主事の任用資格を有していません。また，自治体も福祉の専門職員として採用枠を設けているところばかりではありません。福祉のニーズが複雑多様化し，法令が次々に整備されて，公務員がこなさなければならない業務はどんどん肥大化しています。しかしその一方で，行政改革の推進は国民の強い要請であり，その流れにおいては公務員がその定員を拡充していくことは今後とも非常に困難であるといえます。つまり，社会福祉主事を充足したくてもできない事情が，自治体側にもあるということです。そうなれば，限られた人材の中で日常業務をこなしていかなければならず，当然，職員一人ひとりが担当する業務は自ずと増え，ますます多忙となります。
　このような現状の中でも，相談者の声に耳を傾け，寄り添い，一緒になって少しでも生活問題を解決しようと，日夜地道に取り組む職員たちの働きに支えられて，福祉事務所が成り立っているということを知っておいていただきたいと思います。
　福祉事務所の仕事は地味で目立たず，待遇面でもたとえ社会福祉士の有資格者であったとしても，それが給料には反映されないという現状もあって，今一つ魅力に乏しい職場といえるかもしれません。しかし，何かしら住民や地域社会の役に立ちたい，チームワークを大切に仕事をしたい，と思うあなたなら，きっと期待を裏切らないところだと自負しています。

学びを深めるために

碇井伸吾『実録！熱血ケースワーカー物語』幻冬舎文庫，2014年
　かつて現役の生活保護ケースワーカーであった著者が，体当たりで生活保護世帯と向き合い，寄り添ってきた熱い日々を数々のストーリーにしたものである。福祉事務所の活き活きとした日常と，そこで働く職員の熱気が読者に伝わってくる。残念ながら現在の福祉事務所は日常業務に追われ，本書が描く職場像からは遠くなりつつあるものの，いつの時代でも一生懸命にケースと関わる職員たちへの貴重なエールとなる一冊である。

　社会福祉事業法施行後の福祉事務所と，地方分権推進法，社会福祉法等施行後の福祉事務所を比較して整理してみよう。

福祉の仕事に関する案内書

埼玉県アスポート編集委員会『生活保護200万人時代の処方箋～埼玉県の挑戦』ぎょうせい，2012年

第10章

生活保護における相談援助活動

1 生活保護における相談援助活動

(1) 現業活動とは

社会福祉法第15条は、「福祉に関する事務所には、長及び少なくとも次の所員を置かなければならない」として、「指導監督を行う職員」「現業を行う所員」「事務を行う所員」をあげている。

生活保護事務においては、「指導監督を行う職員」を「査察指導員」(スーパーバイザー)、「現業を行う所員」を「現業員」(ケースワーカー)とよんでおり、被(要)保護者への指導援助は現業員を中心に行っている。

同法では現業員は、「所の長の指揮監督を受けて、援護、育成又は更生の措置を要する者等の家庭を訪問し、又は訪問しないで、これらの者に面接し、本人の資産、環境等を調査し、保護その他の措置の必要の有無及びその種類を判断し、本人に対し生活指導を行う等の事務をつかさどる」(第15条第4項)とし、面接や訪問を通じて調査を行い、措置の必要性を判断した上で生活指導を行うことが現業員の役割であるとしている。

生活保護法の起草者のひとりである小山進次郎がその著書『生活保護法の解釈と運用』の中で、法の目的である「最低生活の保障」と「自立の助長」を達成するための手法として、「法律技術上の制約からケースワークを法律で規定することが至難であるために、この法律の上では金銭給付と現物給付とだけが法律上の保護として現れている」[1]として、ケースワークは保護の中核をなすものであり、金銭給付と現物給付を第一義的に考えることは間違いであると指摘している。

このように、生活保護事務における現業活動とは、ケースワークのプロセスを通じて「給付」を道具としながら、対象者が社会で機能しうるよう援助することであるといえよう。

一般的な相談援助のプロセスは以下のとおりである。

1) インテーク (相談・申請・受理)

通常、生活保護手続きは、生活に困窮した市民が福祉事務所の窓口を訪れ相談することから始まる。多くの市民は、公的な援助を受けることに戸惑いや不安を覚えながら福祉事務所に相談をもちかける。近親者の失業・病気・事故・死亡・離婚・犯罪など、突然の出来事により生活維持困難となった者もおり、悲嘆し混乱した状態にある相談者も少なくない。

多くの福祉事務所では、当初の面接を専門に行う職員(面接員)を配置している。面接員に、さまざまな感情を抱いて来所する相談者に波長を合わせながら、相談者の説明を整理しつつ、「何に困り」、「何を求めているのか」を的確に把握することが求められる。

生活保護制度は「補足性の原理」から、他の法律や制度で実施されるサービ

ス(他法他施策)を優先させるため，相談者のニーズを他法他施策で充足できる場合，確実に利用できるよう援助をしなければならない。

相談者が生活保護法による援助を求めている場合については，「申請保護主義」の原則にのっとり，申請意思を確認した上で申請書の提出を求め，同時に収入申告書・資産申告書等の必要書類を徴収することになる。

昨今，福祉事務所では，何かと理由をつけ生活保護申請を受理しようとしない「水際作戦」が行われているとしてメディア等で批判の的となっているが，保護申請は，国民の保護請求権の発動であり，生活保護は最低生活保障の「最後の砦」であることを考えれば，保護申請に際しての丁寧な対応と法の趣旨に基づいた適切な措置が求められる。

2) アセスメント (調査・評価・保護決定手続き)

ケースワーカーが行うアセスメントの対象は，生活保護実施のための「要件」に関するものと，対象者の自立や社会的機能を阻害する「要因」に関するものに大別できる。

前者に関しては，資産・収入・他法他施策・扶養・稼働能力など，保護に優先させて活用すべき資源を対象者の申立てに基づき，その事実を調査によって客観的に確認する。ケースワーカーは調査によって得られた事実をもとに，対象世帯の収入 (資産も含む) と当該世帯の最低生活費を比較し，対象世帯の収入が下回っておれば保護を開始し，反対に上回っておれば保護申請を却下することとなる (図表10-1)。

後者は，さらに複雑である。人が生活困窮状態に陥る理由はさまざまで，個人，家族が複数の課題を抱え，錯綜して社会的機能不全をきたしていることが少なくない。ケースワーカーは，面接や訪問活動などを通して対象者の生活状

図表10-1 調査の対象と内容 (例示)

被(要)保護者	生活歴・居住実態・世帯構成・住宅環境・家族関係・健康状態・衛生状態
扶養義務者	扶養実態・援助 (経済的，心理的) の可否・被(要)保護世帯との関係
民生委員	居住実態・生活状況
医療機関	病名 (病状)・療養状況・稼働能力・治療方針
市町村	戸籍・住民票・手当・課税・他法他施策・軽自動車登録
社会保険事務所	年金，手当
金融機関 (銀行，郵便局)	預貯金・保険
保険会社	生命保険 (死亡保障・医療保障・老後保障，貯蓄保障)・損害保険
法務局	不動産登記
陸運事務所	自動車登録
職業安定所	雇用保険
学校	子どもの就学状況・進路
保育所	利用状況・養育状況
福祉施設，機関	子どもの就学状況・進路

出所) 筆者作成

況を把握し，錯綜した課題を整理しつつ，解決あるいは緩和しなければならない課題を抽出していく。たとえば，失業を理由に保護申請に至った稼働年齢層の男性を例にとれば，生活困窮の直接的理由は失業であったとしても，その背景には過度の飲酒や他者とのコミュニケーションの問題を抱えているかもしれない。

このような調査を生活保護法（以下，法）の目的からみてみると，前者は「最低生活の保障」，後者は「自立の助長」を念頭に置いたものといえるかもしれない。

保護開始手続きにおけるケースワーカーの役割は調査のみにとどまらず，制度の利用に不慣れな対象者に対して，制度の趣旨や制度上の権利・義務を説明し，対象者が生活保護制度を適切に利用できるよう援助しなければならない。

ここで行われるケースワーカーの実践（訪問，調査等）は，ケースワーク方法論としての側面と，法に基づき福祉事務所（実施機関）が行う行政行為としての側面がある。

法第28条第1項には，「保護の実施機関は，保護の決定又は実施のため必要があるときは，要保護者の資産状況，健康状態その他の事項を調査するために，要保護者について，当該職員に，その居住の場所に立ち入り，これらの事項を調査させ，又は当該要保護者に対して，保護の実施機関の指定する医師若しくは歯科医師の検診を受けるべき旨を命ずることができる」とし，居所への「立入調査権」と対象者の稼働能力を含めた心身の状況把握のため「検診命令」を行うことができ，立入調査や検診命令を拒否した場合においては，保護申請の却下等ができるという規定もある。

法第29条では，「保護の実施機関及び福祉事務所長は，保護の決定又は実施のために必要があるときは，要保護者又はその扶養義務者の資産及び収入の状況につき，官公署に調査を嘱託し，又は銀行，信託会社，要保護者若しくはその扶養義務者の雇主その他の関係人に，報告を求めることができる」とし，資産，収入を把握するために関係者（機関）に行う調査に関する権限を実施機関に付与している。

3）プランニング（援助計画の策定）

アセスメントの段階で抽出した課題に対して，その解決，あるいは緩和を目指して，道筋を示し，具体的な手続き・方法などを明らかにしたものが「援助計画」である。援助計画は，担当者のケースワーク活動の結果として策定したものを実施機関が組織として決定したものである。

援助計画は，実施機関が一方的に策定し，対象者に対して計画に沿った努力を要求するものではなく，対象者の意思・能力・職歴などを考慮しつつ，対象者と共に策定されることが望ましい。

この「援助計画（援助方針）」は，保護開始時にのみ策定されるものではなく，

対象者世帯の変動・環境の変化にともない継続的に見直しが加えられる。福祉事務所では，年に1回の基準改定時に，この援助計画が見直しされることが多い。

生活保護上における援助の焦点は，就労することが困難な対象者の「就労阻害要因」を除去し，生活保護から脱し経済的自立を果たすことと思われがちであるが，対象者には高齢や障がいのため就労自立が困難な者も多く，自立の概念を経済的自立のみに集約することは適当ではない。

2008（平成20）年3月，厚生労働省社会・援護局保護課が策定した「自立支援の手引き」においては，自立支援の概念を「就労による経済的自立のための支援（就労自立支援）のみならず，それぞれの被保護者の能力やその抱える問題等に応じ，身体や精神の健康を回復・維持し，自分で自分の健康・生活管理を行うなどの日常生活において自立した生活を送るための支援（日常生活自立支援）や，社会的つながりを回復・維持するなど社会生活における自立の支援（社会生活自立支援）も含む」[2]としている。

上記の「自立支援の手引き」は，2005（平成17）年度に導入された「自立支援プログラム」の導入を推進するために策定されたものである。

自立支援プログラムが導入された背景には，「経済的給付のみで被保護者の支援を行うことに限界がある」「生活保護の長期化を防ぐ方策が不十分である」「担当職員個人の力量に依存することに限界がある」などの指摘があり，その対応策として，

① 管内の被保護世帯全体の状況を把握する
② 被保護者の状況や自立阻害要因を類型化し，それぞれの類型ごとに取り組むべき自立支援の具体的内容及び実施手順等を定める
③ これに基づき個々の被保護者に必要な支援を組織的に実施することによって，被保護世帯が抱えるさまざまな問題に対処し，これを解決するための「多様な対応」，保護の長期化を防ぐ「早期の対応」，効率的で一貫した組織的取り組みを推進する「システム的な対応」を可能とする[3]

といった「自立支援プログラム」が導入された。

自立支援プログラムは，福祉事務所が所在する地域の特性や課題に添って，全国で特徴的なプログラムが実施されるようになってきた。自立支援プログラムは，生活保護制度におけるケースワークが可視化され，その効果が客観的に検証できるシステムとして注目すべき方法論であろう。

4）インターベンション（保護継続中の援助）

生活保護が開始されるとケースワーカーは，定期的な家庭訪問，福祉事務所内の面接を通じて被保護者と面談し，必要に応じて，「生活指導」「療養指導」「就労指導」を行うことになる。

ケースワーカーの訪問活動には，定期訪問と臨時訪問がある。定期訪問は予

基準改定
毎年4月1日に物価動向や国民の消費支出を基に，生活保護基準額が改訂され告示される。これにより生活扶助の金額は変動するとともに，生活保護基準は他の制度の基準となることもあり，福祉制度全般に大きな影響を与えることになる。

め設定された区分によって，1カ月・3カ月・半年・年に1回の家庭訪問を行い生活状況を把握しながら，指導援助を行うことになる。

臨時訪問は，特別な理由により訪問し面談することであるが，訪問先は対象者の自宅に限らず，入院先や利用している施設，学校など，訪問目的によってさまざまである。

① 生活指導

生活指導の大きな目的は，対象者が地域社会の中で適切に機能することである。

対象者の中には，高齢・障害・傷病等を理由に社会的に孤立している例も少なくない。特に，単身高齢者や障害者は外出することに不安を覚え，自宅に引きこもりがちになり孤立する傾向がある。このような対象者に対して，ケースワーカーは，高齢者のデイサービス・給食サービス，障害者の生活介護施設・ガイドヘルプなど，他の法律，制度に基づいたサービスの利用を勧め，対象者が社会資源を適切に利用できるよう援助することになる。

また，対象者の中には，配偶者暴力，児童虐待など，家庭内の問題を抱えている場合もある。このような問題においては，時として，対象者の身体，生命の安全が脅かされる状況に陥ることもある。対象者の生活状況を把握し，身近な存在であるケースワーカーは，生活保護の実施にかかる援助のみならず，福祉全般に関わる問題を発見し，それぞれの問題を専門とする諸機関と連携して，早期介入する役割も担っている。

② 療養指導

生活保護の世帯類型で，高齢者世帯に次いでも大きな割合を占めるのが「傷病世帯」である。

ケースワーカーは，病院訪問を通じて主治医と面談し，病名・病状・療養態度・治療方針・治療期間・就労の可否などを聴き取り，対象者の傷病を正確に把握し，それに基づき療養指導を行うことになる。

また，福祉事務所には内科，精神科の嘱託医が配置されており，医療要否意見書やレセプトを参考に，対象者の傷病を正しく理解し，療養指導に役立てることも有用である。

対象者の抱える疾病が慢性疾患の場合，長期間の療養生活で治療に対する意欲を失いがちである。慢性疾患の改善には，食事を始めとした日常の暮らしが大きく影響することから，ケースワーカーは対象者の暮らしに寄り添った指導が求められる。

対象者には，精神疾患をもつ者も多い。精神疾患の療養には，定期的通院・服薬・正しい生活リズムが肝要であり，ケースワーカーは家族を始めとした支援者と協力して，安定した日常生活を送ることができるよう援助を行っていく。また，社会的入院が長期化している者に対しては，地域生活に

社会資源
資金・人材・サービス・機関，団体・設備など，クライエントの福祉を推進させる物資や労働の総称。

世帯類型
生活保護制度上の世帯の分類で，具体的には以下のとおり分類されている。
・高齢者世帯
65歳以上の者のみで構成されている世帯若しくは，これらに18歳未満の者が加わった世帯
・母子世帯
現に配偶者がいない（死別，離別，生死不明及び未婚による）65歳未満の女子と18歳未満のその子（養子を含む）のみで構成されている世帯
・障害者世帯，傷病者世帯
世帯主が障害者加算をうけているか，障害，知的障害等の心身上の障害のため働けない者である世帯並びに世帯主が入院（介護老人保健施設入所を含む）しているか，在宅患者加算をうけている世帯もしくは世帯主が傷病のため働けない者である世帯
・その他の世帯 上記のいずれにも該当しない世帯

医療要否意見書
被保護者の医療の必要性について，実施機関（福祉事務所）が指定医療機関に意見を求める書面。

レセプト
診療報酬明細書のこと。医療扶助では，診療した医療機関が生活保護負担分（通常は10割，健康保険保持者の場合は7割）をレセプトを用いて請求する。所定の審査等を経たレセプトは，実施機関に返戻され保管される。

図表10－2　世帯類型別の問題傾向と援助計画

区別	予想される問題傾向	援助計画
高齢者のみまたは、高齢者のいる世帯	生活環境の悪化 健康の悪化 寝たきり、認知症の重度化 扶養義務者との疎遠 地域社会からの孤立 いきがいの喪失 金銭・財産管理の困難	生活環境の状況把握 施設入所・在宅介護サービスの利用 健康状態の把握、保健衛生面での援助 扶養義務者の状況把握と関係調整 安否の確認、緊急通報システム活用 高齢者職業紹介、高齢者大学への参加 公的年金受給、権利擁護事業の活用
児童のみまたは児童のいる世帯	生活環境、健康の悪化 生計の不均衡 養育者喪失による家事の負担増大 教育上の諸問題（いじめ、不登校、引きこもり、非行） 児童虐待、養育放棄	生活環境、心身の状況把握 児童手当受給 扶養義務者の引き取り扶養、養育環境の整備、児童養護施設の利用、ホームヘルパー派遣 学童保育・保育所の利用、学校との連携 教育問題への助言、奨学金の活用 学校、児童相談所、児童委員との連携
ひとり親世帯	生活環境の悪化 扶養義務者との関係希薄化 地域社会からの孤立 生計中心者喪失による収入減少、稼働能力の制限 自立意欲の喪失 育児・教育上の負担増大 児童虐待、養育放棄 ドメスティック・バイオレンス	生活環境の状況把握 養育料、慰謝料、財産分与の請求、親権変更 扶養義務者との関係調整 児童扶養手当受給、遺族年金受給手続き、育児と就労の両立、技能習得支援、就労支援 ショートステイ、トワイライトステイ 民生委員との連携 児童相談所、保育所、学校、警察との連携
障害者のいる世帯	生活環境、健康の悪化 日常生活の不便拡大、地域社会からの孤立 自立意欲、生きがいの喪失 稼働能力の制限 家族の介護負担増加	生活環境、健康状況の状況把握 自立支援制度の活用、バリアフリー 補装具支給、施設・在宅サービスの活用 障害程度の判定、手帳の取得、機能回復訓練 障害年金受給、授産施設の利用、職業訓練 レスパイトケア
傷病者のいる世帯	生活環境、症状の悪化 療養態度の悪化 頻回受診・ドクターショッピング 治療意欲・自立意欲の喪失	生活状況、疾病・治療状況の把握 主治医・医療機関との連携 療養指導・保健衛生の指導 職業訓練、傷病手当受給
心的要因のあるケース　怠惰（無気力、不定着、気紛れ）　無知（無計画、浪費、遊興）　犯罪（暴力、非行）　不和（地域、家庭）　異常（狂信、偏狭）　中毒、依存（アルコール、薬物）	生活環境の悪化 現実からの逃避 常習的借金、家計不均衡 地域社会からの隔絶 義務の不履行 家族の役割異動、アダルトチルドレン、家族崩壊 家族のイネーブリング 不正受給	精神科・心療内科受診 セルフヘルプグループへの参加（断酒会、AA、アラノン、アラティーン、NA、ダルク） 家族への支援 警察との連携 負債整理のための相談機関紹介 法律扶助の活用・破産手続（法テラス）
問題複合世帯	問題要因を複数もつ	各要因ごとの援助計画を策定

出所）厚生省庶務課『新福祉事務所運営指針』全国社会福祉協議会、1971年、pp.161－163　一部改変

移行するための支援を医療機関や相談支援事業者と協働しながら進めていく必要がある。

③ 就労指導

就労指導を進めていく上で、まずは就労阻害要因を明らかにして、それに応じた指導が求められる。保護要件は「傷病」であり、傷病の程度が就労可能であったとしても、必ずしも直ちに就労開始に結びつくわけではない。たとえば、それまでの職歴が建設作業のみの傷病者が、「事務仕事程度が可能」と判断されたとしても、直ちに事務系職種で仕事を始められるわけではない。ケースワーカーは、就労阻害要因の有無だけではなく、対象者の職歴・能力・技術・資格・生活状況などを多角的に判断した上で、本人の意向も考慮しながら就労指導を行うことになる。

なお、福祉事務所には、ケースワーカーの就労指導を補完する役割の就労支援員が配置されている。就労支援員は履歴書の書き方、面接試験の対応方法、ハローワークの利用方法など、就労に関するきめ細かな指導を行っている。

5）エバリュエーション（再評価）

昨今、ソーシャルワークにおいては、「証拠に基づいた実践」（EBS：Evidence Based Social Work）の重要性が強調されるようになってきた。

これまでケースワークによる援助は、ケースワーカーの経験・知識・技術に依存し、援助の効果も曖昧にされてきた傾向にあった。

EBSの視点に立てば、援助の効果を客観的に測定し、援助計画による介入が効果的であれば継続し、効果が少ない場合は再度援助計画および援助方法を見直すことになる。

この見直しのための評価が、「再評価」である。

生活保護実践の対象は、被保護者の暮らしであるため、必ずしも数値で代表される客観的データとして明示できるものではないが、再評価はケースワーカーの「感覚」ではなく、正確な事実の積み上げでなくてはならない。

就労阻害要因のない対象者は、「熱心な求職活動」を求められているが、抽象的な「熱心」が、ハローワークへ出向き求人票を確認する頻度を指すのか、求人先への応募回数を指すのかなど、当事者とケースワーカー双方にとって共通した「物差し」が必要であり、それを明確化することが再評価の重要なポイントである。

6）ターミネーション（保護の廃止）

生活保護実践におけるターミネーションは、すなわち保護の廃止である。

対象者の収入と最低生活費を比較し、前者が上回ることによって生活保護が廃止となる。一部の福祉事務所で、対象者から「保護辞退届」を徴収して、保護の廃止決定を行った例があったが、それは違法な手続きである。

制度上は廃止によって生活保護制度の役割は終結するが，対象者が再び生活困窮状態に陥ることがないよう安定した日常生活を営むことが，保護制度の求めることであろう。保護受給中には，制度上の扶助以外に，公共料金の減免・公共交通機関の無料パスなど，付加的支援制度が存在する。そのようなものは要否判定には組み込まれないが，生活費支出に大きな影響がある。各種減免制度には，生活保護の受給者以外にも低所得者も対象となるものもあり，ケースワーカーは，保護廃止の際には，各種制度の説明や生活上の困難が生じた際の相談窓口など，きめ細かな対応が求められる。

(2) 現業員がもつべき態度と知識
1）基本的態度

生活保護手帳（実施要項）では，生活保護実施の態度として，以下のものをあげている[4]。

① 生活保護法，実施要領等の遵守に留意すること。
② 常に公平でなければならないこと。
③ 要保護者の資産，能力等の活用に配慮し，関係法令制度の適用に留意すること。
④ 被保護者の立場を理解し，そのよき相談相手となるようにつとめること。
⑤ 実態を把握し，事実に基づいて必要な保護を行うこと。
⑥ 被保護者の協力を得られるよう常に配意すること。
⑦ 常に研さんにつとめ，確信をもって業務にあたること。

生活保護ケースワーカーの一つの特徴は，地方公共団体職員（公務員）として職務を行っているということである。公務員には「全体の奉仕者」として，公平無私な態度が求められ，個人の心情や思想によるのではなく，保護決定や指導援助はその根拠である法令に基づき実施しなければならない。保護決定は行政処分であることを考えれば，決定の内容に関して適法であることはもとより，そこに至る手続きが適正に行われていること（適正手続き）が重要である。

生活保護の実施機関は，法に基づく大きな権限を有しており，その権限が誤って行使される，あるいは行使すべきであるにもかかわらず行使しなかった場合，対象者の人権，ときとして対象者の身体・生命に重大な影響を与えることになりかねない。この人権への配慮は，援助者としてのケースワーカーにとっても，もっとも重要な資質の一つである。ケースワーカーが拠り所にする基盤は，「人権」と「社会正義」といわれるが，これはまさに公務員の姿勢に通じる。

公務員であることとケースワーカーであることは相反するように思われがちであるが，生活保護実践は，公務員であるケースワーカーが，所属する機関（所属長）が有する公的権限を活用しながら行う援助実践に他ならない。

2）専門的知識

ソーシャルワークの性格を,「ジェネリックソーシャルワーク」と「スペシフィックソーシャルワーク」に分類した場合,生活保護実践は,対象者を限定しない前者に分類される。

生活保護制度は,生活困窮に対応する制度であり,人が生活困窮に陥る要因は多種多様であることから,ケースワーカーは,およそ人が生活する上で遭遇するありとあらゆる生活上の課題に直面する。したがって,ケースワーカーに必要な知識は,広汎なものにならざるを得ない。

ケースワーカーは,生活保護制度を通して援助活動を実施するわけであるから,法・政省令・通知など,生活保護制度に精通することはもちろんであるが,生活保護実践は自己完結するものではなく,関連諸制度と相まって,対象者の最低生活を保障し自立を助長するわけであるから,社会福祉分野のみならず,医療・雇用労働・司法など広範囲な知識も求められる。

> **ジェネリックソーシャルワーク**
> ジェネリックとは,「一般性」「包括性」を意味する。どのような領域にも共通する基本的な原理,過程,技法を示すソーシャルワークの基本理論。

> **スペシフィックソーシャルワーク**
> スペシフィックとは,「特殊性」「具体性」を意味する。児童・医療・精神保健福祉など,特定の領域において専門分化したソーシャルワークの方法論。

(3) 記　録

生活保護記録の目的は,「行政処分,行政行為の根拠となる事実を記載し,あるいは根拠となる資料を保管しその適格性を担保する」,「ケースワーク援助のプロセスを記し,より良い援助のために利用する」といった2つに分類することができる。

両者は別個のものとして存在しているわけでなく,ケースワーカーが調査した結果を記した記述記録,および対象者が提出した申請書などや関係機関等から徴収した挙証資料が「世帯台帳」に綴られている。

世帯台帳は前述した目的のほかに,査察指導員のスーパービジョン,決定権者(福祉事務所長)の決裁に用いられるとともに,ケースワーカーの業務日誌としての意味もある。

ケースワーカーが記載する記録には,概ね,以下のようなものがある。

① 人定事項（世帯主・世帯員）
　氏名・国籍・性別・生年月日・本籍・住所・住民登録地・職業・学校学年・健康状態
② 保護申請理由
　経過・理由・就労阻害要因
② 生活歴
　学歴・結婚歴・職歴・家族歴・保護歴・居住地の変遷
③ 資産,収入
　預貯金・土地家屋・現金・稼働収入・資産収入・他法収入・生命保険・その他資産
④ 他法他施策

> **スーパービジョン（スーパーバイズ）**
> 対人援助の専門職は,自分自身の考えあるいは行動に自信がもてない,あるいは自らでは気づかないまま好ましくない行動をとっている場合が存在する。このような時,他者からの視点で,助言を得たり指摘をうけることは,自らの行動を修正していくうえで有効であり,この一連の取り組みをスーパービジョンという。

健康保険・年金・社会手当・利用サービス
⑤ 扶養義務者
　　住所・氏名・年齢・職業・生活状況・親族関係
⑥ 住居の状況
　　住居形態・構造・室数・衛生状態・契約形態・登記状況・家賃・敷金・解約返戻金・家具什器・電化製品
⑦ 就労状況
　　就労先・雇用形態・勤務時間・給与・各種保険
⑧ 医療状況
　　傷病名・受診先・治療経過・見通し・療養状況
⑨ 関係機関の意見
　　民生委員・主治医・教師・福祉機関関係者
⑩ 訪問，面談記録
　　年月日・面談者・内容・所感
⑪ 決定，指導指示事項
　　年月日・理由・内容・根拠法令・根拠事実

2　低所得者対策における相談援助事例

(1) 生活福祉資金貸付制度活用による相談援助活動事例

① 相談内容

　世帯主（女性：48歳）は，長女（16歳）と2人暮らしであるが，成績優秀で大学への進学を考えている長女の高校卒業時を目途に自立をしたいと考え，移動弁当販売をしたいと相談してきた。

② 生活状況

　世帯主は夫の暴力から逃れ，長女とともに現在居住する市に3年前にやってきた。母子生活支援施設で1年程度暮らした後，公営住宅に入居し現在に至っている。

　調理師の資格をもっている世帯主は，近所のスーパーマーケットで総菜を作るパートとして就労しているが，パート収入と児童扶養手当のみで生活困難として生活保護を受給してきた。生活保護を受給してから，ケースワーカーに紹介された弁護士の助けもあり，2年前に協議離婚が成立したが，養育費の支払いは期待できない状態である。

③ 援助経過

　世帯主が調理した総菜は，近所でも有名で勤務先のスーパーマーケットの看板商品になっている。しかしながら，個人経営のスーパーマーケットであり，将来的に経済的自立ができる程度の給与が得られることは難しく，世帯

> **生活福祉資金貸付制度**
> 低所得者世帯，障害者世帯・高齢者世帯等に対して，低利あるいは無利子で資金を貸し付ける制度。都道府県社会福祉協議会を実施主体として，市区町村社会福祉協議会が窓口となって実施している。

主は自分で店をもちたいと漠然と思っていた。前夫と暮らしている時に，前夫が経営する食堂の調理および会計事務をしていた経験もあることから，大きな投資の必要がない自動車を使った弁当販売を考えるようになった。

相談をうけたケースワーカーが商工会議所に連絡をとった結果，小規模起業セミナーへの参加と中小企業診断士の支援をうけることができた。商工会議所の支援もあり自営の目途がたったため，ケースワーカーは生業扶助の申請を促すとともに，社会福祉協議会につないで生活福祉資金における福祉費の貸付相談をするよう助言した。

(2) ホームレス支援施策活用による相談援助活動事例

① 相談内容

世帯主（男性：52歳）が，ホームレス支援団体の支援者に連れられ福祉事務所を訪れた。長期間路上生活をしてきたが，このところ体調が悪く，食事も十分にとれない状態が続いている。生活保護を申請し，医療をうけたいとのこと。

② 生活状況

世帯主は35年ほど前に故郷を離れ，その後は全国の工事現場を転々としてきた。結婚歴はなく，仕事がなくなると仕事仲間の情報を頼りに別の場所に移り住み，職場が用意した宿舎で寝泊まりしていた。体力が必要な建設工事についていけなくなり，6年前から現在の市で生活していた。継続的に日雇い労働があるときは簡易宿泊所で暮らしていたが，1年ほど前から求人がほとんどなく，簡易宿泊所の費用も払えなくなり路上生活となった。その後は，月数回程度の日雇い労働と空き缶拾いで何とか暮らしていたが，数日前から体調不良となり，路上で倒れていたところを支援団体に発見された。

③ 援助経過

ケースワーカーは，世帯主からの保護申請書を受理した後，医療要否意見書を発行し病院での受診を促した。受診した結果，緊急入院するほどの疾病は発見されなかったため，ホームレス対策として市が設置する「緊急一時保護センター」を利用することとなった。

緊急一時保護センターで寝泊まりしながら病院で検査をしたところ，世帯主は排菌はしていないものの結核に感染しており，しばらく入院が必要なことが判明した。3カ月間の入院で世帯主の疾病は軽快したため，退院後の生活について協議したところ，世帯主はアパートで自活し就労自立したいとの意向を示した。

入院中の療養態度や生活歴からみて，世帯主には日常生活上の支援はさほど必要ないと認め，住宅扶助による敷金，生活扶助による被服費（布団代）・家具什器費を支給し，アパートでの単身生活を開始した。また，世帯主の年

齢，就労意欲から，早期の就労開始が可能と判断して，就労支援員による援助を開始した。

3　他機関・他職種との連携・協働

(1) 連携・協働の意義

　連携・協働の意義は，関係する複数機関が把握した情報を集約し，より的確なアセスメントを行うことができることである。各機関はそれぞれの目的に応じた専門性を有しており，それらを統合することで相互補完的なアセスメントが可能となる。たとえば，福祉事務所が把握している生活状況と医療機関が有している身体状況に関する情報を相互参照することで，対象者の療養上の課題を発見し療養指導の材料とすることも可能となろう。

　生活保護制度における援助は，自己完結しないことはもちろんであり，生活上の多種多様な課題を抱えている対象者を支えるためには，関係する機関・団体が対象者を中心とした「ソーシャルサポート・ネットワーク」を形成する必要がある。

　特に，高いリスクを抱える対象者に介入する場合などは，複数機関が協働で対処することが求められる。児童相談所・警察・福祉事務所が連携して，児童虐待ケースに介入するなどは典型的な例であろう。ケースワーカーは，対象となる世帯の日々の暮らしに密着しており，機関連携の中核的役割を担うことが求められている。

> **ソーシャルサポート・ネットワーク**
> フォーマルな援助ネットワークを補完するような，個人を取り巻く家族，親族，友人，隣人等で構成されるインフォーマルな援助ネットワーク。

(2) 連携・協働する関係機関・団体

　ケースワーカーが連携・協働する機関・団体は多岐にわたるため網羅的に示すことは困難であるが，日常業務の中で関わる機関の例は図表10－3のとおりである。

1) 福祉関連機関

　福祉事務所においては，主に福祉六法（児童福祉法・身体障害者福祉法・生活保護法・知的障害者福祉法・老人福祉法・母子及び寡婦福祉法）関連の業務を行っており，生活保護実践において，もっとも身近な連携先は福祉事務所内の他部署といえるかもしれない。保護開始時には社会手当の確認・保育所利用状況・要介護や障害程度区分の認定状況など，福祉事務所内で確認できる事項も多岐にわたる。

　他の福祉関連機関・団体は，対象者に専門的な関わりをもっている場合が多いため，生活保護実践に有益な情報を手に入れることが可能である。また，緊急に対象者の安全を確保しなければならない場合（児童，母子，ホームレスの緊急一時保護）もあり，関係機関との連携は必要不可欠である。

図表10-3 生活保護における関係機関・団体（例示）

分野		機関・団体
福祉	福祉行政	福祉事務所・児童相談所・更生相談所（身体・知的）・民生児童委員
	生活保護	救護施設・更生施設・授産施設・ホームレス緊急一時保護施設
	老人福祉,介護保険	地域包括支援センター・老人ホーム・老人保健施設・デイサービスセンター・居宅介護事業所
	障害福祉	相談支援事業者・障害者支援施設・地域活動支援センター・就労支援事業所・グループ（ケア）ホーム・居宅介護事業所
	児童福祉	母子生活支援施設・児童養護施設・児童自立支援施設・障害児支援施設・児童家庭支援センター・保育所
	売春防止	婦人相談所
	母子福祉	母子福祉センター・配偶者暴力相談支援センター
	その他	社会福祉協議会・地域福祉センター・地域生活定着支援センター
医療		病院（一般・精神科）・診療所・精神保健福祉センター・保健所（保健センター）
行政内部局		住民登録・公営住宅・水道・環境
司法		警察・裁判所（家庭・地方）・保護観察所・拘置所・更生保護施設・少年サポートセンター・保護司
教育		幼稚園・小，中学校・高等学校・適応指導教室・教育相談所・教育委員会
社会保険		年金事務所・健康保険組合
雇用・労働		ハローワーク・パートバンク・労働基準監督署・シルバー人材センター
民間		AA・断酒会・ホームレス支援団体

出所）筆者作成

相談支援事業
障がい者の福祉に関するさまざまな問題について，障がい者あるいは家族からの相談に応じ，必要な情報の提供，障害福祉サービスの利用支援等を行うなどの援助を行う障害者総合支援法上の事業者。

配偶者暴力支援センター
配偶者からの暴力の防止及び被害者の保護を図るため，相談や相談機関の紹介・カウンセリングなどを行う機関。

地域生活定着支援センター
高齢又は障がいを有するため福祉的な支援を必要とする矯正施設（刑務所・少年刑務所・拘置所・少年院）退所者について，退所後直ちに福祉サービス等につなげるための準備を保護観察所と協働して進めるため地域に設置されている機関。

更生保護施設
保護観察中の者，矯正施設の仮出所（退院）者で生活環境上あるいは社会生活上の問題があり，自立更生ができない者を入所させ，一定の期間保護して，その円滑な社会復帰を助け，再犯を防止するために設置された施設。

少年サポートセンター
少年相談活動・街頭補導活動・継続補導活動・情報発信活動・有害環境浄化活動・被害少年支援活動など地域と連携した少年非行防止活動をしている警察の機関。

---

2) 行政内部局

地方公共団体は，福祉関連部局のみならず他の部局も含めて市民の安全安心な暮らしを支えている。住民登録の窓口では，単純に申請に基づき住民票を作成するだけでなく，DV被害のため住民票の異動ができない母子のための必要な措置をとっている。また，水道料金滞納のため給水を停止するといった情報が，生活保護担当部局に連絡されることによって最悪の事態を避けることができるかもしれない。昨今では，個別ゴミ収集を通じて単身高齢者の安否確認をする事例もあり，地方公共団体の各部門が有機的な繋がりをもつことで，市民の孤立，孤独を防止し，早期介入・早期支援の手立てを講じることができる。

3) 医療関連機関

病状把握・療養指導・適正な医療扶助実施・稼働能力の判定のため，ケースワーカーは日常的に医療機関と連携している。また，精神疾患もある対象者については，通院，服薬指導のための情報交換・協働は必要不可欠である。

4) 司法機関

対象者の中には，配偶者間暴力・児童虐待・犯罪・非行などの課題を抱えている場合もあり，警察権の介入が必要な事例もある。対象者の安全を確保するための連携以外にも，対行政暴力・不当要求行為・反社会的集団など，生活保護制度を適切に執行するための取り組みについても警察との連携は重要である。

対象者の中には刑余者も存在し，彼らが再び犯罪に陥ることなく地域生活を送るためには，保護観察所・保護司などと情報交換をしながら，適切な指導援助を行うことが求められる。

また，後見人，保佐人の選任・離婚調停・破産宣告など，裁判所も生活保護実践上，必要不可欠な連携機関であろう。

5）教育関連機関

「貧困の連鎖」を断ち切るためにも，児童の健全育成・教育機会の確保は，生活保護実践においてももっとも重要な課題の一つである。高等学校進学の際には，進学費用の捻出について十分な配慮が求められ，高等学校卒業後の進路は世帯の自立に関して大きなポイントとなる。また，常に児童と接している教師は，生活状況の変化に気づきやすい立場にあることから，養育環境の危機的状態を早期に発見することが多い。ケースワーカーが，常に教育機関と連携することで，「児童の最善の利益」を担保することができよう。

6）社会保険機関

公的年金に関して，ケースワーカーは年金事務所と連携することが少なくない。特に年金制度は複雑な仕組みとなっており，対象者の中には受給資格がありながらも申請に至らず無年金となっている場合もある。対象者の年金受給権を担保するためにも，年金事務所との連携は重要である。

7）雇用・労働機関

景気が低迷し雇用に消極的な企業が多い中，離職期間が長い対象者にとって，就労先をみつけることは容易ではなく，単に，ハローワーク等で求人情報を得るように指導するだけでは就労に結び付けることは困難である。昨今は，特定の就労阻害要因がない「その他世帯」が増加している。なかにはコミュニケーションや生活上の課題を抱えている者も少なくない。技術や専門的知識をもたない対象者にとって，就職はさらに困難を極める。昨今，ハローワークなどの雇用促進機関は，職業適性相談・職業訓練・求職セミナーなど，多岐にわたる事業を展開しており，福祉事務所に設置されている就労支援員とも協力しながら対象者の就労支援を実施している。

8）民間機関

これまで福祉事務所等の公的機関は，民間の機関・団体と連携・協働することに消極的な傾向にあった。AAや断酒会は，古くからアルコール依存症患者の支援について大きな実績をあげてきた。昨今，多種多様なNPO法人が設立され，生活保護の目的と合致する実践を続けているものも少なくない。行政への市民参画が進められる中，生活保護実践においても，民間機関・団体との連携・協働を模索することが求められる。

刑余者
過去に刑を受けた者。

AA
Alcoholics Anonymous。匿名のアルコール依存者の自助グループ。「12のステップ」とよばれるアルコール依存からの回復プロセスの原理に基づきミーティングが開かれる。

断酒会
アルコール依存者やアルコール問題をもつ者，またはその家族を対象としたセルフヘルプグループ。「一日断酒」「例会出席」をその基本とし，20名前後のグループで，酒害体験を話し，それを聴くこと，さらに家族も参加し，家族自身も酒害体験を話す定期的な例会を行っている。

(3) 組織・職種間連携

　ケースワーカーが，個々の対象者に関わるにあたって関係機関・団体と連携することが重要であるが，福祉事務所が機関として，他機関・団体あるいは他職種と組織的に連携・協働する仕組みもある。

　稼働能力と就労意欲がある対象者が早期に就労先をみつけることができるようハローワークと連携する「生活保護受給者等就労支援事業活用プログラム」や，児童の健全育成と進路保障を目的とした「中学校・福祉事務所との連絡協議会」がその典型例といえよう。

　組織・他職種連携においては，以下の留意点が考えられる。

1) 相互の役割認識

　それぞれの機関には独自の目的があり，業務の進め方においても相違点が多い。福祉事務所は連携機関の機能・役割を十分に認識するとともに，生活保護制度の意義について理解を求めなければならない。また，各々の機関が相手機関の限界を知ることも有用である。相手機関に多大の期待を寄せ，その期待に応えることができないとき，批判的になることを避けるためにも，法的，制度的限界を知ることは大きな意味をもっている。

2) 個人情報保護

　福祉事務所で取り扱う対象者の個人情報に関しては，地方公務員法・生活保護法・自治体独自の個人情報保護に関する条例等で保護されており，原則的に目的外使用が禁じられている。機関連携の際に行われる協議や情報交換においては，個人情報の取り扱いに十分留意することは当然であるが，その情報はあくまでも対象者の利益のために活用されることを理解しなければならない。

3) ケースカンファレンスの活用

　関係機関が一堂に会して行うケースカンファレンスは，機関連携を円滑にするとともに対象者へのより良い支援のために有効な手段である。実施にあたっては，中核となる機関が連絡調整し，ケースカンファレンスを進行する必要があり，福祉事務所は対象者を包括的に支援する立場からその役割を担うことが多い。ケースカンファレンスを単なる情報交換会にしないためにも明確な開催目的を示し，一定の結論を導きだすカンファレンスにすることは，ケースワークの専門性の一つである。

注
1) 小山進次郎『改訂増補　生活保護法の解釈と運用』全国社会福祉協議会，1951年，p.95
2) 厚生労働省社会・援護局保護課『自立支援の手引き』2008年，p.2
3) 厚生労働省社会・援護局保護課，同上書，pp.2-3
4) 生活保護手帳編集委員会『生活保護手帳　2010年度版』中央法規，2010年，pp.2-3

> **プロムナード**
>
> 　生活保護制度は，保護決定や指導指示など，法的に与えられた権限を通して援助を行うことから，ソーシャルワークから乖離したものと受け取られがちですが，ソーシャルワークの歴史は貧困との闘いの歴史でもあり，貧困は今も昔もソーシャルワークの最重要課題でもあります。生活保護実践をはじめとしたケースワーク（ソーシャルワーク）において，技術・知識・経験は重要な意味をもちますが，誰もがすぐに身につくものではありません。自治体によっては福祉専門職を採用し，福祉職場におけるノウハウを長年にわたり蓄積しています。個人の資質を向上させるための研修や訓練などは，各自治体がそれぞれ工夫して行っていますが，何よりも，日常の業務を通したOJT（On the Job Training）の重要性を忘れてはなりません。生活保護実践においては，査察指導員の教育的，管理的，支持的スーパービジョンの下，ケースワーカーは個々の対象者の援助を行い，その中でよりよい支援を模索しています。ケースワーカーとして留意しなければならないことは，対象者を支援する上での疑問や悩みを自分ひとりで抱えるのではなく，先輩ケースワーカーや査察指導員に伝え，多くの知恵を集めることでしょう。対象者の暮らしの生の姿は，ケースワーカーのみが知っています。住居の間取りや対象者の態度は言葉として表すことは可能ですが，住居の明るさ・におい・音など，さまざまな要素によって構成される「暮らしぶり」を表現することは極めて困難です。ケースワーカーは，訪問活動を行い，対象者の生の姿に接し，それを起点に援助計画や方法を組み立てていく創造的プロフェッションといえるかもしれません。

学びを深めるために

道中隆編著『生活保護の面接必携』ミネルヴァ書房，2012年
　　生活保護制度の解説から具体的な事例を用いた援助論まで網羅し，生活保護の実践におけるケースワーカーの役割が丁寧に模写されている。グループ学習やロールプレイに利用できる内容もあり，初学者にとって有益な書籍である。

　児童虐待ケースに対応するケースカンファレンスを想定して，参加する関係機関・それぞれの機能役割を考えてみよう。

福祉の仕事に関する案内書

「生活保護50年の軌跡」刊行委員会『生活保護50年の軌跡』みずのわ出版，2001年

第11章 生活保護における自立支援

1　自立とはなにか

（1）生活保護における自立の概念とは

　生活保護法第1条では，「国は生活に困窮するすべての国民に対し，最低限度の生活を保障するとともに，その自立を助長する」と書かれている。このように，同法は①最低限の生活保障とともに，②自立の助長の2つが重要な目的とされている。

　そして，従来の生活保護行政における自立の概念は，「経済的な自立」に主眼がおかれ，「自立」は「保護廃止」と同義語のように扱われてきた。指導援助の対象は生活保護からの脱却に向けた就労支援や年金等の受給，親族からの経済的な援助などに支援の力点がおかれ，「保護をうけないで生活できるようになること」を重要視してきたといえるだろう。

（2）生活保護における新たな自立の概念

　近年，自立助長の捉え方は，徐々に拡大し，障害をもつ人びとの「自立生活運動（IL運動）」の中からは，主体的な生活者として精神的・社会的に自立した生活を送るために，生活保護を活用するという考えが広がりをみせてきた。

　また，国際障害者年（1981（昭和56）年）には，完全参加と平等をうたい，重度の障害者であっても社会の一員として意義ある自己実現と社会参加を果たそうとする努力を社会的に自立しているものとして位置づけた。

　さらに，厚生労働省社会保障審議会福祉部会に設置された「生活保護制度の在り方に関する専門委員会」では，生活保護制度の見直しを検討し，2004（平成16）年12月にまとめた最終報告書では，自立支援の積極的な推進に言及した。

　そして，これらのことをふまえ，厚生労働省では，2005（平成17）年度から「自立支援プログラム」の導入を図り，自立・就労支援策の拡充を推進し，生活保護実施機関（福祉事務所）に対し，被保護世帯の自立支援に積極的に取り組むことを求めることとなった。

　その「自立支援プログラム」では，経済的給付を中心とする従来の生活保護制度から，福祉事務所が組織的に被保護者の自立を支援する制度に転換することを目的としており，生活保護制度においてもこれまでの自立の中心的な概念であった「経済的な自立」から，「援助・支援（生活保護）をうけていたとしても，その人が自分自身であり続けること，かけがえのない自分の人生について自己の責任でその生き方を決定できる，尊厳ある自分らしい生活ができること」が重要であるとされ，①就労自立支援，②日常生活自立支援，③社会生活自立支援の3つを生活保護における新たな自立の概念として示した。

自立助長
　生活保護制度の目的の一つ。近年の生活保護行政では，生活保護給付を単純に打ち切ることが「自立」であるかのような誤解が広がっている。給付を行ないながら，生活困窮者の真の自立を図ることが本来の目的である。

自立生活運動（Independent Living運動）
　IL運動。1970年代のアメリカでの重度障害者を主体とした新しい自立観を提起した運動。この運動は日常生活動作（ADL）の自立から障害に適した生活全体の内容（QOL）の充実を図り，主体的に生きることを自立として重視する方向を明らかにした。

(3) 自立支援プログラムにおける3つの自立支援の概念

　自立支援プログラムにおける「自立支援」の概念とは，社会福祉法の基本理念にある「利用者が心身ともに健やかに育成され，又はその有する能力に応じ自立して日常生活を営むことができるように支援するもの」を意味しており，① 就労による経済的自立のための支援（就労自立支援），② それぞれの被保護者の能力やその抱える問題などに応じ，身体や精神の健康を回復・維持し，自分で自分の健康・生活管理を行うなど日常生活において自立した生活を送るための支援（日常生活自立支援），③ 社会的なつながりを回復・維持するなど社会生活における自立の支援（社会生活自立支援）と分類している。

　このように，生活保護における自立の概念は，「経済的自立」のみを意味しておらず，自立の概念を「日常生活自立」「社会生活自立」とともに就労自立と重層的に捉える必要があり，生活保護をうけつつもいきいきと暮らして社会参加をしていくことも含んでいることが，公的に確認された意義は大きい。今後は，受給者それぞれに応じて，福祉事務所が重層的，かつ多様な自立支援のためのメニューを整備し，段階的に支援することが求められている。

図表11－1　自立支援プログラムにおける3つの自立支援の概念

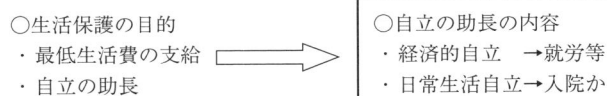

○生活保護の目的
・最低生活費の支給
・自立の助長

⇒

○自立の助長の内容
・経済的自立　　→就労等
・日常生活自立→入院から在宅復帰等
・社会生活自立→ひきこもり防止，社会参加等

出所）「生活保護制度の在り方に関する専門委員会報告書」2004年12月

2　自立支援プログラムの位置づけ

(1) 自立支援プログラム導入の背景

　今日の被保護世帯は，高齢化の進展により，高齢者の割合が年々増加し，約半数を占める。それとともに傷病・障害，精神疾患等による社会的入院や，DV，虐待，離婚世帯の増加，若者無業者（ニート），多重債務者，元ホームレスなど，身近に相談に乗ってくれる人がいないために社会的なきずなが希薄で孤立するなど多様な生活問題を抱えながら，経済的にも自立が困難な世帯が増加している。

　また，被保護世帯数は1992（平成4）年度には58万世帯まで減少したが，近年の厳しい経済状況や雇用情勢により，1995（平成7）年被保護世帯は急増し，2005年度に100万世帯を超えた。

　特に，2008（平成20）年秋のリーマンショック以降，世界的金融危機は世界的な不況や急速な円高を招き，わが国は自動車産業や家電メーカーなどの製造

業を中心に、短期間に約20万人近い大規模な派遣切りが発生し、職と住居を一度に失う若年の離職者等が急増、NPO等による年越し派遣村が開設されるなど社会問題化した。

これらの影響をうけ、特に稼働年齢層にある世帯からの保護申請が急増し、被保護世帯は2012（平成24）年度にはついには150万世帯を超え、以降も被保護世帯は過去最高水準を更新し続けており、格差社会が急速に進展している。

さらにこのような中、これまでは、行政の担当職員の個人的な努力や経験等に依存した取り組みにより被保護者の「自立の助長」が図られてきたが、自立に向けた支援内容にバラつきが生じるとともに、近年の受給世帯の急激な増加にともない、担当職員（ケースワーカー）の配置数が年々不足しており、担当職員が担当する被保護世帯数も増加傾向となり、十分な支援が行えない状況が生じてきている。

図表11－2　自立支援プログラム導入の背景

・被保護者の抱える問題の多様化
・被保護世帯数の増加
・生活保護担当職員の不足と経験不足

出所）筆者作成

（2）自立支援プログラムの目的と意義

このような状況のもと、生活保護基準のあり方をはじめ生活保護制度全般についての議論を行うため、2003（平成15）年8月、社会保障審議会福祉部会に「生活保護制度の在り方に関する専門委員会」が設置された。同委員会は合計18回の会合を重ね、2004年12月に最終報告書を提出した。

報告書では、「利用しやすく自立しやすい制度への転換」を見直しの基本的な視点とし、今後の生活保護制度のあり方について、国民の最低生活保障を行うだけでなく、生活困窮者の自立・就労を支援するという観点から見直すことが提案された。具体的には、第1に扶助基準と母子加算等の現行加算制度全体の見直しの必要性を指摘するとともに、第2に自立支援の積極的な推進に言及した。

そして、これらのことをふまえ、厚生労働省では、2005年度からその具体的実施手段として「生活保護基準の見直し」を行うとともに、「自立支援プログラム」の導入を図り、自立・就労支援策の拡充を推進し、生活保護実施機関（福祉事務所）に対し、経済的給付を中心とする従来の生活保護制度から、福祉事務所が組織的に被保護者の自立を支援する制度に転換することを目的として、被保護世帯の自立支援に積極的に取り組むことを求めている。

> **生活困窮状態**
> ある人が現実に最低生活水準に満たない状態で生活している状態。日本では、生活保護法に基づき公的扶助給付たる生活保護が実施される。現在、この水準は、水準均衡方式により、生活保護基準として厚生労働大臣が決定することになっている。また、生活困窮者自立支援法においては、現に経済的に困窮し、最低限度の生活を維持することができなくなるおそれのある者と定義されている。

図表11－3　自立支援プログラムについて

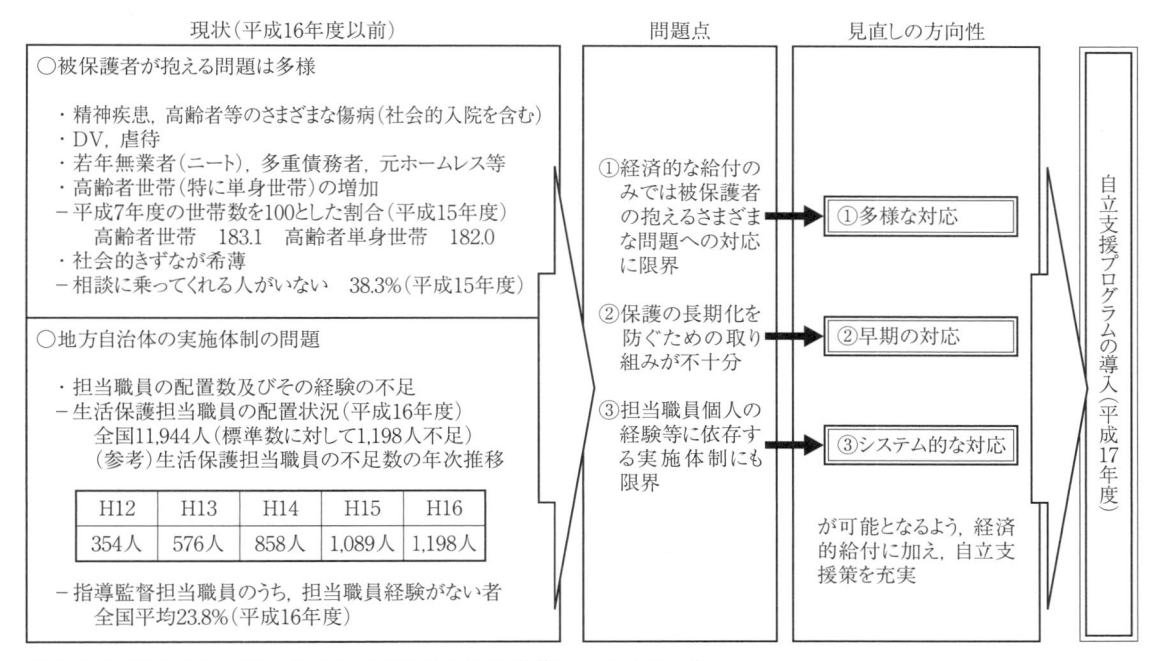

現状（平成16年度以前）

○被保護者が抱える問題は多様
- 精神疾患，高齢者等のさまざまな傷病（社会的入院を含む）
- DV，虐待
- 若年無業者（ニート），多重債務者，元ホームレス等
- 高齢者世帯（特に単身世帯）の増加
  - 平成7年度の世帯数を100とした割合（平成15年度）
    高齢者世帯　183.1　高齢者単身世帯　182.0
- 社会的きずなが希薄
  - 相談に乗ってくれる人がいない　38.3％（平成15年度）

○地方自治体の実施体制の問題
- 担当職員の配置数及びその経験の不足
  - 生活保護担当職員の配置状況（平成16年度）
    全国11,944人（標準数に対して1,198人不足）
  - （参考）生活保護担当職員の不足数の年次推移

H12	H13	H14	H15	H16
354人	576人	858人	1,089人	1,198人

- 指導監督担当職員のうち，担当職員経験がない者
  全国平均23.8％（平成16年度）

問題点
- ①経済的な給付のみでは被保護者の抱えるさまざまな問題への対応に限界
- ②保護の長期化を防ぐための取り組みが不十分
- ③担当職員個人の経験等に依存する実施体制にも限界

見直しの方向性
- ①多様な対応
- ②早期の対応
- ③システム的な対応

が可能となるよう，経済的給付に加え，自立支援策を充実

自立支援プログラムの導入（平成17年度）

出所）厚生労働省社会・援護局保護課「生活保護制度の現状等について」2005年

3　自立支援プログラムの策定

(1) 自立支援プログラムの作成過程と方法

　自立支援プログラムは厚生労働省社会・援護局長通知「平成17年度における自立支援プログラムの基本方針について」（平成17年3月31日社援発第0331003号）に基づき，2005年度に全国で導入された。その後，2006（平成18）年度には全自治体で少なくとも一つの自立支援プログラムを策定する，2007（平成19）年度は，全自治体で就労支援に関するプログラムを策定する，2008年度は，全自治体で債務整理等に関するプログラムを策定する，2009（平成21）年度は母子世帯に対する就労支援等に関するプログラムの充実・強化及び子どもの健全育成に関するプログラムの作成・実施，2011（平成23）年度は「被保護者の社会的居場所づくり支援事業」が創設されるなど，着実にプログラムの発展，推進がなされている。
　次に，自立支援プログラムの作成過程を概観する。

1) 管内の受給者の状況把握

　各生活保護実施機関（福祉事務所）は，管内の被保護世帯全体の状況を概観し，被保護者の状況や保護動向を分析するとともに，被保護者の自立阻害要因の状況を把握する。この際，被保護世帯を年齢別，世帯構成別，自立阻害要因等に類型化し，それぞれの類型ごとに取り組むべき自立支援の具体的内容及び実施

> **自立支援**
> 「たとえどんなに重い障害を担っていても，自分の生活は自分で主体的に決定していくことが可能である」ことをベースにしたさまざまな支援をいう。その理念は「主体性の尊重・自己実現」にあると捉えるようになってきている。

手順等を検討する。また，きめ細かで継続的な自立支援を実施するため，対象者ごとに個別のプログラムを策定することが望ましいとされている。

2）個別支援プログラムの整備

それぞれの類型ごとに明確化された自立支援の方向性に沿って，自立目標や支援の具体的な内容，実施の手順等を定め，これらを記載した個別のプログラムを整備する。

（検討項目）

ア．被保護者の生活や健康，収入，就労の状況等，受給者の現在の状況を理解するために必要な事項
イ．被保護者の自立を阻害している要因及び課題
ウ．自立阻害要因を克服するための支援方策の内容
エ．自立目標
オ．支援方策実施後の経過，自立の進捗状況，支援内容等に対する評価など

3）自立支援プログラムによる支援の手順の策定

自立支援プログラムによる被保護者の支援に当たっての手順（被保護者の実情の把握，個別支援プログラムの選定，被保護者への説明，支援状況の記録，定期的な評価等）を必要に応じて定める。

なお，実施に際しては，個々の受給者に必要なプログラムを選定し，関係部署，保健所，医療機関，福祉施設，NPO等と連携し，自立支援を組織的に実施する。また，対象者の意向や意欲等を十分考慮するとともに，被保護者に対して，支援プログラムの活用について十分な説明や助言等を行うことが必要である。

4）自治体の役割

地方自治体は，自立支援プログラムの策定・実施にあたり，個別の自立支援メニューを所管する他の部局との調整をし，ハローワーク，保健所，医療機関等の関係機関との連携を深めるとともに，① 就労支援，カウンセリング，多重債務問題，日常生活支援等に関する経験や専門知識を有する人材の活用，② 社会福祉法人，民間事業者等や民生委員，社会福祉協議会等との連携，地域のさまざまな社会資源を活用することにより，その独自性を生かした実施体制を構築することが必要である。

5）国の役割

国は地方自治体の取り組みを次の観点から支援していく必要がある。① 就労支援については，労働行政や保育・母子福祉施策等，他の社会福祉行政・低所得者対策との連携強化を図りつつ，地方自治体が関連施策を自立支援プログラムとして十分活用できるよう努める必要がある。② 被保護世帯の類型ごとに整備することが望ましい支援メニュー等，自立支援プログラムの策定のための指針を示す。③ モデルとなる地方自治体の取り組みを支援し，その成果を

ハローワーク

公共職業安定所。仕事を探す人に対し，窓口での職業相談，職業紹介，雇用保険の給付，仕事についての情報提供等を行う。事業主に対しては，人材の紹介，雇用保険の適用，助成金・給付金の支給，のほか労働に関する情報提供を行う。

全国に普及していく。④補助金等を使いやすいものとし，実施体制強化の視点に立った財政的な支援を行う。

6）自立支援プログラムの3つの類型
　ア．経済的自立に関するプログラム
　　　就労による経済的自立を目指すもの
(例1)稼働能力を有する者 → 就労に向けた具体的取り組みを支援し，就労を実現するプログラム。生活保護受給者等就労支援事業や福祉事務所に配置された就労支援専門員を活用して就労を支援するプログラムなど。
　イ．日常生活自立支援に関するプログラム
　　　身体や精神の健康を回復・維持し，自分で自分の健康・生活管理を行うなど日常生活において自立した生活を目指すもの
(例2)精神障害者 → 長期入院を防止・解消し，居宅生活の復帰・維持を目指すプログラム。精神障害者の退院促進を支援するプログラムや高齢者の健康維持・向上を支援するプログラムなど。
　ウ．社会生活自立に関するプログラム
　　　社会的なつながりを回復・維持し，地域社会の一員として充実した生活を送ることを目指すもの
(例3)高齢者 → 傷病や閉じこもりを防止し，健康的な自立生活を維持するプログラム。公園清掃等の社会参加活動に参加し，社会的なつながりの回復を支援するプログラムなど。

(2) 自立支援プログラムの実際
1）ハローワークと連携した就労支援
　この自立支援プログラムの成果は，福祉事務所とハローワークの連携をシステムとして確立したことである。それまで，被保護者が個別で行っていた求職活動を両者からのサポートをうけながらできるようになったことは大きな進歩である。
　「生活保護受給者等就労支援事業」は2005年度から2010（平成22）年度まで実施され，全国のハローワークには就労支援コーディネーター，就職支援ナビゲーターが配置された。この職員が中心となり，福祉事務所の要請に基づき受給者に就労を支援する体制がとられた。一方で，自立支援プログラムにより，福祉事務所には就労支援員等が配置されている。この両者による「就労支援メニュー選定チーム」が設定され，支援対象者に面接，メニューを選択，対象者の同意のもと実施する実施システムが構築された。
　支援の内容としては，「ハローワークによる就労支援，ナビゲーターによる支援」「トライアル雇用の活用」「ハローワークにおける公共職業訓練の受講あっせん」「生業扶助など活用による民間の教育訓練講座の受講勧奨」「一般の

職業相談・紹介の実施」の5つのメニューが準備された。

　同事業はすぐに就労できる受給者を対象にして始まったが，2008年度からは「アクションプラン」へとバージョンアップされ，就労の準備のための福祉的支援を取り入れたことは評価できよう。

　また，2010年度には，厚生労働省は「就労支援員を活用した自立支援の推進」を改めて示し，すべての自治体に就労支援員を配置するとともに，すでに配置している自治体においても増配置する方針とされた。

　さらに，厚生労働省は2011年度より受給者等の自立支援の充実・強化を目的に「福祉から就労」支援事業を開始した。これは地方自治体と都道府県労働局・公共職業安定所（ハローワーク）との間で，協定に基づく就労支援を行うこととし，就職支援ナビゲーターによる福祉事務所等への積極的な訪問等による生活保護申請前段階からの支援開始やハローワークの強みを活かしたマッチング機能の強化が図られ，ハローワークとの連携を一層図ることを目的とした事業である。

　この事業による全国の支援対象者数及び就職者数は，厚生労働省のまとめによると2011年度は，それぞれ4.5万人，2.5万人であり，2012年度は6.4万人，4万人とそれぞれ増加していることが判明した。

図表11－4　生活保護受給者等就労自立促進事業の創設

25年度予定額　72億円

労働局・ハローワークと地方自治体との協定等に基づく連携を基盤に、生活保護受給者等の就労促進を図る「福祉から就労」支援事業（23年度～）を発展的に解消の上、新たに生活保護受給者等就労自立促進事業（仮称）を創設。
　具体的には、生活保護受給者を含め広く生活困窮者を対象として、**自治体にハローワークの常設窓口の設置をするなどワンストップ型の支援体制を全国的に整備し**、生活困窮者への早期支援の徹底、求職活動状況の共有化などの就労支援を抜本的に強化し、生活困窮者の就労による自立を促進。

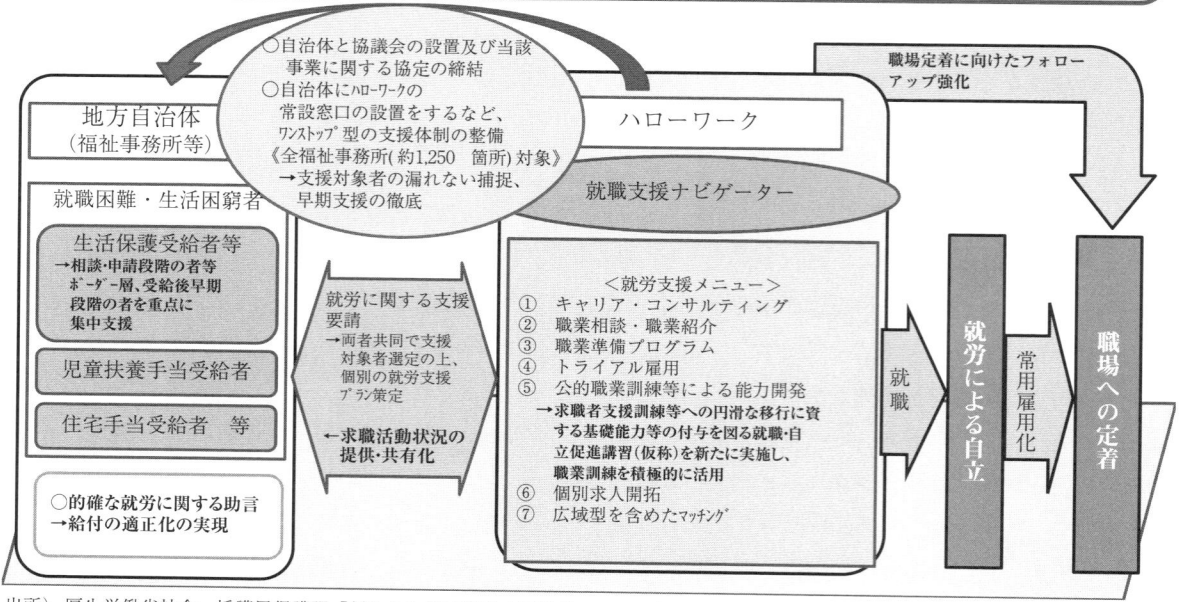

地方自治体（福祉事務所等）
- 就職困難・生活困窮者
  - 生活保護受給者等
    →相談・申請段階の者等ボーダー層、受給後早期段階の者を重点に集中支援
  - 児童扶養手当受給者
  - 住宅手当受給者　等
- ○的確な就労に関する助言
  →給付の適正化の実現

○自治体と協議会の設置及び当該事業に関する協定の締結
○自治体にハローワークの常設窓口の設置をするなど、ワンストップ型の支援体制の整備
《全福祉事務所(約1,250箇所)対象》
→支援対象者の漏れない捕捉、早期支援の徹底

就労に関する支援要請
→両者共同で支援対象者選定の上、個別の就労支援プラン策定
←求職活動状況の提供・共有化

ハローワーク
就職支援ナビゲーター

＜就労支援メニュー＞
① キャリア・コンサルティング
② 職業相談・職業紹介
③ 職業準備プログラム
④ トライアル雇用
⑤ 公的職業訓練等による能力開発
　→求職者支援訓練等への円滑な移行に資する基礎能力等の付与を図る就職・自立促進講習(仮称)を新たに実施し、職業訓練を積極的に活用
⑥ 個別求人開拓
⑦ 広域型を含めたマッチング

就職 → 就労による自立 → 常用雇用化 → 職場への定着

職場定着に向けたフォローアップ強化

出所）厚生労働省社会・援護局保護課「新たな生活困窮者支援体系について」2013年

このことをうけ，厚生労働省はさらに取り組みを進めるため，2013（平成25）年度からは「福祉から就労」支援事業を発展的に解消し，国が行う業務と地方が行う業務を一体的に実施する「一体的実施」の成果を最大限活用しながら「生活保護受給者等就労自立促進事業」を創設した。具体的には地方自治体へのハローワーク常設窓口の設置や巡回相談等の実施によるワンストップ型の支援体制を全国100カ所目標に整備し，生活保護の相談・申請段階の者等ボーダー層を含めた支援対象者の拡大，早期支援の徹底及び求職活動状況の自治体との共有化など，就労支援を抜本的に強化し，生活困窮者の就労による自立を促進することを目的とした事業である（図表11－2）。

このように，福祉事務所とハローワークとの連携は急速に進みつつあり，就労支援が早期の段階から強化されるとともに，受給者以外の生活保護の相談・申請段階の者である生活困窮者へもその対象が拡大されたことに注目し，今後はその成果をみていく必要があろう。

2）福祉事務所における就労支援

2010年度末で全国の自治体の99.9％で自立支援プログラムが策定されているが，福祉事務所における就労支援プログラムは99％の自治体で策定され，プログラム内容も多様化してきている。

たとえば，北海道釧路市では，2004年度から就労支援員を配置し，就労支援を実施するとともに，「就労体験的ボランティアプログラム」や「就労体験プログラム」を策定し，すぐには就労が難しい受給者に対し，中間的就労として地域のNPO法人や各種事業者等と協力し，廃材分別作業や授産施設での作業体験，動物園ボランティア，公園管理ボランティアなど有償・無償のボランティア活動を通じて，被保護者の居場所づくりに取り組んでいる。

また，東京都新宿区では，2005年度から就労支援員を配置し，就労支援を実施するとともに，「新宿らいふさぽーとプラン」を策定し，NPO法人に委託，社会福祉士との面談を通して，規則正しい生活や居宅の清掃など，被保護者の基本的な生活習慣を確立するための支援を実施している。

さらに，神戸市では，2004年度に「要保護者就労支援プログラム実施要領」を策定し，就労指導が必要な被保護世帯に対して，地区担当者の就労指導を側面的に援護することを目的として，就労支援を専門業務とする就労支援員を配置している。就労支援員は，①被保護者・地区担当者（ケースワーカー）への求人情報・求職相談機関の情報提供，②被保護者の求職相談・助言援助，③求職状況確認，④ハローワーク等求職相談機関・求職先への同行訪問などを業務とする。現在，就労支援員は，全市に増配置され，地区担当者と連携を図りながら，被保護者には，就労阻害要因の把握を行い，適性に応じた求職情報の提供や履歴書の作成支援，面接へのアドバイス，ハローワークへの同行訪問を行うなど，きめの細かい支援を通じて，概ね3～6カ月の支援期間を通じて，

就職への成果をあげている。

3）福祉事務所における社会的自立の支援

上記のような就労支援が積極的に全国展開される中で，厚生労働省は就労による経済的な自立の達成が困難な被保護者に対し，被保護者の社会的な居場所を創りだすため「被保護者の社会的居場所づくり支援事業」を2011年度に新規事業として創設した。

この事業は「新しい公共」といわれる企業，NPO法人，市民等と行政との協働により，受給者の社会的自立を支援する取り組みである。具体的には，社会から孤立する被保護者に対し，さまざまな社会体験の機会の提供（たとえば，就労体験，福祉的就労などの中間的就労や，ボランティア体験，社会参加などの交流の場プログラムなど）や被保護世帯の子どもに対する学習支援などを行うことで貧困の連鎖を防止するためのさまざまな取り組みが期待されている。

たとえば，大阪市では2010年度より「総合就職サポート事業」を民間事業者に委託し，就労意欲の低い被保護者に対する相談・助言，カウンセリング，ハローワーク等への同行による求職活動支援，職場定着支援など，総合的な就労支援を実施しており，就職者数も増加するなど一定の効果が表れていると評価している。

4）福祉事務所における学習支援

受給世帯で育った子どもが，大人になって再び生活保護を受給する「貧困の連鎖」の解消について，その取り組みの必要性はこれまでも指摘されてきた。2011年度に「被保護者の社会的居場所づくり支援事業」が創設されたことにともない，高等学校進学率の向上を目指す子どもの学習支援の場の提供について，全国的に取り組みが始まっている。

たとえば，埼玉県では2010年度より「生活保護受給者チャレンジ支援事業」を創設し，県内5カ所で受給世帯の中学生を対象とした無料の学習教室を開始した。学習教室は埼玉県老人福祉施設協議会の協力を得て，特別養護老人ホームの地域交流スペースなどで開かれ，大学生や教師OBのボランティアが週2回，マンツーマンで学習指導を行っている。

この結果，2009年度は全世帯平均の高等学校進学率98％に対し，県下の受給世帯の進学率は86.9％と10％以上低かったが，2011年度の教室参加者では97％になるなど進学率が向上した。2013年度には学習教室は24カ所に広がっている。

また，神戸市では2011年度より「神戸市被保護世帯向け学習支援事業」を同市灘区で開始，NPO法人に事業を委託し，受給世帯の中学生を対象に実施している。大学生ボランティアらが週2回，受講登録している約40人に基礎学習を指導している。

さらに，大阪市では2012年度より「大阪市塾代助成事業」を実施している。

貧困の連鎖

生活保護世帯の子どもが大人になって再び生活保護を受給するという貧困の再生産の状態をいう。これには生活保護世帯の25.1％は子どもの時期に生活保護を受給していたという調査結果が背景としてある。特にひとり親における貧困の連鎖が強いとされている。

これは，公益社団法人等に事業を委託し，就労援助及び被保護世帯を対象に子どもの学力や学習意欲の向上を図り，個性や才能を伸ばす機会を提供し，経済的負担の軽減を図る事業である。利用者は申請によりIDカードの交付を受け，月額1万円を上限に，登録された多彩な学習塾や文化・スポーツ教室の塾代等の費用を学校外教育バウチャーとして利用することができる仕組みとなっており，全国初の取り組みとして注目されている。

厚生労働省は2013年度には学習支援の対象を原則中学3年生から中学1，2年生まで拡大するなど取り組みの強化が図られた。

また，貧困の連鎖の解消を図るため，2014（平成26）年1月には「子どもの貧困対策の推進に関する法律」が施行され，その目的として，子どもの将来がその生まれ育った環境により左右されることなく，子どもに対する教育の支援等の施策を国等の責務において行うものと明示するとともに，2015（平成27）年度から施行される「生活困窮者自立支援法」においても学習支援の取り組みを拡大していくこととされている。今後，ますます子どもに対する学習支援などの取り組みは全国に拡大していくものと思われ，その成果や動向を注視する必要があろう。

このように，各自治体では，個々の課題に応じた自立支援プログラムが策定され，実践されるとともに，試行され，徐々に拡大し，多様なプログラムからその成果が表れてきているといえる。

5）自立支援プログラムに基づく自立支援の取り組み状況

2010年度末現在における自立支援プログラムの策定自治体数は，860自治体で，保護の実施自治体の99.9％において策定されている。

この自立支援プログラム策定自治体のうち，就労支援を中心とした経済的自立に関するプログラム策定自治体数は856自治体であり，保護の実施自治体の99.5％において策定されている。

また，日常生活自立に関するプログラムは816自治体（94.9％），社会生活自立に関するプログラムは211自治体（24.5％）である。

自立支援プログラムは2006年度以降，その策定数は年々増加しており，プログラム内容も多彩となってきている。今後は，それらの効果を検証し，よりよいプログラムの作成と実践が期待されるところである。

図表11－5　策定されている自立支援プログラム数（平成22年度末）

経済的自立に関するプログラム	1614（99％）
日常生活自立に関するプログラム	2048（95％）
社会生活自立に関するプログラム	303（25％）

※（　）は保護の実施地方公共団体860自治体の各プログラム実施率
出所）厚生労働省社会・援護局保護課「生活保護制度の現状等について」2012年

参考文献

社会保障審議会福祉部会「生活保護制度の在り方に関する専門委員会報告書」2004年12月

成清美治・高間満・岡田誠編著『公的扶助』学文社，2006年

生活保護自立支援の手引き編集委員会編『生活保護自立支援の手引き』中央法規，2008年

岡部卓・六波羅詩朗ほか『低所得者に対する支援と生活保護制度』中央法規，2014年

布川日佐史編著『生活保護自立支援プログラムの活用①―策定と援助』山吹書店，2006年

稲葉剛『生活保護から考える』岩波新書，2013年

プロムナード

2007年7月，北九州市で市福祉事務所の勧めで生活保護受給の「辞退届」を出した50歳代の男性が，自宅で「孤独死」しているのがみつかり，新聞等でショッキングな事件として大きく報道されました。男性の異変に気づいた住民から警察署へ通報があり，署員が部屋の中で一部ミイラ化した遺体を発見しました。死後約1カ月とみられる状態でした。男性は2006年末から一時，生活保護を受けていましたが，2007年4月に保護廃止となっていました。市によると，福祉事務所の勧めで男性が「働きます」と生活保護の辞退届を出したとされます。

しかし，男性が残した日記には，「働けないのに働けと言われた」などと記し，そうした対応への不満が綴られ，6月5日付の最後のページには，「おにぎり食べたい」と1行だけ書かれていたといいます。男性は2006年10月までタクシー運転手でしたが，肝臓を害し，治療のため通院し，12月に病気で働けないと保護を申請していました。

このように，失業や病気で暮らせなくなった人を支える生活保護制度をめぐり，市町村が辞退届を書かせるなどして，強引に生活保護を廃止するケースが表面化しています。

本来の自立は，自立を阻害している要因を分析し，それを除去して，その人らしい，経済的・日常生活・社会生活の自立を目指すことです。

「自立支援プログラム」は，そのために，各福祉事務所において，地域特性をふまえながら，主体的にプログラムを策定し，生活保護受給者の自立を支援するものでなければならないものです。このような悲劇を二度と繰り返さないことが大切です。

学びを深めるために

阿部彩『子どもの貧困』岩波新書，2008年

新しい貧困問題は，従来の高齢者層から若年層へと拡大しています。特に，日本では，約6人に1人の子どもが貧困層にあり，その現状を紹介するとともに，貧困の連鎖を断ち切るため，いかに社会として取り組んでいく必要があるかが提示されています。

また，続編『子どもの貧困Ⅱ』（岩波新書，2014年）では，「子どもの貧困対策基本法（2014年1月施行）」成立に至る経緯とともに，さまざまな観点から，あるべき子どもの貧困対策について課題提起がなされており，子どもの貧困問題について，総合的に学ぶことのできる図書です。

生活保護における「自立支援」の概念について，その変遷をふまえるとともに，自立支援プログラムが果たした意義について考察しましょう。

福祉の仕事に関する案内書

岩田正美『現代の貧困　ワーキングプア／ホームレス／生活保護』ちくま新書，2007年

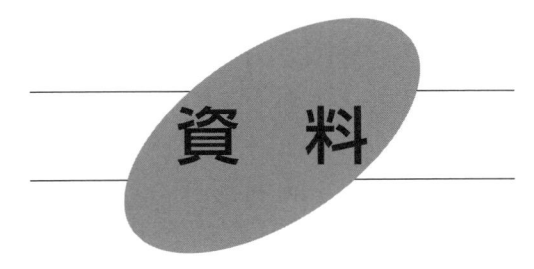

資料

資　料

1. 恤救規則（明治7年12月8日太政官達第162号）

済貧恤救ハ人民相互ノ情誼に因テ其方法ヲ設クヘキ筈ニ候得共目下難差置無告ノ窮民ハ自今各地ノ遠近ニヨリ50日以内ノ分左ノ規則ニ照シ取計置委曲内務省ヘ可伺出此旨相達候事

1　極貧ノ者独身ニテ廃疾ニ罹リ産業ヲ営ム能ハサル者ニハ1ヶ年米1石8斗ノ積ヲ以テ給与スヘシ
　　但独身ニ非スト雖モ余ノ家人70年以上15年以下ニテ其身廃疾ニ罹リ窮迫ノ者ハ本文ニ準シ給与スヘシ
1　同独身ニテ70年以上ノ者重病或ハ老衰シテ産業ヲ営ム能ハサル者ニハ1ヶ年米1石8斗ノ積ヲ以テ給与スヘシ
　　但独身ニ非スト雖モ余ノ家人70年以上15年以下ニテ其身重病或ハ老衰シテ窮迫ノ者ハ本文ニ準シ給与スヘシ
1　同独身ニシテ疾病ニ罹リ産業ヲ営ム能サル者ニハ1日米男ハ3合女ハ2合ノ割ヲ以テ給与スヘシ
　　但独身ニ非スト雖モ余ノ家人70年以上15年以下ニテ其身病ニ罹リ窮迫ノ者ハ本文ニ準シ給与スヘシ
1　同独身ニテ13年以下ノ者ニハ1ヶ年米7斗ノ積ヲ以テ給与スヘシ
　　但独身ニ非スト雖モ余ノ家人70年以上15年以下ニテ其身窮迫ノ者ハ本文ニ準シ給与スヘシ
1　救助米ハ該地前月ノ下米相場ヲ以テ石代下ヶ渡スヘキ事

2. 救護法（昭和4年4月2日法律第39号）
廃止　昭和21年9月9日法律第17号

第1章　被救護者
第1条　左ニ掲グル者貧困ノ為生活スルコト能ハザルトキハ本法ニ依リ之ヲ救護ス
　1　65歳以上ノ老衰者
　2　13歳以下ノ幼者
　3　妊産婦
　4　不具廃疾，疾病，傷病其ノ他精神又ハ身体ノ障碍ニ因リ労務ヲ行フニ故障アル者
　　②　前項第3号ノ妊産婦ヲ救護スベキ期間並ニ同項第4号ニ掲グル事由ノ範囲及程度ハ勅令ヲ以テ之ヲ定ム
第2条　前条ノ規定ニ依リ救護ヲ受クベキ者ノ扶養義務者扶養ヲ為スコトヲ得ルトキハ之ヲ救護セズ但シ急迫ノ事情アル場合ニ於テハ此ノ限ニ在ラズ

第2章　救護機関
第3条　救護ハ救護ヲ受クベキ者ノ居住地ノ市町村長，其ノ居住地ナキトキ又ハ居住地分明ナラザルトキハ其ノ現在地ノ市町村長之ヲ行フ
第4条　市町村ニ救護事務ノ為委員ヲ設置スルコトヲ得
　　②　委員ハ名誉職トシ救護事務ニ関シ市町村長ヲ補助ス
第5条　委員ノ選任，解任，職務執行其ノ他委員ニ関シ必要ナル事項ハ命令ヲ以テ之ヲ定ム

第3章　救護施設
第6条　本法ニ於テ救護施設ト称スルハ養老院，孤児院，病院其ノ他本法ニ依ル救護ヲ目的トスル施設ヲ謂フ
第7条　市町村救護施設ヲ設置セントスルトキハ其ノ設備ニ付地方長官ノ認可ヲ受クベシ
　　②　私人救護施設ヲ設置セントスルトキハ地方長官ノ認可ヲ受クベシ
第8条　前条第2項ノ規定ニ依リ設置シタル救護施設ハ市町村長ガ救護ノ為行フ委託ヲ拒ムコトヲ得ズ
第9条　本法ニ定ムルモノノ外救護施設ノ設置，管理，廃止其ノ他救護施設ニ関シ必要ナル事項ハ命令ヲ以テ之ヲ定ム

第4章　救護の種類及方法
第10条　救護ノ種類左ノ如シ
  1　生活扶助
  2　医療
  3　助産
  4　生業扶助
    ②　前項各号ノ救護ノ範囲，程度及方法ハ勅令ヲ以テ之ヲ定ム
第11条　救護ハ救護ヲ受クル者ノ居宅ニ於テ之ヲ行フ
第12条　幼者居宅救護ヲ受クベキ場合ニ於テ市町村長其ノ哺育上必要アリト認ムルトキハ勅令ノ定ムル所ニ依リ幼者ト併セ其ノ母ノ救護ヲ為スコトヲ得
第13条　市町村長居宅救護ヲ為スコト能ハズ又ハ之ヲ適当ナラズト認ムルトキハ救護ヲ受クル者ヲ救護施設ニ収容シ若ハ収容ヲ委託シ又ハ私人ノ家庭若ハ適当ナル施設ニ収容ヲ委託スルコトヲ得
第14条　市町村長ハ救護ヲ受クル者ノ親権者又ハ後見人ガ適当ニ其ノ権利ヲ行ハザル場合ニ於テハ其ノ異議アルトキト雖モ前条ノ処分ヲ為スコトヲ得
第15条　救護施設ノ長ハ命令ノ定ムル所ニ依リ其ノ施設ニ収容セラレタル者ニ対シ適当ナル作業ヲ課スルコトヲ得
第16条　第13条ノ規定ニ依リ収容セラレ又ハ収容ヲ委託セラレタル未成年者ニ付親権者及後見人ノ職務ヲ行フ者ナキトキハ市町村長又ハ其ノ指定シタル者勅令ノ定ムル所ニ依リ後見人ノ職務ヲ行フ
第17条　救護ヲ受クル者死亡シタル場合ニ於テハ勅令ノ定ムル所ニ依リ埋葬ヲ行フ者ニ対シ埋葬費ヲ給スルコトヲ得
    ②　前項ノ場合ニ於テ埋葬ヲ行フ者ナキトキハ救護ヲ為シタル市町村長ニ於テ埋葬ヲ行フベシ

第5章　救護費
第18条　救護ヲ受クル者同一市町村ニ1年以上引続キ居住スル者ナルトキハ救護ニ要スル費用ハ其ノ居住地ノ市町村ノ負担トス
第19条　救護ヲ受クル者左ノ各号ノ1ニ該当スルモノナルトキハ其ノ居住期間1年ニ満チザル場合ニ於テモ救護ニ要スル費用ハ其ノ居住地ノ市町村ノ負担トス
  1　夫婦ノ一方居住1年以上ナルトキ同居ノ他ノ一方
  2　父母其ノ他ノ直系尊属居住1年以上ナルトキ同居ノ子其ノ他ノ直系卑属
  3　子其ノ他ノ直系卑属居住1年以上ナルトキ同居ノ父母其ノ他ノ直系尊属
第20条　前2条ニ規定スル期間ノ計算ニ付テハ勅令ノ定ムル所ニ依ル
第21条　救護ニ要スル費用ガ前3条ノ規定ニ依リ市町村ノ負担ニ属セザル場合ニ於テハ其ノ費用ハ救護ヲ受クル者ノ居住地ノ道府県，其ノ居住地ナキトキ又ハ居住地分明ナラザルトキハ其ノ現在地ノ道府県ノ負担トス
第22条　第17条ノ規定ニ依ル埋葬ニ要スル費用ノ負担ニ関シテハ前4条ノ規定ヲ準用ス
第23条　委員ニ関スル費用ハ市町村ノ負担トス
第24条　第21条及第22条ノ規定ニ依リ道府県ノ負担スル費用ハ救護ヲ為シタル地ノ市町村ニ於テ一時之ヲ繰替支弁スベシ
第25条　国庫ハ勅令ノ定ムル所ニ依リ左ノ諸費ニ対シ其ノ2分ノ1以内ヲ補助ス
  1　第18条及至第23条ノ規定ニ依リ市町村又ハ道府県ノ負担シタル費用
  2　道府県ノ設置シタル救護施設及第7条第1項ノ規定ニ依リ市町村ノ設置シタル救護施設ノ費用
  3　第7条第2項ノ規定ニ依リ私人ノ設置シタル救護施設ノ設備ニ要スル費用
    ②　道府県ハ勅令ノ定ムル所ニ依リ左ノ諸費ニ対シ其ノ4分ノ1ヲ補助スベシ
  1　第18条及至第20条，第22条及第23条ノ規定ニ依リ市町村ノ負担シタル費用
  2　第7条第1項ノ規定ニ依リ市町村ノ設置シタル救護施設ノ費用
  3　第7条第2項ノ規定ニ依リ私人ノ設置シタル救護施設ノ設備ニ要スル費用
第26条　救護ヲ受クル者資力アルニ拘ラズ救護ヲ為シタルトキハ救護ニ要スル費用ヲ負担シタル市町村又ハ道府県ハ其ノ者ヨリ其ノ費用ノ全部又ハ一部ヲ徴収スルコトヲ得
第27条　救護ヲ受ケタル者救護ニ要シタル費用ノ弁償ヲ為スノ資力アルニ至リタルトキハ救護ノ費用ヲ

負担シタル市町村又ハ救護ヲ廃止シタル日ヨリ5年以内ニ其ノ費用ノ全部又ハ一部ノ償還ヲ命ズルコトヲ得
第28条　救護ヲ受クル者死亡シタルトキハ市町村長ハ命令ノ定ムル所ニ依リ遺留ノ金銭ヲ以テ救護及埋葬ニ要スル費用ニ充当シ仍足ラザルトキハ遺留ノ物品ヲ売却シテ之ニ充当スルコトヲ得

第6章　雑　則
第29条　救護ヲ受クル者左ニ掲グル事由ノ1ニ該当スルトキハ市町村長ハ救護ヲ為ササルコトヲ得
　1　本法又ハ本法ニ基キテ発スル命令ニ依リ市町村長又ハ救護施設ノ長ノ為シタル処分ニ従ハザルトキ
　2　故ナク救護ニ関スル検診又ハ調査ヲ拒ミタルトキ
　3　性行著シク不良ナルトキ又ハ著シク怠惰ナルトキ
第30条　第7条第2項ノ規定ニ依リ設置シタル救護施設ガ本法若ハ本法ニ基キテ発スル命令又ハ之ニ基キテ為ス処分ニ違反シタルトキハ地方長官ハ同項ノ認可ヲ取消スコトヲ得
第31条　道府県，市町村其ノ他ノ公共団体ハ左ニ掲グル土地建物ニ対シテハ租税其ノ他ノ公課ヲ課スルコトヲ得ズ但シ有料ニテ之ヲ使用セシムルモノニ対シテハ此ノ限リニ在ラズ
　1　主トシテ救護施設ノ用ニ供スル建物
　2　前号ニ掲グル建物ノ敷地其ノ他主トシテ救護施設ノ用ニ供スル土地
第32条　詐偽其ノ他ノ不正ノ手段ニ依リ救護ヲ受ケ又ハ受ケシメタル者ハ3月以下ノ懲役又ハ100円以下ノ罰金ニ処ス
第33条　本法中町村ニ関スル規定ハ町村制ヲ施行セザル地ニ於テハ町村ニ準ズベキモノニ，町村長ニ関スル規定ハ町村長ニ準ズベキ者ニ之ヲ適用ス

　　附　則
　①　本法施行ノ期日ハ勅令ヲ以テ之ヲ定ム（昭和6年勅令第210号で同7年1月1日から施行）
　②　左ノ法令ハ之ヲ廃止ス
　　　明治4年太政官達第300号
　　　明治6年太政官布告第79号
　　　明治6年太政官布告第138号
　　　明治7年太政官達162号恤救規則

〔参照〕
　明治4年6月20日太政官達第300号ハ棄児養育米給与方，同6年3月3日太政官布告第79号ハ3子出生貧困ノ者ヘ養育料ヲ給与スル件，同年4月25日同第138号ハ棄児養育米被下ハ自今満13年ヲ限リトシ及年齢定方ナリ

3．（旧）**生活保護法**（昭和21年9月9日法律第17号）
　廃止　昭和25年5月4日法律第144号

第1章　総　則
第1条　この法律は，生活の保護を要する状態にある者の生活を，国が差別的又は優先的な取扱いをなすことなく平等に保護して，社会の福祉を増進することを目的とする。
第2条　左の各号の1に該当する者には，この法律による保護は，これをなさない。
　1　能力があるにもかかわらず，勤労の意思のない者，勤労を怠る者その他生計の維持に努めない者
　2　素行不良な者
第3条　扶養義務者が扶養をなし得る者には，急迫した事情がある場合を除いては，この法律による保護は，これをなさない。

第2章　保護機関
第4条　保護は，保護を受ける者の居住地の市町村長（東京都の区のある区域においては東京都長官とする。以下同じ。），居住地がないか，又は明らかでないときは，現在地の市町村長がこれを行ふ。

第5条　民生委員法による民生委員は，命令の定めるところにより，保護事務に関して市町村長を補助する。

第3章　保護施設
第6条　この法律において保護施設とは，この法律による保護を目的とする施設又はこの法律による保護を受ける者の援護のために必要な施設をいふ。
　　②　前項の援護とは，宿所の提供その他この法律による保護を全うするため必要な事項で命令をもつて定めるものをいふ。
第7条　市町村が保護施設を設置しようとするときは，その設備について，地方長官の認可を受けなければならない。
　　②　市町村以外の者（都道府県を除く。以下同じ。）が保護施設を設置しようとするときは，地方長官の認可を受けなければならない。
第8条　前条第2項の規定により設置した保護施設は，市町村長が保護又は援護のため行ふ委託を拒むことができない。
第9条　この法律で定めるものの外，保護施設の設置，管理，廃止その他保護施設に関して必要な事項は，命令でこれを定める。

第4章　保護の種類，程度及び方法
第10条　保護は，生活に必要な限度を超えることができない。
第11条　保護の種類は，左の通りである。
　1　生活扶助
　2　医療
　3　助産
　4　生業扶助
　5　葬祭扶助
　　②　前項各号の保護及び方法は，勅令でこれを定める。
第12条　市町村長は，必要と認めるときは，保護を受ける者を保護施設に収容し，若しくは収容を委託し，又は私人の家庭若しくは適当な施設に収容を委託することができる。
第13条　市町村長は保護を受ける者の親権者又は後見人がその権利を適切に行はない場合は，その異議があつても，前条の規定による処分をなすことができる。
第14条　保護施設の長は，命令の定めるところにより，その施設に収容された者に対して，適当な作業を行はせることができる。
第15条　第12条の規定により収容され，又は収容を委託された未成年者について，親権者及び後見人の職務を行ふ者がないときは，市町村長又はその指定した者が，勅令の定めるところにより，後見人の職務を行ふ。
第16条　市町村長は，保護を受ける者に対して，勤労その他生計の維持に必要なことに関して指示をなすことができる。
第17条　保護を受ける者が死亡した場合は，勅令の定めるところにより，葬祭を行ふ者に対して，葬祭費を給することができる。保護を受ける者が死亡した場合に，葬祭を行ふ者がないときは，保護をなした市町村長が，葬祭を行はなければならない。

第5章　保護費
第18条　保護を受ける者が同一の市町村に1箇年以上引続いて居住する者であるときは，保護に要する費用は，その居住地の市町村がこれを支弁する。
　　②　保護を受ける者が東京都の区のある区域に居住する者であるときは，保護に要する費用は，東京都がこれを支弁する。
第19条　保護を受ける者が左の各号の1に該当する者であるときは，その居住期間が1箇年に満たない場合においても，保護に要する費用は，その居住地の市町村がこれを支弁する。
　1　夫婦の一方が居住1箇年以上であるときは，同居の他の一方

2　父母その他の直系尊属が居住1箇年以上であるとき，同居の子その他の直系卑属
　　3　子その他の直系卑属が居住1箇年以上であるとき，同居の父母その他の直系尊属
第20条　第18条第1項及び前条に規定する期間の計算については，勅令の定めるところによる。
第21条　保護に要する費用が第18条第1項及び第19条の規定により市町村が支弁しない場合は，その費用は，保護を受ける者の居住地の都道府県がこれを支弁する。
　　②　保護を受ける者の居住地がないか，又は明らかでないときは，保護に要する費用は，その者の現住地の都道府県がこれを支弁する。
第22条　第17条第1項の葬祭費及び同条第2項の規定による葬祭に要する費用の支弁に関しては，第18条乃至前条の規定を準用する。
第23条　第5条の規定により民生委員が職務を行ふため必要な費用は，市町村（東京都の区のある区域に置かれる民生委員については東京都とする。）がこれを支弁する。
第24条　都道府県が設置した保護施設及び第7条の規定により市町村又は市町村以外の者が設置した保護施設の事務費は，勅令の定めるところにより，第18条，第19条及び第21条の規定によりその施設で保護又は援護を受ける者の保護に要する費用を支弁する市町村又は都道府県がこれを支弁する。
第25条　第21条及び第22条の規定により都道府県が支弁する費用は，保護を行った地の市町村が，一時これを繰替支弁しなければならない。
第26条　都道府県は，勅令の定めるところにより，第7条第2項の規定により市町村以外の者が設置した保護施設の設備に要する費用に対して，その4分の3を支出しなければならない。
第27条　都道府県は，勅令の定めるところにより，左の費用に対して，その4分の1を負担しなければならない。
　　1　第23条の規定により市町村が支弁した費用
　　2　第7条第1項の規定により市町村が設置した保護施設の設備に要する費用
第28条　都道府県は，勅令の定めるところにより，第18条第1項，第19条，第22条及び第24条の規定により市町村が支弁した費用に対して，その10分の1を負担しなければならない。
第29条　国庫は，勅令の定めるところにより，第18条，第19条，第21条，第22条及び第24条の規定により市町村及び都道府県が支弁した費用に対して，その10分の8を負担する。
第30条　国庫は，勅令の定めるところにより，第26条の規定により都道府県が支出した費用に対して，その3分の2を負担する。
第31条　国庫は，勅令の定めるところにより，左の費用に対してその2分の1を負担する。
　　1　第23条の規定により市町村又は東京都が支弁した費用
　　2　都道府県が設置した保護施設及び第7条第1項の規定により市町村が支弁した保護施設の設置に要する費用
第32条　保護を受ける者に資力があるにもかかわらず保護をなしたときは，保護に要する費用を支弁した市町村又は都道府県は，その者から，その費用の全部又は一部を徴収することができる。
第33条　保護を受けた者が保護に要した費用を弁償する資力を有するようになったときは，保護の費用を支弁した市町村又は都道府県は保護を廃止した日から5箇年以内に，その費用の全部又は一部の償還を命ずることができる。
第34条　保護を受ける者に対して民法により扶養の義務を履行しなければならない者があるときはその義務の範囲内において，保護に要する費用を支弁した市町村又は都道府県は，その費用の全部又は一部をその者から徴収することができる。
　　②　前項の規定による費用の徴収に関して争があるときは，民事訴訟による。
第35条　保護を受ける者が死亡したときは，市町村長は，命令の定めるところにより，遺留の金銭を保護に要した費用，第27条第1項の葬祭費及び同条第2項の規定による葬祭に要した費用に充て，なお足りないときは，遺留した物品を売却して，これに充てることができる。

第6章　雑　則
第36条　保護を受ける者が左の各号の1に該当するときは，市町村長は，保護をなさないことができる。
　　1　この法律又はこの法律に基いて発する命令により市町村長又は保護施設の長が，なした処分又は指示に従はないとき。

2　正当な理由がなく保護に関する検診又は調査を拒んだとき。
第37条　第7条第2項の規定により設置した保護施設が，この法律若しくはこの法律に基いて発する命令又はこれに基いてなす処分に違反したときは，地方長官は，同項の認可を取り消すことができる。
第38条　この法律により給与を受けた保護金品を標準として，租税その他の公課を課することができない。
第39条　この法律による保護金品は，既に給与を受けたものであるとないとにかかはらず，これを差押へることができない。
第40条　都道府県，市町村その他の公共団体は，左の建物及び土地に対しては，有料で使用させるものを除いては，租税その他の公課を課すことができない。
　　1　主として保護施設のために使ふ建物
　　2　前項の建物の敷地その他の主として保護施設のために使ふ土地
第41条　詐偽その他不正の手段により保護を受け，又は受けさせた者は，六箇月以下の懲役又は500円以下の罰金に処する。
第42条　その法律中町村に関する規定は，町村制を施行しない地において町村に準ずるものに，町村長に関する規定は，町村長に準ずる者にこれを適用する。

　　附　則　抄
第43条　この法律施行の期日は，勅令でこれを定める。〔昭和21年勅令第437号で同年10月1日から施行〕
第44条　救護法，軍事扶助法，母子保護法，医療保護法及び戦時災害保護法は，これを廃止する。

4．生活保護法（昭和25年5月4日法律第144号，最終改正：平成26年6月25日法律第83号）

　　第1章　総則（第1条―第6条）
　　第2章　保護の原則（第7条―第10条）
　　第3章　保護の種類及び範囲（第11条―第18条）
　　第4章　保護の機関及び実施（第19条―第29条の2）
　　第5章　保護の方法（第30条―第37条の2）
　　第6章　保護施設（第38条―第48条）
　　第7章　医療機関，介護機関及び助産機関（第49条―第55条の3）
　　第8章　就労自立給付金（第55条の4・第55条の5）
　　第9章　被保護者の権利及び義務（第56条―第63条）
　　第10章　不服申立て（第64条―第69条）
　　第11章　費用（第70条―第80条）
　　第12章　雑則（第81条―第86条）
　　附則

　　　第1章　総則
（この法律の目的）
第1条　この法律は，日本国憲法第25条に規定する理念に基き，国が生活に困窮するすべての国民に対し，その困窮の程度に応じ，必要な保護を行い，その最低限度の生活を保障するとともに，その自立を助長することを目的とする。

（無差別平等）
第2条　すべて国民は，この法律の定める要件を満たす限り，この法律による保護（以下「保護」という。）を，無差別平等に受けることができる。

（最低生活）
第3条　この法律により保障される最低限度の生活は，健康で文化的な生活水準を維持することができるも

のでなければならない。

（保護の補足性）
第4条　保護は，生活に困窮する者が，その利用し得る資産，能力その他あらゆるものを，その最低限度の生活の維持のために活用することを要件として行われる。
　2　民法（明治29年法律第89号）に定める扶養義務者の扶養及び他の法律に定める扶助は，すべてこの法律による保護に優先して行われるものとする。
　3　前二項の規定は，急迫した事由がある場合に，必要な保護を行うことを妨げるものではない。

（この法律の解釈及び運用）
第5条　前四条に規定するところは，この法律の基本原理であつて，この法律の解釈及び運用は，すべてこの原理に基いてされなければならない。

（用語の定義）
第6条　この法律において「被保護者」とは，現に保護を受けている者をいう。
　2　この法律において「要保護者」とは，現に保護を受けているといないとにかかわらず，保護を必要とする状態にある者をいう。
　3　この法律において「保護金品」とは，保護として給与し，又は貸与される金銭及び物品をいう。
　4　この法律において「金銭給付」とは，金銭の給与又は貸与によつて，保護を行うことをいう。
　5　この法律において「現物給付」とは，物品の給与又は貸与，医療の給付，役務の提供その他金銭給付以外の方法で保護を行うことをいう。

　　　　第2章　保護の原則
（申請保護の原則）
第7条　保護は，要保護者，その扶養義務者又はその他の同居の親族の申請に基いて開始するものとする。但し，要保護者が急迫した状況にあるときは，保護の申請がなくても，必要な保護を行うことができる。

（基準及び程度の原則）
第8条　保護は，厚生労働大臣の定める基準により測定した要保護者の需要を基とし，そのうち，その者の金銭又は物品で満たすことのできない不足分を補う程度において行うものとする。
　2　前項の基準は，要保護者の年齢別，性別，世帯構成別，所在地域別その他保護の種類に応じて必要な事情を考慮した最低限度の生活の需要を満たすに十分なものであつて，且つ，これをこえないものでなければならない。

（必要即応の原則）
第9条　保護は，要保護者の年齢別，性別，健康状態等その個人又は世帯の実際の必要の相違を考慮して，有効且つ適切に行うものとする。

（世帯単位の原則）
第10条　保護は，世帯を単位としてその要否及び程度を定めるものとする。但し，これによりがたいときは，個人を単位として定めることができる。

　　　　第3章　保護の種類及び範囲
（種類）
第11条　保護の種類は，次のとおりとする。
　　一　生活扶助
　　二　教育扶助
　　三　住宅扶助
　　四　医療扶助

五　介護扶助
　　六　出産扶助
　　七　生業扶助
　　八　葬祭扶助
　２　前項各号の扶助は，要保護者の必要に応じ，単給又は併給として行われる。

（生活扶助）
第12条　生活扶助は，困窮のため最低限度の生活を維持することのできない者に対して，左に掲げる事項の範囲内において行われる。
　　一　衣食その他日常生活の需要を満たすために必要なもの
　　二　移送

（教育扶助）
第13条　教育扶助は，困窮のため最低限度の生活を維持することのできない者に対して，左に掲げる事項の範囲内において行われる。
　　一　義務教育に伴つて必要な教科書その他の学用品
　　二　義務教育に伴つて必要な通学用品
　　三　学校給食その他義務教育に伴つて必要なもの

（住宅扶助）
第14条　住宅扶助は，困窮のため最低限度の生活を維持することのできない者に対して，左に掲げる事項の範囲内において行われる。
　　一　住居
　　二　補修その他住宅の維持のために必要なもの

（医療扶助）
第15条　医療扶助は，困窮のため最低限度の生活を維持することのできない者に対して，左に掲げる事項の範囲内において行われる。
　　一　診察
　　二　薬剤又は治療材料
　　三　医学的処置，手術及びその他の治療並びに施術
　　四　居宅における療養上の管理及びその療養に伴う世話その他の看護
　　五　病院又は診療所への入院及びその療養に伴う世話その他の看護
　　六　移送

（介護扶助）
第15条の2　介護扶助は，困窮のため最低限度の生活を維持することのできない要介護者（介護保険法（平成9年法律第123号）第7条第3項に規定する要介護者をいう。第3項において同じ。）に対して，第一号から第四号まで及び第八号に掲げる事項の範囲内において行われ，困窮のため最低限度の生活を維持することのできない要支援者（同条第4項に規定する要支援者をいう。第6項において同じ。）に対して，第五号から第八号までに掲げる事項の範囲内において行われる。
　　一　居宅介護（居宅介護支援計画に基づき行うものに限る。）
　　二　福祉用具
　　三　住宅改修
　　四　施設介護
　　五　介護予防（介護予防支援計画に基づき行うものに限る。）
　　六　介護予防福祉用具
　　七　介護予防住宅改修
　　八　移送

2 前項第一号に規定する居宅介護とは，介護保険法第8条第2項に規定する訪問介護，同条第3項に規定する訪問入浴介護，同条第4項に規定する訪問看護，同条第5項に規定する訪問リハビリテーション，同条第6項に規定する居宅療養管理指導，同条第7項に規定する通所介護，同条第8項に規定する通所リハビリテーション，同条第9項に規定する短期入所生活介護，同条第10項に規定する短期入所療養介護，同条第11項に規定する特定施設入居者生活介護，同条第12項に規定する福祉用具貸与，同条第15項に規定する定期巡回・随時対応型訪問介護看護，同条第16項に規定する夜間対応型訪問介護，同条第17項に規定する認知症対応型通所介護，同条第18項に規定する小規模多機能型居宅介護，同条第19項に規定する認知症対応型共同生活介護，同条第20項に規定する地域密着型特定施設入居者生活介護及び同条第22項に規定する複合型サービス並びにこれらに相当するサービスをいう。

3 第1項第一号に規定する居宅介護支援計画とは，居宅において生活を営む要介護者が居宅介護その他居宅において日常生活を営むために必要な保健医療サービス及び福祉サービス（以下この項において「居宅介護等」という。）の適切な利用等をすることができるようにするための当該要介護者が利用する居宅介護等の種類，内容等を定める計画をいう。

4 第1項第四号に規定する施設介護とは，介護保険法第8条第21項に規定する地域密着型介護老人福祉施設入所者生活介護，同条第26項に規定する介護福祉施設サービス及び同条第27項に規定する介護保健施設サービスをいう。

5 第1項第五号に規定する介護予防とは，介護保険法第8条の2第2項に規定する介護予防訪問介護，同条第3項に規定する介護予防訪問入浴介護，同条第4項に規定する介護予防訪問看護，同条第5項に規定する介護予防訪問リハビリテーション，同条第6項に規定する介護予防居宅療養管理指導，同条第7項に規定する介護予防通所介護，同条第8項に規定する介護予防通所リハビリテーション，同条第9項に規定する介護予防短期入所生活介護，同条第10項に規定する介護予防短期入所療養介護，同条第11項に規定する介護予防特定施設入居者生活介護，同条第12項に規定する介護予防福祉用具貸与，同条第15項に規定する介護予防認知症対応型通所介護，同条第16項に規定する介護予防小規模多機能型居宅介護及び同条第17項に規定する介護予防認知症対応型共同生活介護並びにこれらに相当するサービスをいう。

6 第1項第五号に規定する介護予防支援計画とは，居宅において生活を営む要支援者が介護予防その他身体上又は精神上の障害があるために入浴，排せつ，食事等の日常生活における基本的な動作の全部若しくは一部について常時介護を要し，又は日常生活を営むのに支障がある状態の軽減又は悪化の防止に資する保健医療サービス及び福祉サービス（以下この項において「介護予防等」という。）の適切な利用等をすることができるようにするための当該要支援者が利用する介護予防等の種類，内容等を定める計画であつて，介護保険法第115条の46第1項に規定する地域包括支援センターの職員のうち同法第8条の2第18項の厚生労働省令で定める者が作成したものをいう。

（出産扶助）
第16条 出産扶助は，困窮のため最低限度の生活を維持することのできない者に対して，左に掲げる事項の範囲内において行われる。
一 分べんの介助
二 分べん前及び分べん後の処置
三 脱脂綿，ガーゼその他の衛生材料

（生業扶助）
第17条 生業扶助は，困窮のため最低限度の生活を維持することのできない者又はそのおそれのある者に対して，左に掲げる事項の範囲内において行われる。但し，これによつて，その者の収入を増加させ，又はその自立を助長することのできる見込のある場合に限る。
一 生業に必要な資金，器具又は資料
二 生業に必要な技能の修得
三 就労のために必要なもの

（葬祭扶助）
第18条　葬祭扶助は，困窮のため最低限度の生活を維持することのできない者に対して，左に掲げる事項の範囲内において行われる。
　　一　検案
　　二　死体の運搬
　　三　火葬又は埋葬
　　四　納骨その他葬祭のために必要なもの
　2　左に掲げる場合において，その葬祭を行う者があるときは，その者に対して，前項各号の葬祭扶助を行うことができる。
　　一　被保護者が死亡した場合において，その者の葬祭を行う扶養義務者がないとき。
　　二　死者に対しその葬祭を行う扶養義務者がない場合において，その遺留した金品で，葬祭を行うに必要な費用を満たすことのできないとき。

　　　　第4章　保護の機関及び実施
（実施機関）
第19条　都道府県知事，市長及び社会福祉法（昭和26年法律第45号）に規定する福祉に関する事務所（以下「福祉事務所」という。）を管理する町村長は，次に掲げる者に対して，この法律の定めるところにより，保護を決定し，かつ，実施しなければならない。
　　一　その管理に属する福祉事務所の所管区域内に居住地を有する要保護者
　　二　居住地がないか，又は明らかでない要保護者であつて，その管理に属する福祉事務所の所管区域内に現在地を有するもの
　2　居住地が明らかである要保護者であつても，その者が急迫した状況にあるときは，その急迫した事由が止むまでは，その者に対する保護は，前項の規定にかかわらず，その者の現在地を所管する福祉事務所を管理する都道府県知事又は市町村長が行うものとする。
　3　第30条第1項ただし書の規定により被保護者を救護施設，更生施設若しくはその他の適当な施設に入所させ，若しくはこれらの施設に入所を委託し，若しくは私人の家庭に養護を委託した場合又は第34条の2第2項の規定により被保護者に対する介護扶助（施設介護（第15条の2第4項に規定する施設介護をいう。以下同じ。）に限る。）を介護老人福祉施設（介護保険法第8条第26項に規定する介護老人福祉施設をいう。以下同じ。）に委託して行う場合においては，当該入所又は委託の継続中，その者に対して保護を行うべき者は，その者に係る入所又は委託前の居住地又は現在地によつて定めるものとする。
　4　前3項の規定により保護を行うべき者（以下「保護の実施機関」という。）は，保護の決定及び実施に関する事務の全部又は一部を，その管理に属する行政庁に限り，委任することができる。
　5　保護の実施機関は，保護の決定及び実施に関する事務の一部を，政令の定めるところにより，他の保護の実施機関に委託して行うことを妨げない。
　6　福祉事務所を設置しない町村の長（以下「町村長」という。）は，その町村の区域内において特に急迫した事由により放置することができない状況にある要保護者に対して，応急的処置として，必要な保護を行うものとする。
　7　町村長は，保護の実施機関又は福祉事務所の長（以下「福祉事務所長」という。）が行う保護事務の執行を適切ならしめるため，次に掲げる事項を行うものとする。
　　一　要保護者を発見し，又は被保護者の生計その他の状況の変動を発見した場合において，速やかに，保護の実施機関又は福祉事務所長にその旨を通報すること。
　　二　第24条第10項の規定により保護の開始又は変更の申請を受け取つた場合において，これを保護の実施機関に送付すること。
　　三　保護の実施機関又は福祉事務所長から求められた場合において，被保護者等に対して，保護金品を交付すること。
　　四　保護の実施機関又は福祉事務所長から求められた場合において，要保護者に関する調査を行うこと。

（職権の委任）
第20条　都道府県知事は，この法律に定めるその職権の一部を，その管理に属する行政庁に委任することができる。

（補助機関）
第21条　社会福祉法に定める社会福祉主事は，この法律の施行について，都道府県知事又は市町村長の事務の執行を補助するものとする。

（民生委員の協力）
第22条　民生委員法（昭和23年法律第198号）に定める民生委員は，この法律の施行について，市町村長，福祉事務所長又は社会福祉主事の事務の執行に協力するものとする。

（事務監査）
第23条　厚生労働大臣は都道府県知事及び市町村長の行うこの法律の施行に関する事務について，都道府県知事は市町村長の行うこの法律の施行に関する事務について，その指定する職員に，その監査を行わせなければならない。
2　前項の規定により指定された職員は，都道府県知事又は市町村長に対し，必要と認める資料の提出若しくは説明を求め，又は必要と認める指示をすることができる。
3　第1項の規定により指定すべき職員の資格については，政令で定める。

（申請による保護の開始及び変更）
第24条　保護の開始を申請する者は，厚生労働省令で定めるところにより，次に掲げる事項を記載した申請書を保護の実施機関に提出しなければならない。ただし，当該申請書を作成することができない特別の事情があるときは，この限りでない。
　　一　要保護者の氏名及び住所又は居所
　　二　申請者が要保護者と異なるときは，申請者の氏名及び住所又は居所並びに要保護者との関係
　　三　保護を受けようとする理由
　　四　要保護者の資産及び収入の状況（生業若しくは就労又は求職活動の状況，扶養義務者の扶養の状況及び他の法律に定める扶助の状況を含む。以下同じ。）
　　五　その他要保護者の保護の要否，種類，程度及び方法を決定するために必要な事項として厚生労働省令で定める事項
2　前項の申請書には，要保護者の保護の要否，種類，程度及び方法を決定するために必要な書類として厚生労働省令で定める書類を添付しなければならない。ただし，当該書類を添付することができない特別の事情があるときは，この限りでない。
3　保護の実施機関は，保護の開始の申請があつたときは，保護の要否，種類，程度及び方法を決定し，申請者に対して書面をもつて，これを通知しなければならない。
4　前項の書面には，決定の理由を付さなければならない。
5　第3項の通知は，申請のあつた日から14日以内にしなければならない。ただし，扶養義務者の資産及び収入の状況の調査に日時を要する場合その他特別な理由がある場合には，これを30日まで延ばすことができる。
6　保護の実施機関は，前項ただし書の規定により同項本文に規定する期間内に第3項の通知をしなかつたときは，同項の書面にその理由を明示しなければならない。
7　保護の申請をしてから30日以内に第3項の通知がないときは，申請者は，保護の実施機関が申請を却下したものとみなすことができる。
8　保護の実施機関は，知れたる扶養義務者が民法の規定による扶養義務を履行していないと認められる場合において，保護の開始の決定をしようとするときは，厚生労働省令で定めるところにより，あらかじめ，当該扶養義務者に対して書面をもつて厚生労働省令で定める事項を通知しなければならない。ただし，あらかじめ通知することが適当でない場合として厚生労働省令で定める場合は，この限りでない。

9　第1項から第7項までの規定は，第7条に規定する者からの保護の変更の申請について準用する。
10　保護の開始又は変更の申請は，町村長を経由してすることもできる。町村長は，申請を受け取つたときは，5日以内に，その申請に，要保護者に対する扶養義務者の有無，資産及び収入の状況その他保護に関する決定をするについて参考となるべき事項を記載した書面を添えて，これを保護の実施機関に送付しなければならない。

（職権による保護の開始及び変更）
第25条　保護の実施機関は，要保護者が急迫した状況にあるときは，すみやかに，職権をもつて保護の種類，程度及び方法を決定し，保護を開始しなければならない。
2　保護の実施機関は，常に，被保護者の生活状態を調査し，保護の変更を必要とすると認めるときは，速やかに，職権をもつてその決定を行い，書面をもつて，これを被保護者に通知しなければならない。前条第4項の規定は，この場合に準用する。
3　町村長は，要保護者が特に急迫した事由により放置することができない状況にあるときは，すみやかに，職権をもつて第19条第6項に規定する保護を行わなければならない。

（保護の停止及び廃止）
第26条　保護の実施機関は，被保護者が保護を必要としなくなつたときは，速やかに，保護の停止又は廃止を決定し，書面をもつて，これを被保護者に通知しなければならない。第28条第5項又は第62条第3項の規定により保護の停止又は廃止をするときも，同様とする。

（指導及び指示）
第27条　保護の実施機関は，被保護者に対して，生活の維持，向上その他保護の目的達成に必要な指導又は指示をすることができる。
2　前項の指導又は指示は，被保護者の自由を尊重し，必要の最少限度に止めなければならない。
3　第1項の規定は，被保護者の意に反して，指導又は指示を強制し得るものと解釈してはならない。

（相談及び助言）
第27条の2　保護の実施機関は，要保護者から求めがあつたときは，要保護者の自立を助長するために，要保護者からの相談に応じ，必要な助言をすることができる。

（報告，調査及び検診）
第28条　保護の実施機関は，保護の決定若しくは実施又は第77条若しくは第78条（第3項を除く。次項及び次条第1項において同じ。）の規定の施行のため必要があると認めるときは，要保護者の資産及び収入の状況，健康状態その他の事項を調査するために，厚生労働省令で定めるところにより，当該要保護者に対して，報告を求め，若しくは当該職員に，当該要保護者の居住の場所に立ち入り，これらの事項を調査させ，又は当該要保護者に対して，保護の実施機関の指定する医師若しくは歯科医師の検診を受けるべき旨を命ずることができる。
2　保護の実施機関は，保護の決定若しくは実施又は第77条若しくは第78条の規定の施行のため必要があると認めるときは，保護の開始又は変更の申請書及びその添付書類の内容を調査するために，厚生労働省令で定めるところにより，要保護者の扶養義務者若しくはその他の同居の親族又は保護の開始若しくは変更の申請の当時要保護者若しくはこれらの者であつた者に対して，報告を求めることができる。
3　第1項の規定によつて立入調査を行う当該職員は，厚生労働省令の定めるところにより，その身分を示す証票を携帯し，かつ，関係人の請求があるときは，これを提示しなければならない。
4　第1項の規定による立入調査の権限は，犯罪捜査のために認められたものと解してはならない。
5　保護の実施機関は，要保護者が第1項の規定による報告をせず，若しくは虚偽の報告をし，若しくは立入調査を拒み，妨げ，若しくは忌避し，又は医師若しくは歯科医師の検診を受けるべき旨の命令に従わないときは，保護の開始若しくは変更の申請を却下し，又は保護の変更，停止若しくは廃止をすることができる。

（資料の提供等）
第29条　保護の実施機関及び福祉事務所長は，保護の決定若しくは実施又は第77条若しくは第78条の規定の施行のために必要があると認めるときは，次の各号に掲げる者の当該各号に定める事項につき，官公署，日本年金機構若しくは国民年金法（昭和34年法律第141号）第3条第2項に規定する共済組合等（次項において「共済組合等」という。）に対し，必要な書類の閲覧若しくは資料の提供を求め，又は銀行，信託会社，次の各号に掲げる者の雇主その他の関係人に，報告を求めることができる。
　一　要保護者又は被保護者であつた者　氏名及び住所又は居所，資産及び収入の状況，健康状態，他の保護の実施機関における保護の決定及び実施の状況その他政令で定める事項（被保護者であつた者にあつては，氏名及び住所又は居所，健康状態並びに他の保護の実施機関における保護の決定及び実施の状況を除き，保護を受けていた期間における事項に限る。）
　二　前号に掲げる者の扶養義務者　氏名及び住所又は居所，資産及び収入の状況その他政令で定める事項（被保護者であつた者の扶養義務者にあつては，氏名及び住所又は居所を除き，当該被保護者であつた者が保護を受けていた期間における事項に限る。）
　2　別表第一の上欄に掲げる官公署の長，日本年金機構又は共済組合等は，それぞれ同表の下欄に掲げる情報につき，保護の実施機関又は福祉事務所長から前項の規定による求めがあつたときは，速やかに，当該情報を記載し，若しくは記録した書類を閲覧させ，又は資料の提供を行うものとする。

（行政手続法の適用除外）
第29条の2　この章の規定による処分については，行政手続法（平成5年法律第88号）第3章（第12条及び第14条を除く。）の規定は，適用しない。

　　　第5章　保護の方法
（生活扶助の方法）
第30条　生活扶助は，被保護者の居宅において行うものとする。ただし，これによることができないとき，これによつては保護の目的を達しがたいとき，又は被保護者が希望したときは，被保護者を救護施設，更生施設若しくはその他の適当な施設に入所させ，若しくはこれらの施設に入所を委託し，又は私人の家庭に養護を委託して行うことができる。
　2　前項ただし書の規定は，被保護者の意に反して，入所又は養護を強制することができるものと解釈してはならない。
　3　保護の実施機関は，被保護者の親権者又は後見人がその権利を適切に行わない場合においては，その異議があつても，家庭裁判所の許可を得て，第1項但書の措置をとることができる。
第31条　生活扶助は，金銭給付によつて行うものとする。但し，これによることができないとき，これによることが適当でないとき，その他保護の目的を達するために必要があるときは，現物給付によつて行うことができる。
　2　生活扶助のための保護金品は，1月分以内を限度として前渡するものとする。但し，これによりがたいときは，1月分をこえて前渡することができる。
　3　居宅において生活扶助を行う場合の保護金品は，世帯単位に計算し，世帯主又はこれに準ずる者に対して交付するものとする。但し，これによりがたいときは，被保護者に対して個々に交付することができる。
　4　地域密着型介護老人福祉施設（介護保険法第8条第21項に規定する地域密着型介護老人福祉施設をいう。以下同じ。），介護老人福祉施設又は介護老人保健施設（同条第27項に規定する介護老人保健施設をいう。以下同じ。）であつて第54条の2第1項の規定により指定を受けたもの（同条第2項本文の規定により同条第1項の指定を受けたものとみなされたものを含む。）において施設介護を受ける被保護者に対して生活扶助を行う場合の保護金品を前項に規定する者に交付することが適当でないときその他保護の目的を達するために必要があるときは，同項の規定にかかわらず，当該地域密着型介護老人福祉施設若しくは介護老人福祉施設の長又は当該介護老人保健施設の管理者に対して交付することができる。
　5　前条第1項ただし書の規定により生活扶助を行う場合の保護金品は，被保護者又は施設の長若しくは養護の委託を受けた者に対して交付するものとする。

（教育扶助の方法）
第32条　教育扶助は，金銭給付によつて行うものとする。但し，これによることができないとき，これによることが適当でないとき，その他保護の目的を達するために必要があるときは，現物給付によつて行うことができる。
　2　教育扶助のための保護金品は，被保護者，その親権者若しくは未成年後見人又は被保護者の通学する学校の長に対して交付するものとする。

（住宅扶助の方法）
第33条　住宅扶助は，金銭給付によつて行うものとする。但し，これによることができないとき，これによることが適当でないとき，その他保護の目的を達するために必要があるときは，現物給付によつて行うことができる。
　2　住宅扶助のうち，住居の現物給付は，宿所提供施設を利用させ，又は宿所提供施設にこれを委託して行うものとする。
　3　第30条第2項の規定は，前項の場合に準用する。
　4　住宅扶助のための保護金品は，世帯主又はこれに準ずる者に対して交付するものとする。

（医療扶助の方法）
第34条　医療扶助は，現物給付によつて行うものとする。但し，これによることができないとき，これによることが適当でないとき，その他保護の目的を達するために必要があるときは，金銭給付によつて行うことができる。
　2　前項に規定する現物給付のうち，医療の給付は，医療保護施設を利用させ，又は医療保護施設若しくは第49条の規定により指定を受けた医療機関にこれを委託して行うものとする。
　3　前項に規定する医療の給付のうち，医療を担当する医師又は歯科医師が医学的知見に基づき後発医薬品（薬事法（昭和35年法律第145号）第14条又は2の規定による製造販売の承認を受けた医薬品のうち，同法第14条の4第1項各号に掲げる医薬品と有効成分，分量，用法，用量，効能及び効果が同一性を有すると認められたものであつて厚生労働省令で定めるものをいう。以下この項において同じ。）を使用することができると認めたものについては，被保護者に対し，可能な限り後発医薬品の使用を促すことによりその給付を行うよう努めるものとする。
　4　第2項に規定する医療の給付のうち，あん摩マツサージ指圧師，はり師，きゆう師等に関する法律（昭和22年法律第217号）又は柔道整復師法（昭和45年法律第19号）の規定によりあん摩マツサージ指圧師，はり師，きゆう師又は柔道整復師（以下「施術者」という。）が行うことのできる範囲の施術については，第55条第1項の規定により指定を受けた施術者に委託してその給付を行うことを妨げない。
　5　急迫した事情その他やむを得ない事情がある場合においては，被保護者は，第2項及び前項の規定にかかわらず，指定を受けない医療機関について医療の給付を受け，又は指定を受けない施術者について施術の給付を受けることができる。
　6　医療扶助のための保護金品は，被保護者に対して交付するものとする。

（介護扶助の方法）
第34条の2　介護扶助は，現物給付によつて行うものとする。ただし，これによることができないとき，これによることが適当でないとき，その他保護の目的を達するために必要があるときは，金銭給付によつて行うことができる。
　2　前項に規定する現物給付のうち，居宅介護（第15条の2第2項に規定する居宅介護をいう。以下同じ。），福祉用具の給付，施設介護，介護予防（同条第5項に規定する介護予防をいう。以下同じ。）及び介護予防福祉用具の給付は，介護機関（その事業として居宅介護を行う者及びその事業として居宅介護支援計画（同条第3項に規定する居宅介護支援計画をいう。第54条の2第1項及び別表第二において同じ。）を作成する者，その事業として介護保険法第8条第13項に規定する特定福祉用具販売を行う者（第54条の2第1項及び別表第二において「特定福祉用具販売事業者」という。），地域密着型介護老人福祉施設，介護老人福祉施設及び介護老人保健施設，その事業として介護予防を行う

者及びその事業として介護予防支援計画（第15条の2第6項に規定する介護予防支援計画をいう。第54条の2第1項及び別表第二において同じ。）を作成する者並びにその事業として同法第8条の2第13項に規定する特定介護予防福祉用具販売を行う者（第54条の2第1項及び別表第二において「特定介護予防福祉用具販売事業者」という。）をいう。以下同じ。）であつて，第54条の2第1項の規定により指定を受けたもの（同条第2項本文の規定により同条第1項の指定を受けたものとみなされたものを含む。）にこれを委託して行うものとする。

3　前条第5項及び第6項の規定は，介護扶助について準用する。

（出産扶助の方法）
第35条　出産扶助は，金銭給付によつて行うものとする。但し，これによることができないとき，これによることが適当でないとき，その他保護の目的を達するために必要があるときは，現物給付によつて行うことができる。

2　前項ただし書に規定する現物給付のうち，助産の給付は，第55条第1項の規定により指定を受けた助産師に委託して行うものとする。

3　第34条第5項及び第6項の規定は，出産扶助について準用する。

（生業扶助の方法）
第36条　生業扶助は，金銭給付によつて行うものとする。但し，これによることができないとき，これによることが適当でないとき，その他保護の目的を達するために必要があるときは，現物給付によつて行うことができる。

2　前項但書に規定する現物給付のうち，就労のために必要な施設の供用及び生業に必要な技能の授与は，授産施設若しくは訓練を目的とするその他の施設を利用させ，又はこれらの施設にこれを委託して行うものとする。

3　生業扶助のための保護金品は，被保護者に対して交付するものとする。但し，施設の供用又は技能の授与のために必要な金品は，授産施設の長に対して交付することができる。

（葬祭扶助の方法）
第37条　葬祭扶助は，金銭給付によつて行うものとする。但し，これによることができないとき，これによることが適当でないとき，その他保護の目的を達するために必要があるときは，現物給付によつて行うことができる。

2　葬祭扶助のための保護金品は，葬祭を行う者に対して交付するものとする。

（保護の方法の特例）
第37条の2　保護の実施機関は，保護の目的を達するために必要があるときは，第31条第3項本文若しくは第33条第4項の規定により世帯主若しくはこれに準ずる者に対して交付する保護金品，第31条第3項ただし書若しくは第5項，第32条第2項，第34条第6項（第34条の2第3項及び第35条第3項において準用する場合を含む。）若しくは第36条第3項の規定により被保護者に対して交付する保護金品又は前条第2項の規定により葬祭を行う者に対して交付する保護金品のうち，介護保険料（介護保険法第129条第1項に規定する保険料をいう。）その他の被保護者が支払うべき費用であつて政令で定めるものの額に相当する金銭について，被保護者に代わり，政令で定める者に支払うことができる。この場合において，当該支払があつたときは，これらの規定により交付すべき者に対し当該保護金品の交付があつたものとみなす。

第6章　保護施設

（種類）
第38条　保護施設の種類は，左の通りとする。
　一　救護施設
　二　更生施設
　三　医療保護施設

四　授産施設
　五　宿所提供施設
2　救護施設は，身体上又は精神上著しい障害があるために日常生活を営むことが困難な要保護者を入所させて，生活扶助を行うことを目的とする施設とする。
3　更生施設は，身体上又は精神上の理由により養護及び生活指導を必要とする要保護者を入所させて，生活扶助を行うことを目的とする施設とする。
4　医療保護施設は，医療を必要とする要保護者に対して，医療の給付を行うことを目的とする施設とする。
5　授産施設は，身体上若しくは精神上の理由又は世帯の事情により就業能力の限られている要保護者に対して，就労又は技能の修得のために必要な機会及び便宜を与えて，その自立を助長することを目的とする施設とする。
6　宿所提供施設は，住居のない要保護者の世帯に対して，住宅扶助を行うことを目的とする施設とする。

（保護施設の基準）
第39条　都道府県は，保護施設の設備及び運営について，条例で基準を定めなければならない。
2　都道府県が前項の条例を定めるに当たつては，第一号から第三号までに掲げる事項については厚生労働省令で定める基準に従い定めるものとし，第四号に掲げる事項については厚生労働省令で定める基準を標準として定めるものとし，その他の事項については厚生労働省令で定める基準を参酌するものとする。
　一　保護施設に配置する職員及びその員数
　二　保護施設に係る居室の床面積
　三　保護施設の運営に関する事項であつて，利用者の適切な処遇及び安全の確保並びに秘密の保持に密接に関連するものとして厚生労働省令で定めるもの
　四　保護施設の利用定員
3　保護施設の設置者は，第1項の基準を遵守しなければならない。

（都道府県，市町村及び地方独立行政法人の保護施設）
第40条　都道府県は，保護施設を設置することができる。
2　市町村及び地方独立行政法人（地方独立行政法人法（平成15年法律第108号）第2条第1項に規定する地方独立行政法人をいう。以下同じ。）は，保護施設を設置しようとするときは，あらかじめ，厚生労働省令で定める事項を都道府県知事に届け出なければならない。
3　保護施設を設置した都道府県，市町村及び地方独立行政法人は，現に入所中の被保護者の保護に支障のない限り，その保護施設を廃止し，又はその事業を縮少し，若しくは休止することができる。
4　都道府県及び市町村の行う保護施設の設置及び廃止は，条例で定めなければならない。

（社会福祉法人及び日本赤十字社の保護施設の設置）
第41条　都道府県，市町村及び地方独立行政法人のほか，保護施設は，社会福祉法人及び日本赤十字社でなければ設置することができない。
2　社会福祉法人又は日本赤十字社は，保護施設を設置しようとするときは，あらかじめ，左に掲げる事項を記載した申請書を都道府県知事に提出して，その認可を受けなければならない。
　一　保護施設の名称及び種類
　二　設置者たる法人の名称並びに代表者の氏名，住所及び資産状況
　三　寄附行為，定款その他の基本約款
　四　建物その他の設備の規模及び構造
　五　取扱定員
　六　事業開始の予定年月日
　七　経営の責任者及び保護の実務に当る幹部職員の氏名及び経歴
　八　経理の方針
3　都道府県知事は，前項の認可の申請があつた場合に，その施設が第39条第1項の基準のほか，次の

各号の基準に適合するものであるときは，これを認可しなければならない。
一　設置しようとする者の経済的基礎が確実であること。
二　その保護施設の主として利用される地域における要保護者の分布状況からみて，当該保護施設の設置が必要であること。
三　保護の実務に当たる幹部職員が厚生労働大臣の定める資格を有するものであること。
4　第1項の認可をするに当つて，都道府県知事は，その保護施設の存続期間を限り，又は保護の目的を達するために必要と認める条件を附することができる。
5　第2項の認可を受けた社会福祉法人又は日本赤十字社は，同項第一号又は第三号から第八号までに掲げる事項を変更しようとするときは，あらかじめ，都道府県知事の認可を受けなければならない。この認可の申請があつた場合には，第3項の規定を準用する。

（社会福祉法人及び日本赤十字社の保護施設の休止又は廃止）
第42条　社会福祉法人又は日本赤十字社は，保護施設を休止し，又は廃止しようとするときは，あらかじめ，その理由，現に入所中の被保護者に対する措置及び財産の処分方法を明らかにし，かつ，第70条，第72条又は第74条の規定により交付を受けた交付金又は補助金に残余額があるときは，これを返還して，休止又は廃止の時期について都道府県知事の認可を受けなければならない。

（指導）
第43条　都道府県知事は，保護施設の運営について，必要な指導をしなければならない。
2　社会福祉法人又は日本赤十字社の設置した保護施設に対する前項の指導については，市町村長が，これを補助するものとする。

（報告の徴収及び立入検査）
第44条　都道府県知事は，保護施設の管理者に対して，その業務若しくは会計の状況その他必要と認める事項の報告を命じ，又は当該職員に，その施設に立ち入り，その管理者からその設備及び会計書類，診療録その他の帳簿書類（その作成又は保存に代えて電磁的記録（電子的方式，磁気的方式その他人の知覚によつては認識することができない方式で作られる記録であつて，電子計算機による情報処理の用に供されるものをいう。）の作成又は保存がされている場合における当該電磁的記録を含む。第51条第2項第五号及び第54条第1項において同じ。）の閲覧及び説明を求めさせ，若しくはこれを検査させることができる。
2　第28条第3項及び第4項の規定は，前項の規定による立入検査について準用する。

（改善命令等）
第45条　厚生労働大臣は都道府県に対して，都道府県知事は市町村及び地方独立行政法人に対して，次に掲げる事由があるときは，その保護施設の設備若しくは運営の改善，その事業の停止又はその保護施設の廃止を命ずることができる。
一　その保護施設が第39条第1項の基準に適合しなくなつたとき。
二　その保護施設が存立の目的を失うに至つたとき。
三　その保護施設がこの法律若しくはこれに基づく命令又はこれらに基づいてする処分に違反したとき。
2　都道府県知事は，社会福祉法人又は日本赤十字社に対して，左に掲げる事由があるときは，その保護施設の設備若しくは運営の改善若しくはその事業の停止を命じ，又は第41条第2項の認可を取り消すことができる。
一　その保護施設が前項各号の1に該当するとき。
二　その保護施設が第41条第3項各号に規定する基準に適合しなくなつたとき。
三　その保護施設の経営につき営利を図る行為があつたとき。
四　正当な理由がないのに，第41条第2項第六号の予定年月日（同条第5項の規定により変更の認可を受けたときは，その認可を受けた予定年月日）までに事業を開始しないとき。
五　第41条第5項の規定に違反したとき。
3　前項の規定による処分に係る行政手続法第15条第1項又は第30条の通知は，聴聞の期日又は弁明を

記載した書面の提出期限（口頭による弁明の機会の付与を行う場合には，その日時）の14日前までにしなければならない。
 4 　都道府県知事は，第２項の規定による認可の取消しに係る行政手続法第15条第１項の通知をしたときは，聴聞の期日及び場所を公示しなければならない。
 5 　第２項の規定による認可の取消しに係る聴聞の期日における審理は，公開により行わなければならない。

（管理規程）
第46条　保護施設の設置者は，その事業を開始する前に，左に掲げる事項を明示した管理規程を定めなければならない。
　　一　事業の目的及び方針
　　二　職員の定数，区分及び職務内容
　　三　その施設を利用する者に対する処遇方法
　　四　その施設を利用する者が守るべき規律
　　五　入所者に作業を課する場合には，その作業の種類，方法，時間及び収益の処分方法
　　六　その他施設の管理についての重要事項
 2 　都道府県以外の者は，前項の管理規程を定めたときは，すみやかに，これを都道府県知事に届け出なければならない。届け出た管理規程を変更しようとするときも，同様とする。
 3 　都道府県知事は，前項の規定により届け出られた管理規程の内容が，その施設を利用する者に対する保護の目的を達するために適当でないと認めるときは，その管理規程の変更を命ずることができる。

（保護施設の義務）
第47条　保護施設は，保護の実施機関から保護のための委託を受けたときは，正当な理由なくして，これを拒んではならない。
 2 　保護施設は，要保護者の入所又は処遇に当たり，人種，信条，社会的身分又は門地により，差別的又は優先的な取扱いをしてはならない。
 3 　保護施設は，これを利用する者に対して，宗教上の行為，祝典，儀式又は行事に参加することを強制してはならない。
 4 　保護施設は，当該職員が第44条の規定によつて行う立入検査を拒んではならない。

（保護施設の長）
第48条　保護施設の長は，常に，その施設を利用する者の生活の向上及び更生を図ることに努めなければならない。
 2 　保護施設の長は，その施設を利用する者に対して，管理規程に従つて必要な指導をすることができる。
 3 　都道府県知事は，必要と認めるときは，前項の指導を制限し，又は禁止することができる。
 4 　保護施設の長は，その施設を利用する被保護者について，保護の変更，停止又は廃止を必要とする事由が生じたと認めるときは，すみやかに，保護の実施機関に，これを届け出なければならない。

　　　第７章　医療機関，介護機関及び助産機関
（医療機関の指定）
第49条　厚生労働大臣は，国の開設した病院若しくは診療所又は薬局について，都道府県知事は，その他の病院若しくは診療所（これらに準ずるものとして政令で定めるものを含む。）又は薬局について，この法律による医療扶助のための医療を担当させる機関を指定する。

（指定の申請及び基準）
第49条の２　厚生労働大臣による前条の指定は，厚生労働省令で定めるところにより，病院若しくは診療所又は薬局の開設者の申請により行う。
 2 　厚生労働大臣は，前項の申請があつた場合において，次の各号のいずれかに該当するときは，前条の指定をしてはならない。

一　当該申請に係る病院若しくは診療所又は薬局が，健康保険法（大正11年法律第70号）第63条第3項第一号に規定する保険医療機関又は保険薬局でないとき。
二　申請者が，禁錮以上の刑に処せられ，その執行を終わり，又は執行を受けることがなくなるまでの者であるとき。
三　申請者が，この法律その他国民の保健医療若しくは福祉に関する法律で政令で定めるものの規定により罰金の刑に処せられ，その執行を終わり，又は執行を受けることがなくなるまでの者であるとき。
四　申請者が，第51条第2項の規定により指定を取り消され，その取消しの日から起算して5年を経過しない者（当該取消しの処分に係る行政手続法第15条の規定による通知があつた日前60日以内に当該指定を取り消された病院若しくは診療所又は薬局の管理者であつた者で当該取消しの日から起算して5年を経過しないものを含む。）であるとき。ただし，当該指定の取消しの処分の理由となつた事実に関して申請者が有していた責任の程度を考慮して，この号本文に該当しないこととすることが相当であると認められるものとして厚生労働省令で定めるものに該当する場合を除く。
五　申請者が，第51条第2項の規定による指定の取消しの処分に係る行政手続法第15条の規定による通知があつた日から当該処分をする日又は処分をしないことを決定する日までの間に第51条第1項の規定による指定の辞退の申出をした者（当該指定の辞退について相当の理由がある者を除く。）で，当該申出の日から起算して5年を経過しないものであるとき。
六　申請者が，第54条第1項の規定による検査が行われた日から聴聞決定予定日（当該検査の結果に基づき第51条第2項の規定による指定の取消しの処分に係る聴聞を行うか否かの決定をすることが見込まれる日として厚生労働省令で定めるところにより厚生労働大臣が当該申請者に当該検査が行われた日から10日以内に特定の日を通知した場合における当該特定の日をいう。）までの間に第51条第1項の規定による指定の辞退の申出をした者（当該指定の辞退について相当の理由がある者を除く。）で，当該申出の日から起算して5年を経過しないものであるとき。
七　第五号に規定する期間内に第51条第1項の規定による指定の辞退の申出があつた場合において，申請者（当該指定の辞退について相当の理由がある者を除く。）が，同号の通知の日前60日以内に当該申出に係る病院若しくは診療所又は薬局の管理者であつた者で，当該申出の日から起算して5年を経過しないものであるとき。
八　申請者が，指定の申請前5年以内に被保護者の医療に関し不正又は著しく不当な行為をした者であるとき。
九　当該申請に係る病院若しくは診療所又は薬局の管理者が第二号から前号までのいずれかに該当する者であるとき。
3　厚生労働大臣は，第1項の申請があつた場合において，当該申請に係る病院若しくは診療所又は薬局が次の各号のいずれかに該当するときは，前条の指定をしないことができる。
一　被保護者の医療について，その内容の適切さを欠くおそれがあるとして重ねて第50条第2項の規定による指導を受けたものであるとき。
二　前号のほか，医療扶助のための医療を担当させる機関として著しく不適当と認められるものであるとき。
4　前3項の規定は，都道府県知事による前条の指定について準用する。この場合において，第1項中「診療所」とあるのは「診療所（前条の政令で定めるものを含む。次項及び第3項において同じ。）」と，第2項第一号中「又は保険薬局」とあるのは「若しくは保険薬局又は厚生労働省令で定める事業所若しくは施設」と読み替えるものとする。

（指定の更新）
第49条の3　第49条の指定は，6年ごとにその更新を受けなければ，その期間の経過によつて，その効力を失う。
2　前項の更新の申請があつた場合において，同項の期間（以下この条において「指定の有効期間」という。）の満了の日までにその申請に対する処分がされないときは，従前の指定は，指定の有効期間の満了後もその処分がされるまでの間は，なおその効力を有する。
3　前項の場合において，指定の更新がされたときは，その指定の有効期間は，従前の指定の有効期間の

満了の日の翌日から起算するものとする。
4　前条及び健康保険法第68条第2項の規定は，第1項の指定の更新について準用する。この場合において，必要な技術的読替えは，政令で定める。

（指定医療機関の義務）
第50条　第49条の規定により指定を受けた医療機関（以下「指定医療機関」という。）は，厚生労働大臣の定めるところにより，懇切丁寧に被保護者の医療を担当しなければならない。
2　指定医療機関は，被保護者の医療について，厚生労働大臣又は都道府県知事の行う指導に従わなければならない。

（変更の届出等）
第50条の2　指定医療機関は，当該指定医療機関の名称その他厚生労働省令で定める事項に変更があつたとき，又は当該指定医療機関の事業を廃止し，休止し，若しくは再開したときは，厚生労働省令で定めるところにより，10日以内に，その旨を第49条の指定をした厚生労働大臣又は都道府県知事に届け出なければならない。

（指定の辞退及び取消し）
第51条　指定医療機関は，30日以上の予告期間を設けて，その指定を辞退することができる。
2　指定医療機関が，次の各号のいずれかに該当するときは，厚生労働大臣の指定した医療機関については厚生労働大臣が，都道府県知事の指定した医療機関については都道府県知事が，その指定を取り消し，又は期間を定めてその指定の全部若しくは一部の効力を停止することができる。
　一　指定医療機関が，第49条の2第2項第一号から第三号まで又は第九号のいずれかに該当するに至つたとき。
　二　指定医療機関が，第49条の2第3項各号のいずれかに該当するに至つたとき。
　三　指定医療機関が，第50条又は次条の規定に違反したとき。
　四　指定医療機関の診療報酬の請求に関し不正があつたとき。
　五　指定医療機関が，第54条第1項の規定により報告若しくは診療録，帳簿書類その他の物件の提出若しくは提示を命ぜられてこれに従わず，又は虚偽の報告をしたとき。
　六　指定医療機関の開設者又は従業者が，第54条第1項の規定により出頭を求められてこれに応ぜず，同項の規定による質問に対して答弁せず，若しくは虚偽の答弁をし，又は同項の規定による検査を拒み，妨げ，若しくは忌避したとき。ただし，当該指定医療機関の従業者がその行為をした場合において，その行為を防止するため，当該指定医療機関の開設者が相当の注意及び監督を尽くしたときを除く。
　七　指定医療機関が，不正の手段により第49条の指定を受けたとき。
　八　前各号に掲げる場合のほか，指定医療機関が，この法律その他国民の保健医療若しくは福祉に関する法律で政令で定めるもの又はこれらの法律に基づく命令若しくは処分に違反したとき。
　九　前各号に掲げる場合のほか，指定医療機関が，被保護者の医療に関し不正又は著しく不当な行為をしたとき。
　十　指定医療機関の管理者が指定の取消し又は指定の全部若しくは一部の効力の停止をしようとするとき前5年以内に被保護者の医療に関し不正又は著しく不当な行為をした者であるとき。

（診療方針及び診療報酬）
第52条　指定医療機関の診療方針及び診療報酬は，国民健康保険の診療方針及び診療報酬の例による。
2　前項に規定する診療方針及び診療報酬によることのできないとき，及びこれによることを適当としないときの診療方針及び診療報酬は，厚生労働大臣の定めるところによる。

（医療費の審査及び支払）
第53条　都道府県知事は，指定医療機関の診療内容及び診療報酬の請求を随時審査し，且つ，指定医療機関が前条の規定によつて請求することのできる診療報酬の額を決定することができる。

 2 指定医療機関は，都道府県知事の行う前項の決定に従わなければならない。
 3 都道府県知事は，第1項の規定により指定医療機関の請求することのできる診療報酬の額を決定するに当つては，社会保険診療報酬支払基金法（昭和23年法律第129号）に定める審査委員会又は医療に関する審査機関で政令で定めるものの意見を聴かなければならない。
 4 都道府県，市及び福祉事務所を設置する町村は，指定医療機関に対する診療報酬の支払に関する事務を，社会保険診療報酬支払基金又は厚生労働省令で定める者に委託することができる。
 5 第1項の規定による診療報酬の額の決定については，行政不服審査法（昭和37年法律第160号）による不服申立てをすることができない。

（報告等）
第54条 都道府県知事（厚生労働大臣の指定に係る指定医療機関については，厚生労働大臣又は都道府県知事）は，医療扶助に関して必要があると認めるときは，指定医療機関若しくは指定医療機関の開設者若しくは管理者，医師，薬剤師その他の従業者であつた者（以下この項において「開設者であつた者等」という。）に対して，必要と認める事項の報告若しくは診療録，帳簿書類その他の物件の提出若しくは提示を命じ，指定医療機関の開設者若しくは管理者，医師，薬剤師その他の従業者（開設者であつた者等を含む。）に対し出頭を求め，又は当該職員に，関係者に対して質問させ，若しくは当該指定医療機関について実地に，その設備若しくは診療録，帳簿書類その他の物件を検査させることができる。
 2 第28条第3項及び第4項の規定は，前項の規定による検査について準用する。

（介護機関の指定等）
第54条の2 厚生労働大臣は，国の開設した地域密着型介護老人福祉施設，介護老人福祉施設又は介護老人保健施設について，都道府県知事は，その他の地域密着型介護老人福祉施設，介護老人福祉施設若しくは介護老人保健施設，その事業として居宅介護を行う者若しくはその事業として居宅介護支援計画を作成する者，特定福祉用具販売事業者，その事業として介護予防を行う者若しくはその事業として介護予防支援計画を作成する者又は特定介護予防福祉用具販売事業者について，この法律による介護扶助のための居宅介護若しくは居宅介護支援計画の作成，福祉用具の給付，施設介護，介護予防若しくは介護予防支援計画の作成又は介護予防福祉用具の給付を担当させる機関を指定する。
 2 介護機関について，別表第二の上欄に掲げる介護機関の種類に応じ，それぞれ同表の中欄に掲げる指定又は許可があつたときは，その介護機関は，その指定又は許可の時に前項の指定を受けたものとみなす。ただし，当該介護機関（地域密着型介護老人福祉施設及び介護老人福祉施設を除く。）が，厚生労働省令で定めるところにより，あらかじめ，別段の申出をしたときは，この限りではない。
 3 前項の規定により第1項の指定を受けたものとみなされた別表第二の上欄に掲げる介護機関に係る同項の指定は，当該介護機関が同表の下欄に掲げる場合に該当するときは，その効力を失う。
 4 第49条の2（第2項第一号を除く。）の規定は，第1項の指定について，第50条から前条までの規定は，同項の規定により指定を受けた介護機関（第2項本文の規定により第1項の指定を受けたものとみなされたものを含む。）について準用する。この場合において，第50条及び第50条の2中「指定医療機関」とあるのは「指定介護機関」と，第51条第1項中「指定医療機関」とあるのは「指定介護機関（地域密着型介護老人福祉施設及び介護老人福祉施設に係るものを除く。）」と，同条第2項，第52条第1項及び第53条第1項から第3項までの規定中「指定医療機関」とあるのは「指定介護機関」と，同項中「社会保険診療報酬支払基金法（昭和23年法律第129号）に定める審査委員会又は医療に関する審査機関で政令で定めるもの」とあるのは「介護保険法に定める介護給付費審査委員会」と，同条第4項中「指定医療機関」とあるのは「指定介護機関」と，「社会保険診療報酬支払基金又は厚生労働省令で定める者」とあるのは「国民健康保険団体連合会」と，前条第1項中「指定医療機関」とあるのは「指定介護機関」と読み替えるものとするほか，必要な技術的読替えは，政令で定める。

（助産機関及び施術機関の指定等）
第55条 都道府県知事は，助産師又はあん摩マツサージ指圧師，はり師，きゆう師若しくは柔道整復師について，この法律による出産扶助のための助産又はこの法律による医療扶助のための施術を担当させる

機関を指定する。
2 　第49条の２第１項，第２項（第一号，第四号ただし書，第七号及び第九号を除く。）及び第３項の規定は，前項の指定について，第50条，第50条の２，第51条（第２項第四号，第六号ただし書及び第十号を除く。）及び第54条の規定は，前項の規定により指定を受けた助産師並びにあん摩マッサージ指圧師，はり師，きゅう師及び柔道整復師について準用する。この場合において，第49条の２第１項及び第２項中「厚生労働大臣」とあるのは「都道府県知事」と，同項第四号中「者（当該取消しの処分に係る行政手続法第15条の規定による通知があつた日前60日以内に当該指定を取り消された病院若しくは診療所又は薬局の管理者であつた者で当該取消しの日から起算して５年を経過しないものを含む。）」とあるのは「者」と，同条第３項中「厚生労働大臣」とあるのは「都道府県知事」と，第50条第１項中「医療機関（以下「指定医療機関」とあるのは「助産師又はあん摩マッサージ指圧師，はり師，きゅう師若しくは柔道整復師（以下それぞれ「指定助産機関」又は「指定施術機関」と，同条第２項中「指定医療機関」とあるのは「指定助産機関又は指定施術機関」と，「厚生労働大臣又は都道府県知事」とあるのは「都道府県知事」と，第50条の２中「指定医療機関は」とあるのは「指定助産機関又は指定施術機関は」と，「指定医療機関の」とあるのは「指定助産機関若しくは指定施術機関の」と，「厚生労働大臣又は都道府県知事」とあるのは「都道府県知事」と，第51条第１項中「指定医療機関」とあるのは「指定助産機関又は指定施術機関」と，同条第２項中「指定医療機関が，次の」とあるのは「指定助産機関又は指定施術機関が，次の」と，「厚生労働大臣の指定した医療機関については厚生労働大臣が，都道府県知事の指定した医療機関については都道府県知事が」とあるのは「都道府県知事は」と，同項第一号から第三号まで及び第五号中「指定医療機関」とあるのは「指定助産機関又は指定施術機関」と，同項第六号中「指定医療機関の開設者又は従業者」とあるのは「指定助産機関又は指定施術機関」と，同項第七号から第九号までの規定中「指定医療機関」とあるのは「指定助産機関又は指定施術機関」と，第54条第１項中「都道府県知事（厚生労働大臣の指定に係る指定医療機関については，厚生労働大臣又は都道府県知事）」とあるのは「都道府県知事」と，「指定医療機関若しくは指定医療機関の開設者若しくは管理者，医師，薬剤師その他の従業者であつた者（以下この項において「開設者であつた者等」という。）」とあり，及び「指定医療機関の開設者若しくは管理者，医師，薬剤師その他の従業者（開設者であつた者等を含む。）」とあるのは「指定助産機関若しくは指定施術機関若しくはこれらであつた者」と，「当該指定医療機関」とあるのは「当該指定助産機関若しくは指定施術機関」と読み替えるものとするほか，必要な技術的読替えは，政令で定める。

（医療保護施設への準用）
第55条の２　第52条及び第53条の規定は，医療保護施設について準用する。

（告示）
第55条の３　厚生労働大臣又は都道府県知事は，次に掲げる場合には，その旨を告示しなければならない。
　一　第49条，第54条の２第１項又は第55条第１項の指定をしたとき。
　二　第50条の２（第54条の２第４項及び第55条第２項において準用する場合を含む。）の規定による届出があつたとき。
　三　第51条第１項（第54条の２第４項及び第55条第２項において準用する場合を含む。）の規定による第49条，第54条の二第１項又は第55条第１項の指定の辞退があつたとき。
　四　第51条第２項（第54条の２第４項及び第55条第２項において準用する場合を含む。）の規定により第49条，第54条の２第１項又は第55条第１項の指定を取り消したとき。

　　　第８章　就労自立給付金
（就労自立給付金の支給）
第55条の４　都道府県知事，市長及び福祉事務所を管理する町村長は，被保護者の自立の助長を図るため，その管理に属する福祉事務所の所管区域内に居住地を有する（居住地がないか，又は明らかでないときは，当該所管区域内にある）被保護者であつて，厚生労働省令で定める安定した職業に就いたことその他厚生労働省令で定める事由により保護を必要としなくなつたと認めたものに対して，厚生労働省令で

定めるところにより，就労自立給付金を支給する。
2　前項の規定により就労自立給付金を支給する者（以下「支給機関」という。）は，就労自立給付金の支給に関する事務の全部又は一部を，その管理に属する行政庁に限り，委任することができる。
3　支給機関は，就労自立給付金の支給に関する事務の一部を，政令で定めるところにより，他の支給機関に委託して行うことを妨げない。

（報告）
第55条の5　支給機関は，就労自立給付金の支給又は第78条第3項の規定の施行のために必要があると認めるときは，被保護者若しくは被保護者であつた者又はこれらの者の雇主その他の関係人に，報告を求めることができる。

　　　　第9章　被保護者の権利及び義務
（不利益変更の禁止）
第56条　被保護者は，正当な理由がなければ，既に決定された保護を，不利益に変更されることがない。

（公課禁止）
第57条　被保護者は，保護金品を標準として租税その他の公課を課せられることがない。

（差押禁止）
第58条　被保護者は，既に給与を受けた保護金品又はこれを受ける権利を差し押えられることがない。

（譲渡禁止）
第59条　保護又は就労自立給付金の支給を受ける権利は，譲り渡すことができない。

（生活上の義務）
第60条　被保護者は，常に，能力に応じて勤労に励み，自ら，健康の保持及び増進に努め，収入，支出その他生計の状況を適切に把握するとともに支出の節約を図り，その他生活の維持及び向上に努めなければならない。

（届出の義務）
第61条　被保護者は，収入，支出その他生計の状況について変動があつたとき，又は居住地若しくは世帯の構成に異動があつたときは，すみやかに，保護の実施機関又は福祉事務所長にその旨を届け出なければならない。

（指示等に従う義務）
第62条　被保護者は，保護の実施機関が，第30条第1項ただし書の規定により，被保護者を救護施設，更生施設若しくはその他の適当な施設に入所させ，若しくはこれらの施設に入所を委託し，若しくは私人の家庭に養護を委託して保護を行うことを決定したとき，又は第27条の規定により，被保護者に対し，必要な指導又は指示をしたときは，これに従わなければならない。
2　保護施設を利用する被保護者は，第46条の規定により定められたその保護施設の管理規程に従わなければならない。
3　保護の実施機関は，被保護者が前2項の規定による義務に違反したときは，保護の変更，停止又は廃止をすることができる。
4　保護の実施機関は，前項の規定により保護の変更，停止又は廃止の処分をする場合には，当該被保護者に対して弁明の機会を与えなければならない。この場合においては，あらかじめ，当該処分をしようとする理由，弁明をすべき日時及び場所を通知しなければならない。
5　第3項の規定による処分については，行政手続法第3章（第12条及び第14条を除く。）の規定は，適用しない。

（費用返還義務）
第63条　被保護者が，急迫の場合等において資力があるにもかかわらず，保護を受けたときは，保護に要する費用を支弁した都道府県又は市町村に対して，すみやかに，その受けた保護金品に相当する金額の範囲内において保護の実施機関の定める額を返還しなければならない。

　　　第10章　不服申立て
（審査庁）
第64条　第19条第4項の規定により市町村長が保護の決定及び実施に関する事務の全部又は一部をその管理に属する行政庁に委任した場合における当該事務に関する処分並びに第55条の4第2項の規定により市町村長が就労自立給付金の支給に関する事務の全部又は一部をその管理に属する行政庁に委任した場合における当該事務に関する処分についての審査請求は，都道府県知事に対してするものとする。

（裁決をすべき期間）
第65条　厚生労働大臣又は都道府県知事は，保護の決定及び実施に関する処分又は就労自立給付金の支給に関する処分についての審査請求があつたときは，50日以内に，当該審査請求に対する裁決をしなければならない。
　2　審査請求人は，前項の期間内に裁決がないときは，厚生労働大臣又は都道府県知事が審査請求を棄却したものとみなすことができる。

（再審査請求）
第66条　市町村長がした保護の決定及び実施に関する処分若しくは市町村長の管理に属する行政庁が第19条第4項の規定による委任に基づいてした処分に係る審査請求についての都道府県知事の裁決又は市町村長がした就労自立給付金の支給に関する処分若しくは市町村長の管理に属する行政庁が第55条の4第2項の規定による委任に基づいてした処分に係る審査請求についての都道府県知事の裁決に不服がある者は，厚生労働大臣に対して再審査請求をすることができる。
　2　前条第1項の規定は，再審査請求の裁決について準用する。この場合において，同項中「50日」とあるのは，「70日」と読み替えるものとする。

第67条　削除
第68条　削除

（審査請求と訴訟との関係）
第69条　この法律の規定に基づき保護の実施機関又は支給機関がした処分の取消しの訴えは，当該処分についての審査請求に対する裁決を経た後でなければ，提起することができない。

　　　第11章　費用
（市町村の支弁）
第70条　市町村は，次に掲げる費用を支弁しなければならない。
　一　その長が第19条第1項の規定により行う保護（同条第5項の規定により委託を受けて行う保護を含む。）に関する次に掲げる費用
　　イ　保護の実施に要する費用（以下「保護費」という。）
　　ロ　第30条第1項ただし書，第33条第2項又は第36条第2項の規定により被保護者を保護施設に入所させ，若しくは入所を委託し，又は保護施設を利用させ，若しくは保護施設にこれを委託する場合に，これに伴い必要な保護施設の事務費（以下「保護施設事務費」という。）
　　ハ　第30条第1項ただし書の規定により被保護者を適当な施設に入所させ，若しくはその入所を適当な施設に委託し，又は私人の家庭に養護を委託する場合に，これに伴い必要な事務費（以下「委託事務費」という。）
　二　その長の管理に属する福祉事務所の所管区域内に居住地を有する者に対して，都道府県知事又は他の市町村長が第19条第2項の規定により行う保護（同条第5項の規定により委託を受けて行う保

護を含む。）に関する保護費，保護施設事務費及び委託事務費
- 三　その長の管理に属する福祉事務所の所管区域内に居住地を有する者に対して，他の町村長が第19条第6項の規定により行う保護に関する保護費，保護施設事務費及び委託事務費
- 四　その設置する保護施設の設備に要する費用（以下「設備費」という。）
- 五　その長が第55条の4第1項の規定により行う就労自立給付金の支給（同条第3項の規定により委託を受けて行うものを含む。）に要する費用
- 六　この法律の施行に伴い必要なその人件費
- 七　この法律の施行に伴い必要なその事務費（以下「行政事務費」という。）

（都道府県の支弁）

第71条　都道府県は，次に掲げる費用を支弁しなければならない。
- 一　その長が第19条第1項の規定により行う保護（同条第5項の規定により委託を受けて行う保護を含む。）に関する保護費，保護施設事務費及び委託事務費
- 二　その長の管理に属する福祉事務所の所管区域内に居住地を有する者に対して，他の都道府県知事又は市町村長が第19条第2項の規定により行う保護（同条第5項の規定により委託を受けて行う保護を含む。）に関する保護費，保護施設事務費及び委託事務費
- 三　その長の管理に属する福祉事務所の所管区域内に現在地を有する者（その所管区域外に居住地を有する者を除く。）に対して，町村長が第19条第6項の規定により行う保護に関する保護費，保護施設事務費及び委託事務費
- 四　その設置する保護施設の設備費
- 五　その長が第55条の4第1項の規定により行う就労自立給付金の支給（同条第3項の規定により委託を受けて行うものを含む。）に要する費用
- 六　この法律の施行に伴い必要なその人件費
- 七　この法律の施行に伴い必要なその行政事務費

（繰替支弁）

第72条　都道府県，市及び福祉事務所を設置する町村は，政令の定めるところにより，その長の管理に属する福祉事務所の所管区域内の保護施設，指定医療機関その他これらに準ずる施設で厚生労働大臣の指定するものにある被保護者につき他の都道府県又は市町村が支弁すべき保護費及び保護施設事務費を一時繰替支弁しなければならない。

2　都道府県，市及び福祉事務所を設置する町村は，その長が第19条第2項の規定により行う保護（同条第5項の規定により委託を受けて行う保護を含む。）に関する保護費，保護施設事務費及び委託事務費を一時繰替支弁しなければならない。

3　町村は，その長が第19条第6項の規定により行う保護に関する保護費，保護施設事務費及び委託事務費を一時繰替支弁しなければならない。

（都道府県の負担）

第73条　都道府県は，政令で定めるところにより，次に掲げる費用を負担しなければならない。
- 一　居住地がないか，又は明らかでない被保護者につき市町村が支弁した保護費，保護施設事務費及び委託事務費の4分の1
- 二　宿所提供施設又は児童福祉法（昭和22年法律第164号）第38条に規定する母子生活支援施設（第四号において「母子生活支援施設」という。）にある被保護者（これらの施設を利用するに至る前からその施設の所在する市町村の区域内に居住地を有していた被保護者を除く。同号において同じ。）につきこれらの施設の所在する市町村が支弁した保護費，保護施設事務費及び委託事務費の4分の1
- 三　居住地がないか，又は明らかでない被保護者につき市町村が支弁した就労自立給付金費（就労自立給付金の支給に要する費用をいう。以下同じ。）の4分の1
- 四　宿所提供施設又は母子生活支援施設にある被保護者につきこれらの施設の所在する市町村が支弁した就労自立給付金費の4分の1

（都道府県の補助）
第74条　都道府県は，左に掲げる場合においては，第41条の規定により設置した保護施設の修理，改造，拡張又は整備に要する費用の4分の3以内を補助することができる。
　　一　その保護施設を利用することがその地域における被保護者の保護のため極めて効果的であるとき。
　　二　その地域に都道府県又は市町村の設置する同種の保護施設がないか，又はあつてもこれに収容若しくは供用の余力がないとき。
　2　第43条から第45条までに規定するものの外，前項の規定により補助を受けた保護施設に対する監督については，左の各号による。
　　一　厚生労働大臣は，その保護施設に対して，その業務又は会計の状況について必要と認める事項の報告を命ずることができる。
　　二　厚生労働大臣及び都道府県知事は，その保護施設の予算が，補助の効果を上げるために不適当と認めるときは，その予算について，必要な変更をすべき旨を指示することができる。
　　三　厚生労働大臣及び都道府県知事は，その保護施設の職員が，この法律若しくはこれに基く命令又はこれらに基いてする処分に違反したときは，当該職員を解職すべき旨を指示することができる。

（準用規定）
第74条の2　社会福祉法第58条第2項から第4項までの規定は，国有財産特別措置法（昭和27年法律第219号）第2条第2項第一号の規定又は同法第3条第1項第四号及び同条第2項の規定により普通財産の譲渡又は貸付を受けた保護施設に準用する。

（国の負担及び補助）
第75条　国は，政令で定めるところにより，次に掲げる費用を負担しなければならない。
　　一　市町村及び都道府県が支弁した保護費，保護施設事務費及び委託事務費の4分の3
　　二　市町村及び都道府県が支弁した就労自立給付金費の4分の3
　2　国は，政令の定めるところにより，都道府県が第74条第1項の規定により保護施設の設置者に対して補助した金額の3分の2以内を補助することができる。

（遺留金品の処分）
第76条　第18条第2項の規定により葬祭扶助を行う場合においては，保護の実施機関は，その死者の遺留の金銭及び有価証券を保護費に充て，なお足りないときは，遺留の物品を売却してその代金をこれに充てることができる。
　2　都道府県又は市町村は，前項の費用について，その遺留の物品の上に他の債権者の先取特権に対して優先権を有する。

（損害賠償請求権）
第76条の2　都道府県又は市町村は，被保護者の医療扶助又は介護扶助を受けた事由が第三者の行為によつて生じたときは，その支弁した保護費の限度において，被保護者が当該第三者に対して有する損害賠償の請求権を取得する。

（時効）
第76条の3　就労自立給付金の支給を受ける権利は，2年を経過したときは，時効によつて消滅する。

（費用等の徴収）
第77条　被保護者に対して民法の規定により扶養の義務を履行しなければならない者があるときは，その義務の範囲内において，保護費を支弁した都道府県又は市町村の長は，その費用の全部又は一部を，その者から徴収することができる。
　2　前項の場合において，扶養義務者の負担すべき額について，保護の実施機関と扶養義務者の間に協議が調わないとき，又は協議をすることができないときは，保護の実施機関の申立により家庭裁判所が，これを定める。

第78条　不実の申請その他不正な手段により保護を受け，又は他人をして受けさせた者があるときは，保護費を支弁した都道府県又は市町村の長は，その費用の額の全部又は一部を，その者から徴収するほか，その徴収する額に100分の40を乗じて得た額以下の金額を徴収することができる。
2　偽りその他不正の行為によつて医療，介護又は助産若しくは施術の給付に要する費用の支払を受けた指定医療機関，指定介護機関又は指定助産機関若しくは指定施術機関があるときは，当該費用を支弁した都道府県又は市町村の長は，その支弁した額のうち返還させるべき額をその指定医療機関，指定介護機関又は指定助産機関若しくは指定施術機関から徴収するほか，その返還させるべき額に100分の40を乗じて得た額以下の金額を徴収することができる。
3　偽りその他不正な手段により就労自立給付金の支給を受け，又は他人をして受けさせた者があるときは，就労自立給付金費を支弁した都道府県又は市町村の長は，その費用の額の全部又は一部を，その者から徴収するほか，その徴収する額に400分の40を乗じて得た額以下の金額を徴収することができる。
4　前3項の規定による徴収金は，この法律に別段の定めがある場合を除き，国税徴収の例により徴収することができる。

第78条の2　保護の実施機関は，被保護者が，保護金品（金銭給付によつて行うものに限る。）の交付を受ける前に，厚生労働省令で定めるところにより，当該保護金品の一部を，前条第1項の規定により保護費を支弁した都道府県又は市町村の長が徴収することができる徴収金の納入に充てる旨を申し出た場合において，保護の実施機関が当該被保護者の生活の維持に支障がないと認めたときは，厚生労働省令で定めるところにより，当該被保護者に対して保護金品を交付する際に当該申出に係る徴収金を徴収することができる。
2　支給機関は，被保護者が，就労自立給付金の支給を受ける前に，厚生労働省令で定めるところにより，当該就労自立給付金の額の全部又は一部を，前条第1項の規定により保護費を支弁した都道府県又は市町村の長が徴収することができる徴収金の納入に充てる旨を申し出たときは，厚生労働省令で定めるところにより，当該被保護者に対して就労自立給付金を支給する際に当該申出に係る徴収金を徴収することができる。
3　前2項の規定により前条第1項の規定による徴収金が徴収されたときは，当該被保護者に対して当該保護金品（第1項の申出に係る部分に限る。）の交付又は当該就労自立給付金（前項の申出に係る部分に限る。）の支給があつたものとみなす。

（返還命令）
第79条　国又は都道府県は，左に掲げる場合においては，補助金又は負担金の交付を受けた保護施設の設置者に対して，既に交付した補助金又は負担金の全部又は一部の返還を命ずることができる。
　一　補助金又は負担金の交付条件に違反したとき。
　二　詐偽その他不正の手段をもつて，補助金又は負担金の交付を受けたとき。
　三　保護施設の経営について，営利を図る行為があつたとき。
　四　保護施設が，この法律若しくはこれに基く命令又はこれらに基いてする処分に違反したとき。

（返還の免除）
第80条　保護の実施機関は，保護の変更，廃止又は停止に伴い，前渡した保護金品の全部又は一部を返還させるべき場合において，これを消費し，又は喪失した被保護者に，やむを得ない事由があると認めるときは，これを返還させないことができる。

　　第12章　雑則
（後見人選任の請求）
第81条　被保護者が未成年者又は成年被後見人である場合において，親権者及び後見人の職務を行う者がないときは，保護の実施機関は，すみやかに，後見人の選任を家庭裁判所に請求しなければならない。

（町村の一部事務組合等）
第82条　町村が一部事務組合又は広域連合を設けて福祉事務所を設置した場合には，この法律の適用については，その一部事務組合又は広域連合を福祉事務所を設置する町村とみなし，その一部事務組合の管理者（地方自治法（昭和22年法律第67号）第287条の3第2項の規定により管理者に代えて理事会を置く同法第285条の一部事務組合にあつては，理事会）又は広域連合の長（同法第291条の13において準用する同法第287条の3第2項の規定により長に代えて理事会を置く広域連合にあつては，理事会）を福祉事務所を管理する町村長とみなす。

（保護の実施機関が変更した場合の経過規定）
第83条　町村の福祉事務所の設置又は廃止により保護の実施機関に変更があつた場合においては，変更前の保護の実施機関がした保護の開始又は変更の申請の受理及び保護に関する決定は，変更後の保護の実施機関がした申請の受理又は決定とみなす。但し，変更前に行われ，又は行われるべきであつた保護に関する費用の支弁及び負担については，変更がなかつたものとする。

（厚生労働大臣への通知）
第83条の2　都道府県知事は，指定医療機関について第51条第2項の規定によりその指定を取り消し，又は期間を定めてその指定の全部若しくは一部の効力を停止した場合において，健康保険法第80条各号のいずれかに該当すると疑うに足りる事実があるときは，厚生労働省令で定めるところにより，厚生労働大臣に対し，その事実を通知しなければならない。

（実施命令）
第84条　この法律で政令に委任するものを除く外，この法律の実施のための手続その他その執行について必要な細則は，厚生労働省令で定める。

（大都市等の特例）
第84条の2　この法律中都道府県が処理することとされている事務で政令で定めるものは，地方自治法第252条の19第1項の指定都市（以下「指定都市」という。）及び同法第252条の22第1項の中核市（以下「中核市」という。）においては，政令の定めるところにより，指定都市又は中核市（以下「指定都市等」という。）が処理するものとする。この場合においては，この法律中都道府県に関する規定は，指定都市等に関する規定として指定都市等に適用があるものとする。
2　第66条第1項の規定は，前項の規定により指定都市等の長がした処分に係る不服申立てについて準用する。

（保護の実施機関についての特例）
第84条の3　身体障害者福祉法（昭和24年法律第283号）第18条第2項の規定により障害者の日常生活及び社会生活を総合的に支援するための法律（平成17年法律第123号）第5条第11項に規定する障害者支援施設（以下この条において「障害者支援施設」という。）に入所している者，知的障害者福祉法（昭和35年法律第37号）第16条第1項第2号の規定により障害者支援施設若しくは独立行政法人国立重度知的障害者総合施設のぞみの園法（平成14年法律第167号）第11条第一号の規定により独立行政法人国立重度知的障害者総合施設のぞみの園が設置する施設（以下この条において「のぞみの園」という。）に入所している者，老人福祉法（昭和38年法律第133号）第11条第1項第一号の規定により養護老人ホームに入所し，若しくは同項第二号の規定により特別養護老人ホームに入所している者又は障害者の日常生活及び社会生活を総合的に支援するための法律第29条第1項若しくは第30条第1項の規定により同法第19条第1項に規定する介護給付費等の支給を受けて障害者支援施設，のぞみの園若しくは同法第5条第1項の厚生労働省令で定める施設に入所している者に対する保護については，その者がこれらの施設に引き続き入所している間，その者は，第30条第1項ただし書の規定により入所しているものとみなして，第19条第3項の規定を適用する。

（緊急時における厚生労働大臣の事務執行）
第84条の4　第54条第1項（第54条の2第4項及び第55条第2項において準用する場合を含む。）の規定により都道府県知事の権限に属するものとされている事務は，被保護者の利益を保護する緊急の必要があると厚生労働大臣が認める場合にあつては，厚生労働大臣又は都道府県知事が行うものとする。この場合においては，この法律の規定中都道府県知事に関する規定（当該事務に係るものに限る。）は，厚生労働大臣に関する規定として厚生労働大臣に適用があるものとする。
　2　前項の場合において，厚生労働大臣又は都道府県知事が当該事務を行うときは，相互に密接な連携の下に行うものとする。

（事務の区分）
第84条の5　別表第三の上欄に掲げる地方公共団体がそれぞれ同表の下欄に掲げる規定により処理することとされている事務は，地方自治法第2条第9項第一号に規定する第一号法定受託事務とする。

（権限の委任）
第84条の6　この法律に規定する厚生労働大臣の権限は，厚生労働省令で定めるところにより，地方厚生局長に委任することができる。
　2　前項の規定により地方厚生局長に委任された権限は，厚生労働省令で定めるところにより，地方厚生支局長に委任することができる。

（罰則）
第85条　不実の申請その他不正な手段により保護を受け，又は他人をして受けさせた者は，3年以下の懲役又は100万円以下の罰金に処する。ただし，刑法（明治40年法律第45号）に正条があるときは，刑法による。
　2　偽りその他不正な手段により就労自立給付金の支給を受け，又は他人をして受けさせた者は，3年以下の懲役又は100万円以下の罰金に処する。ただし，刑法に正条があるときは，刑法による。
第86条　第44条第1項，第54条第1項（第54条の2第4項及び第55条第2項において準用する場合を含む。以下この項において同じ。），第55条の5若しくは第74条第2項第一号の規定による報告を怠り，若しくは虚偽の報告をし，第54条第1項の規定による物件の提出若しくは提示をせず，若しくは虚偽の物件の提出若しくは提示をし，若しくは同項の規定による当該職員の質問に対して，答弁せず，若しくは虚偽の答弁をし，又は第28条第1項（要保護者が違反した場合を除く。），第44条第1項若しくは第54条第1項の規定による当該職員の調査若しくは検査を拒み，妨げ，若しくは忌避した者は，30万円以下の罰金に処する。
　2　法人の代表者又は法人若しくは人の代理人，使用人その他の従業者が，その法人又は人の業務に関し，前項の違反行為をしたときは，行為者を罰するほか，その法人又は人に対しても前項の刑を科する。

　　附　則　抄

資　料

5. 生活保護制度における生活扶助基準額の算出方法（平成26年4月）

【最低生活費＝Ａ＋Ｂ＋Ｃ＋Ｄ＋Ｅ＋Ｆ】　　　　　　　　　　　　　　　　　　　　　　（単位：円／月額）

生活扶助基準（第1類）

年齢	基準額①						基準額②					
	1級地-1	1級地-2	2級地-1	2級地-2	3級地-1	3級地-2	1級地-1	1級地-2	2級地-1	2級地-2	3級地-1	3級地-2
0～2	21,510	20,540	19,570	18,600	17,640	16,670	26,660	25,520	24,100	23,540	22,490	21,550
3～5	27,110	25,890	24,680	23,450	22,240	21,010	29,970	28,690	27,090	26,470	25,290	24,220
6～11	35,060	33,480	31,900	30,320	28,750	27,170	34,390	32,920	31,090	30,360	29,010	27,790
12～19	43,300	41,360	39,400	37,460	35,510	33,560	39,170	37,500	35,410	34,580	33,040	31,650
20～40	41,440	39,580	37,710	35,840	33,980	32,120	38,430	36,790	34,740	33,930	32,420	31,060
41～59	39,290	37,520	35,750	33,990	32,220	30,450	39,360	37,670	35,570	34,740	33,210	31,810
60～69	37,150	35,480	33,800	32,140	30,460	28,790	38,990	37,320	35,230	34,420	32,890	31,510
70～	33,280	32,020	30,280	29,120	27,290	26,250	33,830	32,380	30,580	29,870	28,540	27,340

↓　　　　　　　　　　　　　　　　　　　　　　　　　↓

世帯人員	逓減率①						逓減率②					
	1級地-1	1級地-2	2級地-1	2級地-2	3級地-1	3級地-2	1級地-1	1級地-2	2級地-1	2級地-2	3級地-1	3級地-2
1人	1.000	1.000	1.000	1.000	1.000	1.000	1.0000	1.0000	1.0000	1.0000	1.0000	1.0000
2人	1.000	1.000	1.000	1.000	1.000	1.000	0.8850	0.8850	0.8850	0.8850	0.8850	0.8850
3人	1.000	1.000	1.000	1.000	1.000	1.000	0.8350	0.8350	0.8350	0.8350	0.8350	0.8350
4人	0.950	0.950	0.950	0.950	0.950	0.950	0.7675	0.7675	0.7675	0.7675	0.7675	0.7675
5人	0.900	0.900	0.900	0.900	0.900	0.900	0.7140	0.7140	0.7140	0.7140	0.7140	0.7140

↓　　　　　　　　　　　　　　　　　　　　　　　　　↓

生活扶助基準（第2類）

世帯人員	基準額①						基準額②					
	1級地-1	1級地-2	2級地-1	2級地-2	3級地-1	3級地-2	1級地-1	1級地-2	2級地-1	2級地-2	3級地-1	3級地-2
1人	44,690	42,680	40,670	38,660	36,640	34,640	40,800	39,050	36,880	36,030	34,420	32,970
2人	49,460	47,240	45,010	42,790	40,560	38,330	50,180	48,030	45,360	44,310	42,340	40,550
3人	54,840	52,370	49,900	47,440	44,970	42,500	59,170	56,630	53,480	52,230	49,920	47,810
4人	56,760	54,210	51,660	49,090	46,540	43,990	61,620	58,970	55,690	54,390	51,970	49,780
5人	57,210	54,660	52,070	49,510	46,910	44,360	65,690	62,880	59,370	57,990	55,420	53,090

※冬季（11月～翌3月）には地区別に冬季加算が別途計上される。（札幌市の例：4人世帯の場合は月額40,100円）

↓　　　　　　　　　　　　　　　　　　　　　　　　　↓

生活扶助基準（第1類＋第2類）①　　　　　**生活扶助基準（第1類＋第2類）②**

※各居宅世帯員の第1類基準額を合計し、世帯人員に応じた逓減率を乗じ、世帯人員に応じた第2類基準額を加える。

↓

生活扶助基準（第1類＋第2類）①の3分の1＋生活扶助基準（第1類＋第2類）②の3分の2【Ａ】

※「生活扶助基準（第1類＋第2類）②」が「生活扶助基準（第1類＋第2類）①×0.9」より少ない場合は、「生活扶助基準（第1類＋第2類）②」を「生活扶助基準（第1類＋第2類）①×0.9」に読み替える。

加算額【B】			
	1級地	2級地	3級地
障害者			
身体障害者障害程度等級表1・2級に該当する者等	26,750	24,880	23,010
身体障害者障害程度等級表3級に該当する者等	17,820	16,590	15,340
母子世帯等			
児童1人の場合	23,170	21,560	19,940
児童2人の場合	25,000	23,270	21,540
3人以上の児童1人につき加える額	940	870	800
中学校修了前の子どもを養育する場合	15,000（3歳未満の場合）（子ども1人につき）		

①該当者がいるときだけ，その分を加える。
②入院患者，施設入所者は金額が異なる場合がある。
③このほか，「妊産婦」などがいる場合は，別途妊産婦加算等がある
④児童とは，18歳になる日以後の最初の3月31日までの者。
⑤障害者加算と母子加算は併給できない。

住宅扶助基準【C】			
	1級地	2級地	3級地
実際に支払っている家賃・地代	69,800	69,800	53,200

※東京都の例。基準額の範囲内で実費相当が支給される。

教育扶助基準，高等学校等就学費【D】			
	小学生	中学生	高校生
基準額	2,210	4,290	5,450
学習支援費	2,630	4,450	5,150

※このほか必要に応じ，教材費・入学金（高校生の場合）などの実費が計上される。

介護扶助基準【E】
居住介護等にかかった介護等の平均月額

医療扶助基準【F】
診療等にかかった医療費の平均月額

最低生活費認定額

※このほか，出産，葬祭などがある場合は，それらの経費の一定額がさらに加算される。
出所）生活保護制度研究会編『保護のてびき　平成26年度版』第一法規，pp.58-59

資　料

6. 収入認定額の計算の仕方…①から②，③，④をすべて引いて下さい。

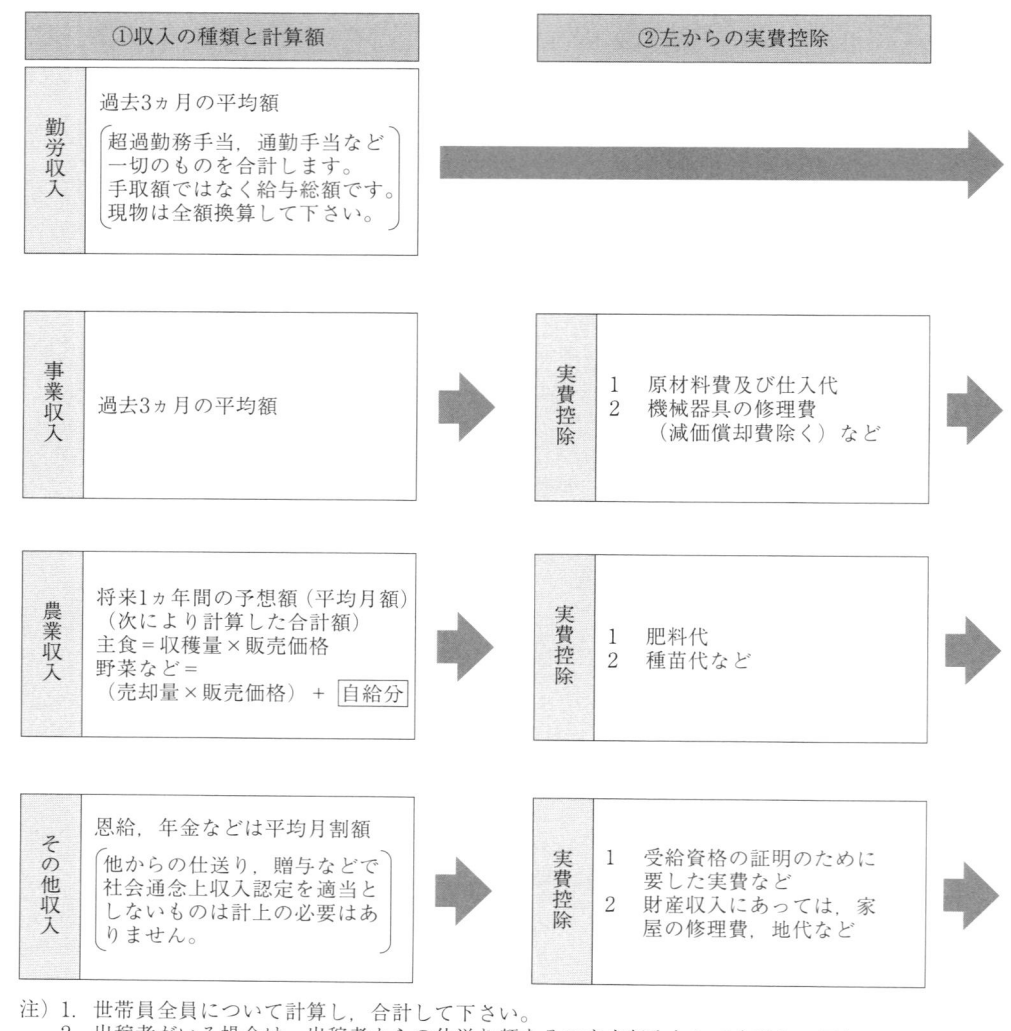

①収入の種類と計算額		②左からの実費控除	
勤労収入	過去3ヵ月の平均額 （超過勤務手当，通勤手当など一切のものを合計します。 手取額ではなく給与総額です。 現物は全額換算して下さい。）	→	
事業収入	過去3ヵ月の平均額	実費控除　1　原材料費及び仕入代 2　機械器具の修理費 　（減価償却費除く）　など	→
農業収入	将来1ヵ年間の予想額（平均月額） （次により計算した合計額） 主食＝収穫量×販売価格 野菜など＝ 　（売却量×販売価格）＋ 自給分	実費控除　1　肥料代 2　種苗代　など	→
その他収入	恩給，年金などは平均月割額 （他からの仕送り，贈与などで社会通念上収入認定を適当としないものは計上の必要はありません。）	実費控除　1　受給資格の証明のために要した実費など 2　財産収入にあっては，家屋の修理費，地代など	→

注）1. 世帯員全員について計算し，合計して下さい。
　　2. 出稼者がいる場合は，出稼者からの仕送り額をそのまま収入として合計して下さい。
　　3. ここに示したものは標準的計算方法です。これ以外にもケースによって特別な計算をする場合があります。

資　料

③左からの勤労控除（目安）

収入金額	1人目
0円 〜 15,000	0円 〜 15,000
15,001 〜 30,999	15,001 〜 16,400
31,000 〜 50,999	16,800 〜 18,400
51,000 〜 70,999	18,800 〜 20,400
71,000 〜 90,999	20,800 〜 22,400
91,000 〜 110,999	22,800 〜 24,400
111,000 〜 130,999	24,800 〜 26,400
131,000 〜 150,999	26,800 〜 28,400
151,000 〜 170,999	28,800 〜 30,400
171,000 〜 190,999	30,800 〜 32,400
191,000 〜 210,999	32,800 〜 34,400
211,000 〜 230,999	34,800 〜 36,400
231,000 〜	（※）

注）実際には収入額 4,000 円きざみでより細かい控除額が決められています。
※収入金額が 231,000 円以上の場合は，収入金額が 4,000 円増加するごとに 400 円を控除額に加算します。

④左からの実費控除

1　社会保険料
2　通勤費など

収入認定額

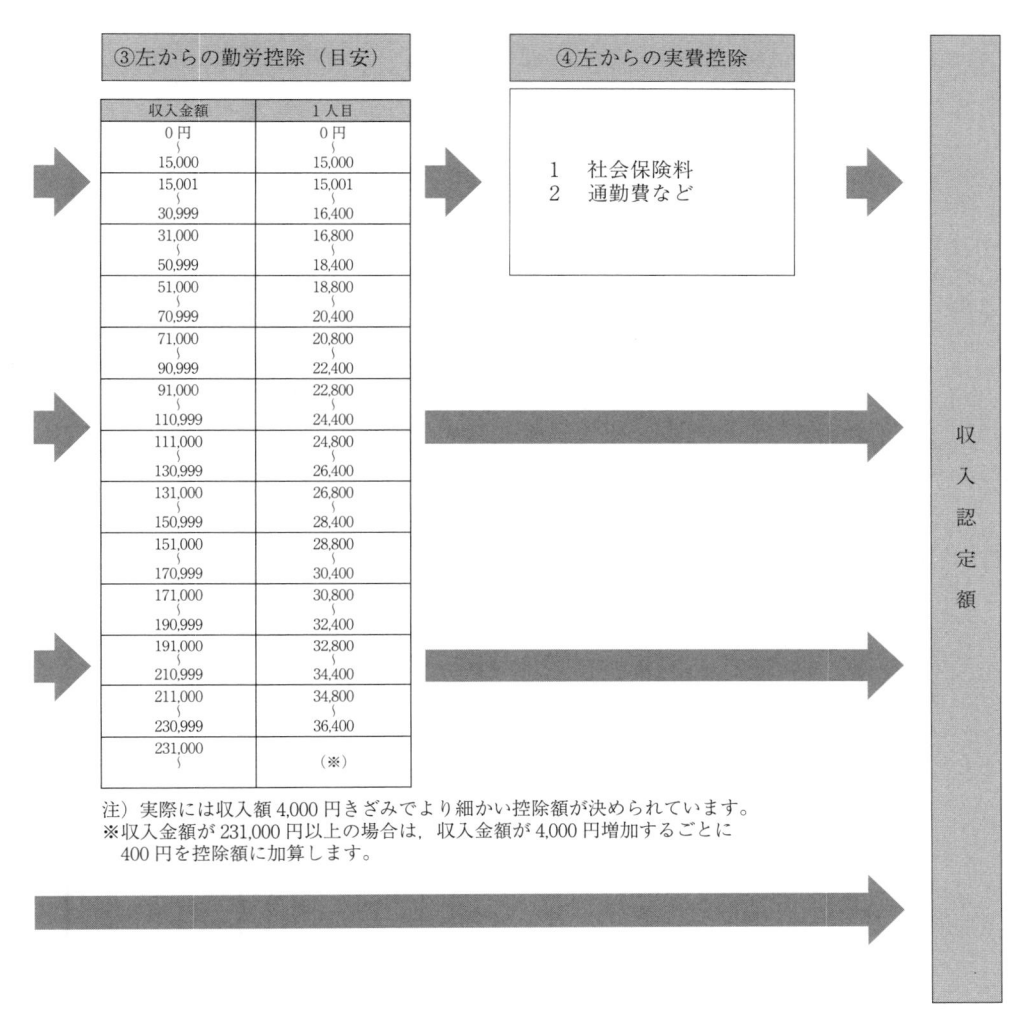

この額が前頁までの最低生活費認定額と対比されます。

出所）生活保護制度研究会編『保護のてびき　平成 26 年度版』第一法規．pp.60-61

資料

7. 標準世帯の生活扶助基準額の年次推移

実施年月日	基準額(円)	改定率(%)	備考
昭和21. 3.13	199.80		
21. 4. 1	252		
21. 7. 1	303		
21.11. 1	456		
22. 3. 1	630		
22. 7. 1	912		
22. 8. 1	1,326		
22.11. 1	1,500		
23. 8. 1	4,100		
23.11. 1	4,535		
24. 5. 1	5,200		
26. 5. 1	5,826		
27. 5. 1	7,200		
28. 7. 1	8,000		
32. 4. 1	8,850		
34. 4. 1	9,346		
35. 4. 1	9,621		
36. 4. 1	10,344	116.0	
37. 4. 1	12,213	118.0	
38. 4. 1	14,289	117.0	
39. 4. 1	16,147	113.0	
40. 4. 1	18,204	112.0	
41. 4. 1	20,662	113.5	
42. 4. 1	23,451	113.5	
43. 4. 1	26,500	113.0	
44. 4. 1	29,945	113.0	
45. 4. 1	34,137	114.0	
46. 4. 1	38,916	114.0	
47. 4. 1	44,364	114.0	
48. 4. 1	50,575	114.0	
49. 4. 1	60,690	120.0	
50. 4. 1	74,952	123.5	
51. 4. 1	84,321	112.5	
52. 4. 1	95,114	112.8	
53. 4. 1	105,577	111.0	
54. 4. 1	114,340	108.3	
55. 4. 1	124,173	108.6	
56. 4. 1	134,976	108.7	
57. 4. 1	143,345	106.2	
58. 4. 1	148,649	103.7	
59. 4. 1	152,960	102.9	
60. 4. 1	157,396 (124,487)	102.9	
61. 4. 1	126,977	102.0	
62. 4. 1	129,136	101.7	
63. 4. 1	130,944	101.4	
平成元. 4. 1	136,444	104.2	
2. 4. 1	140,674	103.1	
3. 4. 1	145,457	103.4	
4. 4. 1	149,966	103.1	
5. 4. 1	153,265	102.2	
6. 4. 1	155,717	101.6	
7. 4. 1	157,274	101.0	
8. 4. 1	158,375	100.7	
9. 4. 1	161,859	102.2	
10. 4. 1	163,316	100.9	
11. 4. 1	163,806	100.3	
12. 4. 1	163,970	100.1	
13. 4. 1	163,970	100.0	
14. 4. 1	163,970	100.0	
15. 4. 1	162,490	99.1	
16. 4. 1	162,170	99.8	
17. 4. 1	162,170	100.0	
18. 4. 1	162,170	100.0	
19. 4. 1	162,170	100.0	
20. 4. 1	162,170	100.0	
21. 4. 1	162,170	100.0	
22. 4. 1	162,170	100.0	
23. 4. 1	162,170	100.0	
24. 4. 1	162,170	100.0	

備考欄:
- 5人世帯（64歳女・51歳男・35歳女・9歳男）— 23.8.1から36.4.1まで
- 標準5人世帯 — 36.4.1
- 標準4人世帯（35歳男・30歳女・9歳男・4歳女）
- 標準3人世帯（33歳男・29歳女・4歳子）— 61.4.1以降
- 標準生計費方式 23.8.1 〜 バスケット方式 〜 36.4.1 〜 エンゲル方式 〜 格差縮小方式 59.4.1 〜 水準均衡方式 60.4.1
- 世帯人員別基準額 〜 23.11.1 〜 性別・年齢別・世帯人員別基準額組合せ方式 〜 60.4.1 〜 基準額組合せ方式 年齢別・世帯人員別
- 6地域区分別 21.7.1 〜 3地域区分別 23.11.1 〜（特級地プラス 28〜31年度）〜 26.5.1 〜 5級地制 32.4.1 〜 4級地制 53.4.1 〜 3級地制 62.4.1（各級地を2区分）

注）1.（　）は61.4.1と比較のため60.4.1の標準3人世帯基準額を表示してあります。
　　2. 62.4.1以降は1級地-1の額を表示してあります。

出所）生活保護制度研究会編『保護のてびき　平成24年度版』第一法規, pp.64-65

索　引

あ 行

朝日訴訟　31, 40
アセスメント　155
新しい公共　119
新しい貧困　7
新たなセーフティネット　32
アンダークラス　9
一時扶助　47, 66
一身専属権　54
一般財源　56
一般扶助主義　30, 39
医療扶助　48
医療保険改革法　27
医療保護施設　52
医療ソーシャルワーカー　99
医療要否意見書　158
ウェッブ夫妻　22
AA　167
エリザベス救貧法　20
エンゲル方式　61
エンゲル曲線　10
エンパワメント　15
エンパワメント・アプローチ　111
大きな政府　24
オバマケア　27

か 行

介護扶助　48
格差縮小方式　31, 62
加算　47, 65
稼働能力　41
鰥寡孤独貧窮老疾　27
機関委任事務　138
基準改定　157
基準生活費　45, 64
規則性の原則　122
ギデンズ, A.　7, 8
期末一時扶助　65
義務的経費　57
救護施設　51
救護法　29
救済並びに福祉計画の件　30
求職者基礎保障　12
急迫保護　84
救貧法と失業者に関する王命委員会　22
窮民救助法案　28
教育扶助　47
行政事件訴訟　55
行政処分　150
協力機関　30, 140
居住地法　20
居住の質的保障　131
ギルバート法　20
金銭給付　45, 49

経済のグローバル化　2
経常的一般生活費　45
継続的な居住の保障　131
刑余者　167
ケースカンファレンス　168
ケーパビリティ理論　8
欠格条項　39
現業員　146, 149
現業活動　154
現物給付　45, 49, 86
公営住宅法　124, 126
公課禁止　53
控除　66
厚生事業　29
更生施設　52
更生保護施設　166
公租公課　53
公的住宅　130
公的扶助ケースワーク　15
高齢者世帯　78
高齢者保健福祉推進10か年戦略（ゴールドプラン）　142
国際人権規約　131
国民基礎生活保障　12
国民生活基礎調査　80
子どもの貧困対策の推進に関する法律　181
子どもの貧困対策法　34
五人組制度　28

さ 行

災害救助法　98
再審査請求　55
済世顧問制度　29
財政の硬直化　146
最低生活基準の算定方法　67
最低生活費　65
最低生活保障　15, 38, 60
査察指導員　146, 149
差押禁止　53
三位一体の改革　62, 63
ジェネリックソーシャルワーク　162
指示等に従う義務　54
慈善組織協会　21
自治事務　138
児童手当制度　94
児童扶養手当制度　92
ジニ係数　3
社会救済に関する覚書　30
社会事業　29
社会資源　158
社会生活自立支援　172
社会ダーウィン主義　26
社会手当　92
社会的統合機能　14
社会的な居場所　119

索　引

社会的な援護を要する人々に対する社会福祉のあり方に関する検討会　8, 106
社会的排除　8, 107
社会的包摂　8, 106
社会的ミニマム　12
社会福祉基礎構造改革　143
社会福祉協議会　90
社会福祉行政に関する六項目　141
社会福祉事業法　141
社会福祉主事　142, 147
社会福祉法　143
社会保険診療報酬支払基金　50
社会保障制度改革国民会議　40
社会保障制度に関する勧告　10, 141
社会保障制度審議会　62
社会保障体制の再構築（勧告）　132
社会保障法　26
社会保障法タイトルXX　27
住居管理事業　122
住居へのアクセス　131
住生活基本法　126
住宅金融公庫法　124
住宅政策　123
住宅扶助　47, 125
収入の認定　66
収入分位　127
自由放任主義　26
収容保護の原則　21
就労指導　160
就労自立支援　172
就労自立給付金　33
宿所提供施設　53
授産施設　52
手段的日常生活動作　116
恤救規則　28
障害者世帯　78
証拠に基づいた実践　160
少数派　22
譲渡禁止　54
少年サポートセンター　166
傷病者世帯　78
所得再分配機能　13
自立支援　175
自立支援プログラム　16, 32, 157, 172
自立助長　172
自立生活運動　172
自立の概念　172
自立の助長　38, 172
資力調査　12
新救貧法　21
人口論　21
審査請求　55
審査請求前置主義　55
新自由主義　2
新福祉事務所運営指針　142
診療報酬　48
水準均衡方式　31, 62
スーパービジョン（スーパーバイズ）　162

スティグマ　23
スピーナムランド法　21
スペシフィックソーシャルワーク　162
生活困窮者緊急生活援護要綱　30
生活困窮者自立支援法　34, 96, 144, 181
生活困窮者の生活支援の在り方に関する特別部会　33
生活困窮状態　174
生活実態調査　108
生活指導　158
生活上の義務　54
生活と経済の変動安定化機能　14
生活福祉資金貸付制度　90, 163
生活福祉資金　164
生活扶助　45
生活保護基準　44, 60, 63
生活保護基準額　64
生活保護基準部会　63
生活保護記録　162
生活保護実施の態度　161
生活保護受給者等就労支援事業　177
生活保護制度の在り方に関する専門委員会　16, 32, 62, 63, 174
生活保護「適正化」政策　75
生活保護手帳（実施要領）　41
生活保護の適正実施の推進について　31
（旧）生活保護法　39
生業扶助　49
制限扶助主義　30, 39
生存権　38, 62
生存権保障の原理　125
政令月収　127
セーフティネット　43
セーフティネット機能　13
世界人権宣言　131
世帯分離　45
世帯類型　158
絶対的水準論　60
絶対的貧困　6
セン，A.　8
全国的統一の原則　21
葬祭扶助　49
相対的水準論　60
相対的剥奪　7
相対的貧困　6
相談援助のプロセス　154
相談支援事業　166
ソーシャル・インクルージョン　24
ソーシャルサポート・ネットワーク　165
措置　143
その他の世帯　78
尊厳性の原則　122

た　行

第1次貧困　5
第1次ベビーブーム　81
第1類費（個人的経費）　64
第2次貧困　5

第2類費（世帯共通的経費）　65
タウンゼント，P. B.　6, 61
多数派　22
断酒会　167
地域生活定着支援センター　166
小さな政府　24
地方分権一括法　32, 138, 143
中間的就労　16, 114, 179
通知「職や住まいを失った方々への支援の徹底について」　76
低所得　90
程度（扶助額）の決定　69
特定求職者　96
特定求職者の就職の支援に関する法律　95, 96
特定目的住宅　127
特別児童扶養手当制度　93
土地囲い込み運動　20
年越し派遣村　32
届出の義務　54

な　行

ナショナル・ミニマム　22, 60, 125
ナショナル・ミニマム機能　13
2013年度（2013年8月〜）及び2014年度の生活保護基準について　69
日常生活自立支援　172
ニート　4
日本住宅公団法　124
日本之下層社会　9, 28
ニューディール政策　26
ニューバーグ事件　27
任用資格　148
ネットカフェ難民　104

は　行

配偶者暴力支援センター　166
ハウジングプア　130
バリアフリー　130
ハローワーク　176
非正規雇用　79
非正規労働者　2
被保護者　42
被保護人員数　74, 76
被保護世帯数　74, 77
日雇労働者　104
被用者保険　48
標準生計費方式　61
費用返還義務　54
ヒル，O.　122
貧困線　5, 61
貧困戦争　27
貧困の悪循環　9
貧困の世代的再生産（貧困連鎖）　9
貧困の発見　6, 22
貧困の文化　9
貧困の連鎖　95, 167, 180
貧困の罠　24
貧困率　3

貧乏物語　29
貧民監督官　20
ブース，C.　4, 21, 60
福祉八法改正　142
福祉国家　22
福祉事務所　93, 140, 141
　　──の所掌事務　145
　　──の組織体制　146
福祉に関する事務所　140
不正受給　144
不服申立て制度　54
扶養義務　42
フラット原則　22
不利益変更の禁止　53
フリーター　4
プログラム規定　40
ベヴァリッジ・レポート　22
法定受託事務　56, 138
方面委員制度　29
ホームレス　104, 128
ホームレス緊急一時宿泊事業　117
ホームレス自立支援事業　114
ホームレス自立支援法　104
ホームレス総合相談推進事業　115
ホームレス調査　108
ホームレス等就業支援事業　105
ホームレスの自立の支援等に関する基本方針　109
ホームレスの自立の支援等に関する特別措置法　104, 112
保護施設　50
保護請求権　43
保護の「適正化」政策　30
保護の受給期間　81
保護の廃止　85
保護の要否判定　67
保護率　74, 80
母子家庭　92
母子世帯　78
補助機関　30
捕捉率　23
保有できない資産　40
保有できる資産　40

ま　行

マーケット・バスケット方式　6, 61
見えない貧困　4
見える貧困　4
水際作戦　107
民事法律扶助制度　98
民政委員　140
無差別平等　39
無料低額宿泊事業を行う施設　118
無料低額宿泊所　100
無料低額診療制度　98
メディケア　27
メディケード　27

や 行

ユニバーサル・クレジット　25
要否判定　44
要保護者　42
横山源之助　123

ら 行

ラウントリー，B. S.　4, 21, 61
濫給　31
リーマンショック　144
リベラル・リフォーム　22
療養指導　158
臨時的一般生活費　45
レセプト　158
劣等処遇の原則　21
連合国軍最高司令部（GHQ）　29
労役場テスト法　20
漏給　31
労働者派遣法　2

わ 行

ワーキングプア　3, 144

［監修・編著者紹介］

―― 監修者 ――

成清美治（なりきよよしはる）

兵庫県生まれ
1985年　龍谷大学大学院文学研究科修士課程修了
現　職　神戸親和女子大学客員教授（社会福祉学博士）
主　著　『新・ケアワーク論』（単著）学文社　2003
　　　　『公的扶助論（第2版）』（共編著）学文社　2004
　　　　『新版・公的扶助』（共編著）学文社　2006
　　　　『看護・介護・福祉の百科事典』（共編著）朝倉書店　2008
　　　　『私たちの社会福祉』（単著）学文社　2012　他

―― 編著者 ――

高間　満（たかま　みつる）

福井県生まれ
1976年　同志社大学大学院文学研究科修士課程修了
現　職　神戸学院大学総合リハビリテーション学部教授
主　著　『公的扶助概論』（共著）学文社　2000
　　　　『新版　公的扶助』（共編著）学文社　2006
　　　　『低所得者に対する支援と生活保護制度』（共編著）学文社　2010
　　　　『災害福祉とは何か』（共著）ミネルヴァ書房　2010
　　　　『社会福祉論』（共編著）久美出版　2010　他

遠藤洋二（えんどうようじ）

兵庫県生まれ
2007年　武庫川女子大学大学院臨床教育学研究科修了
現　職　関西福祉科学大学社会福祉学部教授
主　著　『保育における相談援助・相談支援』（共著）晃洋書房　2011
　　　　『司法福祉』（共著）生活書院　2012
　　　　『災害時ソーシャルワーク入門』（共著）中央法規　2013
　　　　『相談援助実習ハンドブック』（共著）ミネルヴァ書房　2014　他

イントロダクションシリーズ4　新・低所得者に対する支援と生活保護制度

2014年9月20日　第1版第1刷発行

　　　　監修者　成　清　美　治
　　　　編著者　高　間　　　満
　　　　　　　　遠　藤　洋　二
　　　　発行者　田　中　千津子
　　　　発行所　㈱　学　文　社

郵便番号　153-0064　東京都目黒区下目黒3-6-1
電話（03）3715-1501（代表）振替　00130-9-98842
http://www.gakubunsha.com

乱丁・落丁本は，本社にてお取替致します。　　印刷／新灯印刷株式会社
定価は，カバー，売上カードに表示してあります。〈検印省略〉
© 2014 TAKAMA Mitsuru, ENDO Youji　Printed in Japan

ISBN 978-4-7620-2477-1

イントロダクションシリーズ

広く社会福祉を学ぶ学生や初学者のため、社会福祉士資格の新カリキュラムに準拠した最新テキストシリーズ

① 現代社会と福祉 第2版　　●成清美治・加納光子 編著

244頁
ISBN978-4-7620-2045-2
本体2500円

現代社会における福祉制度の意義や理念、福祉政策との関係、福祉の原理をめぐる理論と哲学、福祉政策におけるニーズと資源、福祉政策の課題、構成要素、関連政策・相談援助活動との関係等についてわかりやすく解説。

② 保健医療サービス 第2版　　●児島美都子・成清美治・牧洋子 編著

＜近刊＞
ISBN978-4-7620-2480-1
予価2600円

相談援助活動において必要となる医療保険制度や保健医療サービスについて、また、保健医療サービスにおける専門職の役割と実際、多職種協働についてわかりやすく解説。

③ 高齢者に対する支援と介護保険制度　　●成清美治・峯本佳世子 編著

242頁
ISBN978-4-7620-1932-6
本体2500円

2007年の「社会福祉士および介護福祉士法」改正により、社会福祉士養成シラバス「老人福祉論」と「介護概論」を統合して新設された「高齢者に対する支援と介護保険制度」テキスト。

④ 新・低所得者に対する支援と生活保護制度　　●高間満・遠藤洋二 編著

226頁
ISBN978-4-7620-2477-1
本体2600円

生活保護制度を中核とする公的扶助について、初めて学ぶ読者にもわかりやすく体系的に解説。図表、重要用語解説、案内書紹介なども充実、社会福祉士養成新カリキュラムに対応した最新テキスト。

⑤ 相談援助の基盤と専門職　　●成清美治・加納光子 編著

216頁
ISBN978-4-7620-1934-0
本体2500円

社会福祉士・精神保健福祉士の国家試験共通科目「相談援助の基盤と専門職」テキスト。図表を多く用い、重要用語解説、コラム、案内書紹介なども充実。

⑥ 児童や家庭に対する支援と児童・家族福祉制度　　●成清美治・吉弘淳一 編著

164頁
ISBN978-4-7620-1935-7
本体2000円

2008年の社会福祉士養成カリキュラム改正に対応した最新の内容。現代における児童福祉について基本的かつ重要な知識をおさえ、その意義と目的、実態をわかりやすく解説。

⑦ 社会保障　　●成清美治・真鍋顕久 編著

200頁
ISBN978-4-7620-1936-4
本体2500円

日本における社会保障制度について、初めて学ぶ読者にもわかりやすく体系的に解説。図表、重要用語解説、案内書紹介なども充実、社会福祉士養成新カリキュラムに対応した最新テキスト。

⑧ 障害者に対する支援と障害者自立支援法　　●成清美治・伊藤葉子 編著

160頁
ISBN978-4-7620-1937-1
本体2000円

日本の障害者福祉について、図表、用語解説、福祉の仕事に関する案内書、学びを深めるためのプロムナードにより、学生、現場従事者等が学びやすく理解を深めやすいよう配慮したテキスト。

⑨ 社会理論と社会システム 第2版　　●松下育夫・守弘仁志 編著

180頁
ISBN978-4-7620-2399-6
本体2200円

厚生労働省社会福祉士養成のカリキュラム「社会理論と社会システム」（旧「社会学」）のテキストとして、また社会福祉を中心とする学部学科の「社会学」としてのテキストとして最適。国家試験に対応した用語を使用し、カリキュラムに対応した社会学的理論をわかりやすく解説。

⑩ 地域福祉の理論と方法　　●成清美治・川島典子 編著

206頁
ISBN978-4-7620-1939-5
本体2500円

地域福祉の発展過程、基本的考え方、主体と対象、行政・民間組織の役割、専門職と地域住民の役割と実際、ネットワーキング、社会資源、福祉ニーズの把握方法、地域包括ケアシステムの構築、福祉サービスの評価方法と実際、福祉教育、財源等、最新の知見をわかりやすく解説。